UDK 821.172-4
Če-163

Knygos leidimą parėmė
LIETUVOS RESPUBLIKOS KULTŪROS MINISTERIJA

ISBN 978-609-01-0142-1

ZITA ČEPAITĖ

EMIGRANTĖS
DIENORAŠTIS

ESĖ

Alma littera

VILNIUS / 2011

Padėkos žodis

Esu dėkinga aplinkybėms, privertusioms mane išvykti iš Lietuvos ir sukaupti nemažai emigrantinės patirties.

Dėkoju leidyklai „Alma littera", paskatinusiai šią patirtį suguldyti į knygos puslapius.

Dėkoju artimiesiems, draugams, bičiuliams bei kolegoms, palaikiusiems mane moraliai, o prireikus ir materialiai.

Dėkoju visiems, kurie pasidalijo savo emigrantinėmis istorijomis, pastebėjimais ir komentarais.

Nuolankiausias ačiū tiems, kas prie šios knygos atsiradimo prisidėjo visiškai nepastebimai, patys to nenutuokdami, vien dėl to, kad sukasi toje pačioje emigrantinėje erdvėje.

Ačiū emigrantams!

LIETUVIŠKI KIŠTUKAI
IR ANGLIŠKI LIZDAI

Vieną rytą atėjusi į darbą mano kolegė tarė:

– Sapnavau košmarą.

Juk žinome, kokie būna košmarai. Kraujo ištroškęs siaubū-nas vejasi, šoktum bėgti, bet kojos tarsi supančiotos – kilnoji jas, spardaisi, mini kiek įkirsdamas, bet vis vietoj. Arba baimės pagautas išsižioji šaukti, o balsas prapuolęs, žiopčioji kaip žuvis ir negali nieko nei pasakyti, nei rėkte išrėkti. Arba kūnas ima smigti lyg į kokią bedugnę, sunkus lyg švino gabalas, net įkvėptas oras tarytum suakmenėja plaučiuose.

Tačiau kolegės košmaras, išpylęs ją šaltu prakaitu, nebuvo iš tų psichologų seniai aprašytų ir į tipus bei pogrupius su-rūšiuotų sapnų. Jis buvo susijęs su Lietuva. Moteris sapnavo su šeima nuvykusi pasisvečiuoti į tėviškę ir ten sužinojusi, kad valdžia nutarė uždaryti sienas ir nieko iš Lietuvos nebe-išleisti.

– Sapne viskas atrodė logiška. Nes žmonės iš Lietuvos ma-siškai išvažiuoja, kitų būdų juos sulaikyti nėra, ir kad paskutiniai neišsilakstytų, reikia ko nors imtis. Dar prisimenu, sapne pagalvojau – o ką gi daryti?

Bet buvo įsitikinusi, kad neišleis tik tų, kurie tik dabar sparnus iš Lietuvos pakėlė, o tiems, kas jau anksčiau išvažiavo ir tik pasisvečiuoti atvyko, nebus trukdoma grįžti atgal. Tačiau oro uoste šeima buvo sustabdyta ir pareigūnas pasakė, kad išvykti uždrausta.

– Man pasidarė klaiku, net kojas pakirto. Puoliau aiškinti, kad taip neteisinga, kad mes gyvename Anglijoje, jau esame nusipirkę namą, kad sūnus ten eina į mokyklą, kad jis ten gimė, kad angliškai jis kalba geriau nei lietuviškai, ten visi jo draugai ir pakeisti gyvenamąją aplinką bei mokyklą jam būtų didžiulis stresas.

Kolegė prisipažino sapne pagalvojusi – jeigu Lietuvai jau labai reikia, tegu vyras lieka, bet jai su sūnumi privalo būti leista išvykti, vaikas turi gyventi ten, kur gimė, aplinkoje, kuri jam pažįstama ir įprasta. Ji labiausiai pabrėžė vaiko interesus – šis argumentas Anglijoje valdžios atstovams priimant sprendimus turi lemiamą reikšmę, tad ir Lietuvos pareigūnus ji bandė paveikti remdamasi britams svarbiais kriterijais ir jų mentalitetu.

– Pabudau nuo siaubo, ir apėmė toks palengvėjimas, kai supratau, kad tai tik sapnas. Nežinau, kodėl man tokie dalykai prisisapnavo, bet šiurpas suima pagalvojus, kad savo sūnų dabar turėčiau į mokyklą leisti Lietuvoje.

Šioje karalystėje mano kolegė gyvena jau dešimt metų.

Košmarais į mano sapnus Lietuva dar neįsiveržė, tačiau mano buvimo Anglijoje laikas perpus trumpesnis. Gal po kokių penkerių metų jau turėsiu rimtų priklausomybės šiai šaliai įrodymų ir argumentų, bet kol kas jų stokoju. Kol kas net nežinau, ar tik laikinai „nusėdau", ar jau čia gyvenu.

Sakydama „čia" turiu galvoje Londoną. Lietuva yra „ten" – geriausiu atveju tai atostogų šalis, blogiausiu – kažkas, ką reikia kaip įmanoma greičiau ištrinti iš atminties.

Ir kol kas neturiu aiškaus vaizdo, kaip tas „čia gyvenu" turėtų atrodyti.

Namas, šeima arba bent artimas žmogus, draugai, automobilis, nuolatinė darbovietė, sava kirpėja ir sava botokso ar kitų pasigražinimo procedūrų specialistė bei artimiausias prekybos centras – „Waitrose", jei gyvenčiau gerame rajone, arba „Asda", jei likimas būtų lėmęs gyventi vargingesniuose darbininkų bei „pašalpinių" kvartaluose.

Kiek per pastarąjį dešimtmetį iš Lietuvos atvykusių imigrantų taip įsikūrė? Suskaičiuoti nelengva, ir neketinu tuo užsiimti. Pažįstu nemažai tokių, kurie gavę paskolas įsigijo kad ir mažus namukus, būdami darbštūs ir nagingi savaitgaliais juos perstatė išplėsdami į viršų ir į plotį, trumpus angliškus čiaupus atskirai karštam ir šaltam vandeniui (kuo nuoširdžiausiai nekenčiamus visų lietuvių) pakeitė į europietiškus vandens maišytuvus, o vietoj virvutės, kurią truktelėjus tualete užsižiebia šviesa, įsitaisė lietuvio širdžiai mielesnius jungiklius. Čionykštėje buities kultūroje yra keletas neišvengiamai keistinų dalykų, ir paslaugų gausos neišpaikinti Lietuvos vyrai, kurie, ačiū Dievui, dar nemano, kad viniai į sieną įkalti reikia kviesti specialią tarnybą, namams būtinus nedidelius pakeitimus puikiai sugeba atlikti patys. Tie nedideli pakeitimai kartais būna tokie įdomūs, kad anglams tenka sukti galvas, kaip lietuvius nuo jų atpratinti.

Čia įterpsiu bemaž anekdotinę, bet iškalbingą istoriją. Ji iš tų laikų, kai redagavau lietuvišką laikraštį, ir visa redakciją kasdien pasiekianti tiek lietuviškų organizacijų, tiek angliškų institucijų informacija eidavo per mano rankas. Vietinės tarnybos, ypač tų rajonų, į kuriuos gausiai kėlėsi gyventi lietuviai, rūpindamosi, kad atvykusieji kuo greičiau perprastų čionykštę tvarką, siuntinėjo redakcijai krūvas pranešimų ir informacinių biuletenių apie tai, kad gatvėje negalima nešiotis peilių, vairuoti girtiems, triukšmauti naktimis ir kur kreiptis patyrus smurtą ar prireikus kitokios pagalbos. Britanijoje šventi žodžiai yra švietimas ir informacija, kurios, kaip ilgainiui supratau iš vietinės žiniasklaidos, čia niekam niekad negana, tad atitinkamos valstybinių institucijų tarnybos tą funkciją atlieka uoliai. Taip uoliai, kad kai kurie pranešimai net būdavo išverčiami į lietuvių kalbą ir ta pati mintis vis kitais žodžiais persakoma kelis kartus. Dalis tos šviečiamosios medžiagos keliaudavo į laikraščio puslapius, dalis – mano manymu, nereikšminga ar neaktuali čia gyvenantiems lietuviams – tik sumirgėdavo kompiuterio ekrane ir būdavo ištrinama.

Viename iš Haknio savivaldybės atkeliavusiame laiške buvo prašoma informuoti skaitytojus, kad europietiškų elektros kištukų nevalia kišti į angliškus elektros lizdus, primygtinai rekomenduojant naudoti specialius keitiklius. Perskaičiau šią informaciją du kartus ir nusprendusi, kad anglai turbūt mus laiko urviniais žmonėmis, jeigu mano, kad nesusigaudom, jog lietuviški kištukai į angliškus lizdus nelenda, laišką atidėjau – kai rasiu laisvą minutę, pasidomėsiu, ar mano tautiečiai čia susiduria su šita problema. Bet siuntėjai buvo nekantrūs, tad vos po kelių dienų sulaukiau skambučio ir klausimo, ar mes gavome jų informaciją.

– Taip, – sakau, – gavome.

Ir pridūriau, kad nelabai suprantu, kodėl tą informaciją turėtume spausdinti, nes nerandu nieko, kas mūsų skaitytojams būtų aktualu. Nors apie elektros įrangą nieko nenusimanau, angliškų ir lietuviškų elektros kištukų ir lizdų skirtumus jau buvo tekę patirti ir man. Greičiausiai tos praktikos stokojo pats skambinantysis, todėl išdėsčiau, kad perspėjimas, jog negalima daryti to, ko padaryti neįmanoma, man skamba keistai.

– Nebent jūs turite konkrečių pavyzdžių, kad lietuviai čia netinkamai elgiasi su elektra, sukelia gaisrų ar panašiai... Jei tokių pavyzdžių turite, jų pagrindu parašyčiau straipsnį.

Konkrečių istorijų už saugų elektros įrangos naudojimą atsakingos Haknio tarnybos man nepateikė, todėl nusprendusi, kad tai buvo dar viena beprasmiška viešųjų ryšių akcija, tą reikalą pamiršau.

Po kiek laiko vakarojau su marga lietuviška kompanija. Prisiminėme pagarsėjusią istoriją apie mūsų tautiečius, neva valgiusius gulbes, kaip rašė vienas angliškas dienraštis, o iš paskos pakartojo beveik visa lietuviška žiniasklaida. Nė vienas ta istorija netikėjome, be to, visi straipsnyje pateikti įrodymai buvo netiesioginiai: rasta gulbių plunksnų prie palapinės, kur, vietinių gyventojų manymu, gyveno lietuviai.

– Iki to straipsnio aš net nepagalvojau, kad gulbių mėsa gali būti valgoma, – atskleidžiau užstalės draugams savo gastronominį naivumą. Tai paskatino dar kelis žmones prisipažinti nežinojus, kad gulbė yra maistinis paukštis.

Tada kaip iliustraciją, kad anglai lietuviams neretai priskiria tas ydas ar savybes, apie kurias pastarieji neturi jokio supratimo, papasakojau apie Haknio savivaldybės atsiųstą laišką dėl elektros lizdų ir kištukų.

– Net lietuviai nedaro to, kas neįmanoma, – pridūriau.

Ir žiauriai apsirikau.

– Kaip neįmanoma? Paprasta, – nuoširdžiai pareiškė vienas iš kompanijos vyrukų.

Ir išdėstė mums visą procedūrą. Konkrečiai ir aiškiai.

Angliški kištukai skiriasi tuo, kad yra ne su dviem, o su trimis kojelėmis, o angliškas elektros lizdas atitinkamai turi tris skylutes. Dvi gretimos skylutės yra tos, į kurias ateina elektros srovė, o trečioji, kuri lietuviškuose lizduose neegzistuoja, sumanyta kaip apsaugos priemonė, nes į ją įstumta kištuko kojelė atidaro srovės kanalą dengiančią sklendę. Dar vienas skirtumas – angliško lizdo skylutės yra stačiakampės, tad storos ir apvalios lietuviškų kištukų kojelės į jas netelpa.

Man šių neatitikimų pakako, kad parduotuvėje įsigyčiau tai, kas vadinama keitikliu. Bet toks nuolankumas, pasirodo, ne visiems būdingas – elektros reikalus geriau nei aš išmanantis ir savimi daugiau pasitikintis mūsų kompanijos jaunuolis keitiklio ieškoti nesivargino. Jis grąžtu praplatino ir suapvalino apatines skylutes, dar pridūrė, kad tą patį galima nesunkiai padaryti ir įkaitinta vinimi, o į viršutinę, kad saugikliai atsidarytų, įgrūdo medinį pagaliuką. Šitaip įmantriomis apsaugomis aprūpintas angliškas elektros lizdas tapo paprastas, atviras ir tinkamas naudoti.

Šie bei kiti mažučiai pertvarkymai svetimą pasaulį nesunkiai paverčia savu. Aš, deja, tokių magiškų sugebėjimų neturiu, tad stengiuosi prisiderinti prie aplinkos. Bet tokių, kurie elgiasi atvirkščiai ir ne patys taikosi prie naujos vietos, o prie savęs pritaiko aplinką, apstu.

Tie, kas nepajėgia įsigyti namo, šaknis čia leidžia kitais būdais. Jie į išsinuomotą būstą atsikrausto ne tik su vaikais ar tėvais, bet su visa gimine ir draugais. Viską, ką užgyveno Lietuvoje, jie be didesnių pakeitimų perkelia į Londoną ar kokią kitą Anglijos vietovę ir tarsi kapsulėje tūno tame pačiame draugų ir giminių rate, iš jos išlįsdami tik į darbą ar maisto parduotuvę. Jų gyvenimuose bemaž niekas nepasikeitė – kaip Kelmėje, taip ir Londone. Skirtumas nebent tas, kad gatvėje kitokios išvaizdos žmonių čia gerokai daugiau, bet sąsajų bei kontaktų su jais turėti nebūtina, ir apskritai be kitų žmonių galima be vargo apsieiti. Nebent savojoje kapsulėje tiek prisitriukšmautų, kad kaimyninėje orbitoje gyvenantys asmenys iškviestų policiją. Tokiu atveju akiratis prasiplečia iki artimiausios nuovados.

Prie tų „kapsulinių“, kad ir kaip būtų nesmagu prisipažinti, priklausau ir aš. Aišku, ta kapsulė kiek didėlesnė, ne du ir ne trys kaimyniniai namai, kuriuose gyvena žmonės iš tos pačios gatvės Šiauliuose, bet iš esmės ji yra visiškai lietuviška. Su lietuviais dirbu, apie lietuvius rašau, su lietuviais draugauju ir pramogauju. Kartais pasišaipau, kad jeigu man ko trūksta Londone – tai Anglijos, o ko per daug – tai Lietuvos. Juokai juokais, bet turbūt smarkiai neprašausiu pro šalį sakydama, kad Britanijos sostinė jau tapo antruoju pagal dydį Lietuvos miestu. Čia mūsų turbūt ne mažiau negu Kaune, iš kurio Bektonas netrukus, matyt, paverš laikinosios Lietuvos sostinės vardą.

Kartą su draugais sėdėjome Šerloko Holmso viešbučio kavinėje. Tarėmės dėl vieno lietuviško renginio, ir kai visi reikalai buvo aptarti, kažkas pasidomėjo, ką aš dabar veikiu. Pasakiau, kad rašau knygą, o kilus susidomėjimui, apie ką ji, pasakiau:

– Apie mane ir tave, apie mus visus... Apie emigrantus.

– Aš jokia ne emigrantė, – tarė Londone gerokai ilgiau nei aš gyvenanti moteris, kadaise lėlių teatro aktorė. – Ir man nepatinka, kad mums kabinamas tas vardas. Mano namai Vilniuje, ten mūsų draugai, ten aš viską myliu, o čia tik gyvenu – laikinai, ir, jeigu sąlygos leistų, iš karto važiuočiau atgal.

Nesigilinau, kokios tos sąlygos, kurios neleidžia jai grįžti į Lietuvą, mane sudomino kitkas – tas atskyrimas vietos, kur „viską myliu", ir vietos, kur „tik gyvenu". Būtent tokią žmogaus, išvykusio iš tos vietos, kur viską myli, būseną aš ir vadinu emigrantiška būsena.

Pakračiusi savo sąžinę vis dėlto supratau, kad aš pati tokios vietos, kur viską myliu, deja, neturiu. Bet turiu sugebėjimą pamilti tai, kas mane supa. Taip atsitiko su Londonu, taip atsitiko su žmogumi, kurį čia sutikau ir dabar vadinu artimu draugu. Save turbūt galėčiau priskirti prie ilgokai užsibuvusių laikinųjų londoniečių. Manau, kad tokių – nei savo jausenos, nei situacijos aiškiai apibrėžti nepajėgiančių – dvasios brolių ir sesių čia yra ir daugiau.

Kita vertus, kad ir kokia laikina čia jaučiuosi, pats laikas pradėti save vadinti Londono senbuve. Nes minu šitas gatves jau penketą metelių, o asmeninis „oisteris", kurį įsigijau vos čia atvažiavusi, savo elektroninėje atmintyje kelioms dešimtims ar šimtams metų užfiksavo datą ir vietą, kada ir iš kur prasidėjo mano, kaip londonietės, kelionė. Senbuve pradedu jaustis dar ir dėl to, kad vis daugiau tenka sutikti žmonių, atvykusių čia prieš pusę metų, prieš mėnesį, prieš porą savaičių ar tiesiog vakar, gailiom akim žvelgiančių į tave, anksčiau čia atkakusį bei įsikūrusį, ir maldaujančių padėti, patarti, paaiškinti.

Patarti, prisipažįstu, nelabai ką galėčiau. Padėti – juo labiau. Paaiškinti šį tą jau pajėgiau. Bet daugiausia, ką sugebu – pasidalyti tuo, ką čia patyriau, pastebėjau, supratau ar sužinojau. Arba net ir tuo, ko nesupratau ir suprasti nepajėgiu iki šiol.

Stebiuosi savo tautiečiais, kurie metelius kitus čia apšilę kojas jau sakosi gerai pažįstą Angliją, samprotauja apie anglišką gyvenseną, humorą ir dar kitus paprotina, ką daryti ir kaip elgtis.

Man įdomūs ir tie, kurie viską žino apie emigravusius lietuvius – mato juos kiaurai, supranta, ko jie nori, užuodžia iš tolo ir iš anksto būna numatę, kaip šie svečioje šalyje elgsis, koks likimas jų laukia. Samprotauti iš aukštybių ir teikti pamokymų ar giliamintiškų įžvalgų man neišeina.

Kas turi daug pinigų, jais dalijasi. Kam teko su kaupu išminties, tą išmintį skleidžia į visas puses. Kiti aplinkiniams spinduliuoja savo perteklinį žavesį. O patikrinusi savo asmenybės skryneles ir užkaborius supratau, kad tai, ko man teko per daug – tai nesusipratimai, klaidos ir nesėkmės. Šiomis klaidomis ir nuklydimais, persekiojusiais mane Anglijoje, ir ketinu pasidalyti.

Kiekvienas turime kitokią savo Angliją. Kiekvienas savo akimis ją matome, savaip ją jaučiame. Labai dažnai vaizdas priklauso nuo to, kiek laiko ar kitokių resursų galime skirti tam paveikslui sukurti. Lietuvoje esame apsupti aplinkos, kurią pažįstame ir įvaldome labai pamažu. Paprastai pradedame nuo lopšio ir žaisliuko po nosimi, kurį išnagrinėti ir iš visų pusių iškrapštinėti turime gausybę laiko, niekas neliepia jo mesti ir griebti kitą. Kaip tik atvirkščiai – aplinkiniai džiaugiasi, kai kūdikėlis kuo ilgiau tuo krapštymu užsiima, o ne spiegia šokdindamas visą mamytės ir tėvelio giminę.

Atvykęs į svetimą šalį kiekvienas tampa panašus į kūdikį, kuris ką tik atsirado nepažįstamoje aplinkoje, tik nei šilto lopšio nėra, nei su kokiu ką tik aptiktu žaisliuku krapštytis ilgai neišeina. O jau spiegimu ką nors pašokdinti nė nesvajok, nesukrutės net ant ilgų kotelių nuo menkiausio oro gūsio besivartaliojantys Londono platanų lapai.

Čia atvykus nuo pat pirmos dienos akivaizdus tampa vienas dalykas – tu nesi niekieno rūpestis. Šalis, iš kurios išvykai – už nugaros. Šalis, į kurią atvykai – kas jai darbo? Ir nors širdyje jautiesi lyg būtum išguitas iš savo krašto, tau bet kas Lietuvoje pasakys, kad tai tavo pasirinkimas. Nesinori su tuo sutikti? Kurį laiką ir aš bandžiau ginčytis įrodinėdama, kaip galima kalbėti apie pasirinkimą, kai nėra iš ko rinktis. Bet dabar nustojau. Supratau – jeigu nesvarbu, dėl kokių priežasčių atsidūrei svetimoje šalyje, priimk tai kaip savo pasirinkimą. Nerk į tą vandenį be didelių purslų, nesvarstydamas, kaip išplauksi ir kokiame krante atsidursi.

LONDONO DĖLIONĖ

Londoną reikia susidėlioti panašiai kaip daugiasluoksnį sumuštinį. Jo pradžia – žemėlapis. Tai kaip duonos riekė, ant kurios klojamos kitos sudedamosios dalys. Pirma, tai transporto schema, kuri gali būti pakankamai stora, jeigu užsimanai apžioti visą susisiekimo priemonių įvairovę – nuo miestą skersai išilgai raižančio *andegraundo* (jo čia niekas nevadina metro, bet tiesiog požeminiu, arba *tjubu*, tai yra tuneliu) ar šonus apkraštuojančio *ouvegraundo* iki atokesniuose kampuose įsitaisiusių nerangių tramvajų ir bemaž žaislinių *doklandų* traukinukų. Antra, kiek padrikas sluoksnis atmintin įstrigusių, knygose ar per televizorių matytų paveiksliukų, tokių kaip Tauerio tiltas, Didysis Benas, Bakingamo rūmai ar garsioji „Bitlų" perėja netoli „Abbey Rd." muzikos įrašų studijos. Trečia – tirštas iš draugų ir pažįstamų girdėtų įspūdžių kečupas.

Tokie būna pirminiai produktai, kuriuos susluoksniuoti į tai, kas vadinama Londonu, nėra lengva, nes jų kraštinės, masteliai ar pagrindinių objektų vietos retai kada sutampa. Lygios ir tiesios transporto schemos linijos neatspindi iškrikusio gatvių raizginio miesto žemėlapyje, o šį pasiklojus ant kelių tie it drugiai atminty siaučiantys Londono paveiksliukai ne iš karto randa, kur nutūpti.

Iki čia atvažiuodama porą kartų lankiausi Londone, po tų maždaug po savaitę trukusių vizitų buvau pradėjusi manyti, kad su Britanijos sostine esu neblogai susipažinusi. Tačiau kai atvykau ketindama įsikurti, netrukau suprasti, kad turistų Londonas yra visiškai kitoks nei tas, kuris atsiveria čia gyvenančiojo akims.

Turisto sąmonei pritaikyto Londono dydį apibrėžia turistinių autobusų maršrutai. Pribloškiančiomis didmiesčio apimtimis iš visų kontinentų suplaukę svečiai gali saugiai stebėtis iš „London Eye" apžvalgos rato, bet realiai to dydžio geriau nepatirti. Ir ne todėl, kad kai kurie rajonai gali būti nesaugūs. Priežastis kita – pajudėjus bent kiek tolėliau į pakraščius, tas atriektas turistinio pyrago gabalas gali pavirsti trupiniais, susijaukti su kažkuo, kas neturi lankytinam objektui priskiriamų savybių, ir išmušti iš pusiausvyros turistinę sąmonę. Nes turistas siekia išsivežti ne tik šūsnį fotografinių vaizdų, bet ir jauseną, kad spėjo pažinti dar vieną miestą. Užsigeidęs kažko tikra ir išsimušęs iš kelionių organizatorių apskaičiuoto maršruto, turistas gali gerokai sutrikti – tokį pojūtį patiria bemaž kiekvienas, surizikavęs tapti šio neaprėpiamo miesto gyventoju.

Pasijusti pasiklydus, tarsi atsidūrus kitoje epochoje ar kitame pasaulio krašte – tokia būsena kartais mane užklupdavo ir Vilniuje, bet čia ji tapo beveik nuolatinė. Priežasčių kelios. Vienos grynai subjektyvios – niekada neturėjau puikių orientacinių gebėjimų ar to, kas vadinama stebuklingu krypties pojūčiu. Kitos objektyvios, nes tokio be jokios sistemos ir visiškai nelogiško į geležinkelių bėgiais suraižytus kvartalus įspraustų gatvių kratinio niekur kitur nebuvau mačiusi.

Nežinau, kaip kitiems, bet, mano akimis, Londonas yra didžiulis ir ne itin gerai veikiantis transporto mazgas. Čia vyrauja, aišku, geležinkeliai, nes šalies „geležinkelizacijos" karštligė, prasidėjusi karalienės Viktorijos laikais, iki šių dienų nėra galutinai atslūgusi. Štai ir dabar mieste, kuriame pabėgių skaičius viename kvadratiniame kilometre turbūt konkuruoja su gyventojų skaičiumi, tiesiama dar viena Londoną skersai rėžianti geležinkelio linija. Ar ji išspręs grūsties, spūsties ir „signalizacijos gedimo" (*signal failure*) problemas, ar tik papildys susisiekimo traukiniais įvairovę ir su ja neišvengiamai susijusią painiavą, bus matyti. Tačiau anglų polinkis problemas spręsti nutiesiant bėgius vis dar gyvas ir gajus. Ir man tai patinka. Jei problema ir liko neišspręsta, bėgiai pakloti ir juos galima naudoti. Tiesa, per tą didelę gausą pasitaiko ir tokių, kuriais pamiršta paleisti traukinius. Tada jie apauga iš pievų ir ganyklų dėl nepakankamos maistinės vertės beveik išguitomis laukinėmis ramunėmis bei rugiagėlėmis, apželia naudos nenešančiais karklais ar zuikiakrūmiais, ten įsitaiso perėti paukščiai, urvus išsikasa laukiniai triušiai, ir tai, kas buvo sukurta kaip civilizacijos magistralė, vėl tampa laukinės gamtos kampeliu. Dėl to irgi reikia tik džiaugtis.

Londono transporto sistema, kai galiausiai pavyksta perprasti šimtmečiais kurtą jos painiavą, verta nuoširdaus pasigėrėjimo. Nesvarbu, dieną ar naktį, pusvalandį ar kelias valandas sugaišus tam pačiam atstumui įveikti, nesvarbu, kurios rūšies transporto priemone, bet namus pasiekti pavyks kiekvienam.

Prisimenu, Londone gyvenau vos porą mėnesių, kai mano draugės, pas kurią buvau apsistojusi, bičiulis pakvietė ją į išskirtinį kažkurio tuo metu žymaus menininko renginį „Tate Modern" galerijoje. Buvo prieškalėdinis metas, mano draugė kaip tik tądien gavo dirbti viršvalandžių, niekas iš kolegų nesutiko jos pavaduoti, tad kompaniją jos bičiuliui teko palaikyti man. Kaip ir priklauso meno renginiui, jis prasidėjo vėliau nei planuota, užsitęsė ilgiau nei numatyta, po to – vakarėlis su galybe vyno už dyką, o kai galiausiai ištrūkome, visi įėjimai į metro stotis buvo užverti grotomis. Nulėkėme į artimiausią traukinių stotį, traukiniai dar riedėjo, bet tik rytų kryptimi. Nuskubėjome iki kitos, vakarinę Londono pusę aptarnaujančios stoties – mums reikalinga kryptimi traukiniai jau buvo išvykę.

Buvo šeštadienio vakaras, pasukome į miesto centrą ieškodami naktinio klubo, kuriame galėtume prasėdėti iki ryto. Naktinių klubų netrūko, tačiau visi staliukai juose buvo užimti, o trintis stačiomis prie baro nebeturėjau jėgų. Londoniečių pomėgis šeštadienio naktimis siausti klubuose mane gerokai nervino – siausti vietų kiek nori, o galvos nakčiai priglausti niekur nesurasi. Jau traukėme ketvirto klubo link, kai gatvėje išvydau autobusą, ant kurio dviaukštės kaktos iš toli matomas švytėjo stebuklingas užrašas, kad autobusas rieda į tą pusę, kur man reikia. Draugės bičiuliui autobusas irgi tiko.

– Kaip tu greitai susigaudei, – stebėjosi jis, kai iššokome vidun ir įsiropštėme į antrąjį aukštą, nusiteikę maždaug poros valandų kelionei.

Jis net nežinojęs, kad mieste važinėja naktiniai autobusai. Buvo keista tai girdėti iš vietinio anglo, nuo studijų metų gyvenančio Londone. Bet vėliau teko sutikti ir daugiau vietinių, pažįstančių tik tą miesto dalį, kurioje gyvena. Londonas kaip visuma neegzistuoja ne tik atvykėliams, bet ir vietos gyventojams, jis žmonių gyvenimuose dalyvauja atskirais gabaliukais.

– Turiu būti budri, kitaip pražūčiau, – neva pajuokavau, bet pati sau žinojau, kad tai karti tiesa.

Budrus čia turi būti nuolat, ypač kai esi ką tik atvykęs imigrantas ir tave visu slėgiu užgriūva nepakartojama Londono gausa ir įvairovė.

Prireikė laiko apsiprasti, kad mašinos čia juda kita puse nei Lietuvoje. Vien tai, kad pereinant kelią čia pirmiau reikia pasižiūrėti į dešinę, o paskui į kairę, visus mano gyvenimo pamatus suvartė tartum ledo lytis per ledonešį. Net nežinojau, kad taip glaudžiai buvau suaugusi su gyvenimu Lietuvoje, ir nė nenutuokiau, kiek energijos ir laiko atima svetimos sistemos perpratimas.

Galiausiai įsitikinau, kad bergždžiai gaištu laiką, nes tokiame didmiestyje kaip Londonas pastangos suprasti aplinką ir kitus žmones, – o tai buvo viena iš mano kaimiškoje bendruomenėje išugdytų vertybių, – neturi jokios prasmės. Čia reikia kitokių gebėjimų, reikia išmokti naviguoti, tai yra rasti tuos judėjimo maršrutus, kuriais galėtum greitai nukakti iki numatyto tikslo. Nesvarbu, ar tas tikslas būtų vietovė, karjera, socialinė pozicija, ar geidžiamu objektu tapęs asmuo.

Guodžia nebent tai, kad tokių navigacinių sugebėjimų pristinga ne man vienai. Pasiklysti tirštose ir nenutrūkstamose mašinų, žmonių, traukinių, socialinių tinklų trasose pasitaiko ir tiems, kurie šioje srityje turėtų būti labai įgudę.

Vieną rudens vakarą, kai žmonės, pabirę iš darboviečių, urmu šoka į automobilius ar viešąjį transportą, kad spėtų pasiekti namus iki kurios nors jiems ypač svarbios televizijos laidos, sėdėjau per Šiaurės rytų Londono kvartalus vingiuojančiame autobuse ir laukiau, kol jis nugabens mane iki Liverpulio stoties. Gatvę iš abiejų pusių rėmino ryškios žybsinčios, mirguliuojančios, mainančios spalvas ar kitaip gundančios

„take-away" reklamos, eismą stabdė transporto spūstys, apvažiavimo kryptį vis nurodantys ženklai, tad autobusas daugiau stoviniavo nei judėjo, ir dvidešimties minučių kelionė išsitempė į amžinybę. Dviaukščio autobuso viršuje sėdėjome gal dvidešimt žmonių ir laukėme, kada ta amžinybė pasibaigs. Autobusas galiausiai išsuko iš spūsties ir ėmė vingiuoti begalinėmis gyvenamuosius kvartalus raizgančiomis gatvelėmis. Ramiai snūduriavę ar mobiliaisiais nepabaigiamus reikalus sprendę nuolatiniai šio maršruto keleiviai staiga subruzdo žvalgytis pro langus. Stoteles rodanti švieslentė užgeso, autobusas niekur nestabtelėjo jau gerą dešimtį minučių, ir net aš supratau, kad kažkas ne taip. Pora keleivių neištvėrę nusileido žemyn, paskui grįžo ir nuramino kitus: esą autobusui teko pasukti iš kelio dėl kažkur įvykusios avarijos, netrukus grįšime į maršrutinę trasą. Kai už lango pasirodė Oldstryto metro stoties užrašai, žmonės sujudo dar kartą. Prie vairuotojo kabinos užvirė diskusijos. Keleiviai reikalavo paaiškinti, kodėl čia atsidūrėme, bet vairuotojas tvirtino, kad viskas „okei", jis čia niekuo dėtas, tik vadovaujasi dispečerio instrukcijomis.

Visi vėl grįžo į savo vietas patikėję šventu dispečerio nurodymų teisingumu. Prie Oldstryto stoties autobuso tykojo nauja spūstis, atrodė, kad įstrigom dar vienai amžinybei. Tačiau maždaug penkiolika minučių trukt stabt režimu kelis šimtus metrų į priekį pasistūmėjęs autobusas staiga pasuko prie artimiausios stotelės, vairuotojas atidarė duris ir per mikrofoną pranešė:

– Dabar visi išlipkite.

Jis atsiprašė ir paaiškino gavęs tokį eismą reguliuojančio operatoriaus nurodymą. Nesunkiai atspėjau tikrąją priežastį – tuo maršrutu važinėti neįgudęs vairuotojas tiesiog ėmė ir pasiklydo.

Rajonas man buvo visiškai nepažįstamas. Daug mašinų, šviesų, rodyklių, eismo ženklų ir reklaminių skydų su pasiūlymais už trisdešimt penkis svarus atsidurti Tenerifėje, bet nė menkiausios nuorodos, kuri padėtų susigaudyti, kaip pasiekti Liverpulio stotį. Dviejų šimtų puslapių knygą, kur vos įžiūrimu masteliu sugrūsta keli šimtai tūkstančių Londono gatvių, buvau palikusi namuose. Praeiviai arba nieko nežinojo, arba jų žinios nepasitvirtindavo. Beliko spėtinai traukti kuria nors kryptimi. Laiku prisiminiau, kad autobusų stotelėse galima rasti žemėlapių – delno didumo, aprėpiančių tik kelis šimtus metrų aplink stotelę nusidriekusias gatves, bet vis šiokia tokia orientacija. Taip ir keliavau nuo vienos stotelės iki kitos, rankiodama šykščius informacijos trupinius ir iš jų dėliodama savo kelionės maršrutą.

Didžioji dalis čia atvykusių lietuvių (tą pastebėjau ilgėliau čia pagyvenusi) elgiasi daug protingiau – jie apsiriboja keletu maršrutų ir nesuka galvos, iš ko ir kaip dėliojasi Londonas. Kam stengtis pažinti, ko pažinti neįmanoma. Kita vertus, tas Londonas daugeliui dirbti už minimalią algą atvykusių lietuvių ir nereikalingas. Nekalbu apie karjeros emigrantus. Jiems Londonas yra grumtynių dėl pinigų ir pozicijų vieta, tos rungtys vyksta ne vien darbovietėje, reikia išmanyti, kur sukiotis ir pasirodyti, kokiems privatiems klubams priklausyti, žodžiu, gerai žinoti, kur ir kada atsidurti, kad nepražiopsotum savo progos. Kalbu apie tuos, kuriuos geriau pažįstu ir turbūt labiau suprantu – judančius Londono pakraščiais, griebiančius darbus, kokie pasipina po ranka, dirbančius kiek pajėgia, o sutaupytus pinigus nežinia kur iššvaistančius per atostogas arba siunčiančius į Lietuvą vargstantiems artimiesiems. Londonas jiems per painus, per didelis, per svetimas ir per sudėtingas.

Jie niekada nesirinktų čia gyventi, bet tai vienintelė vieta, kur įmanoma užsidirbti pragyvenimui.

Pamenu dieną, kai pirmą kartą metro stotyje išgirdau lietuvišką šneką. Buvau neseniai atvažiavusi, čia gyvenantys tautiečiai man dar atrodė kaip broliai ir seserys. Brandi pora su pradinių klasių amžiaus berniuku stoviniavo prie transporto žemėlapio ir garsiai aiškinosi, kokia kryptimi važiuoti ir kur persėsti. Nugirdau, kad jų kelionės tikslas – Londono rytuose esanti lietuviška bažnyčia. Mes buvom Hanslau, tai Londono vakarai, vadinasi, reikia sėsti į rytų krypties traukinį. Nors irgi buvau susiruošusi į tą pačią bažnyčią, į pokalbį nesikišau. Keliavau ten pirmą kartą, tad planavau įsėsti kartu su jais, o paskui patykiukais sekti paskui tą lietuvių porą. Vis dėlto jie čia gyvena gerokai ilgiau ir turi žinoti, kur yra lietuvių bažnyčia.

Pasižymėjau elektroninį bilietą ir nusileidau į peroną. Traukinys ilgokai nesirodė, stoviniavau vis pasidairydama, kurgi mano tautiečiai. Staiga tuos skardžius lietuviškus balsus išgirdau kitoje bėgių pusėje. Suabejojau, gal aš susiruošiau sėsti ne į tos krypties traukinį, prišokau prie plakato su metro žemėlapiu, dar kartą pasitikrinau kryptis ir pavadinimus, galiausiai įsitikinusi, kad rytų krypties traukinys stoja mano pusėje, kitapus bėgių mindžikuojantiems tautiečiams šūktelėjau:

– Labas!

Visi trys atsigręžė ir beveik minutę nepatikliai spoksojo į mane.

– Nugirdau, kad jūs važiuojate į lietuvių bažnyčią. Ar tikrai?

– Taip, jo, į bažnyčią, – atsiliepė moteris.

– Šventojo Kazimiero bažnyčia yra rytų pusėje, – paaiškinau.

– Jo, jo, – nesiginčijo moteris. – Rytuose.

– Bet jūs stovite vakarų krypties perone, – pasakiau.

Moteris alkūne niuktelėjo vyrui.

– Ar girdi, Pranai? Sako, kad mes į vakarus važiuojam.

Vyras buvo atsakingas už teisingą kryptį. Jie tyliai vienas ant kito paburbėjo ir tilteliu virš bėgių perėjo į mano pusę. Kai prisiartino, tariau:

– Va, matot, – parodžiau lentelę, – parašyta „east", vadinasi, traukinys važiuoja į rytus.

Nuvedžiau juos prie žemėlapio, dūriau į stotelę, kur reikės išlipti, paskui bakstelėjau smiliumi į tašką, kur susikerta metro linijos, ir paaiškinau, kad ten reikės persėsti.

– Jo, jo, taip taip... Aš tą irgi žinau, – linksėjo jau prie pensijos artėjantis vyras ir guodėsi, kad su anglų kalba jam ne kaži kas, tai jis „istą" su „vestu" sumaišė.

Važiuoti teko beveik valandą. Per tą laiką ne tik sužinojau, kaip jiems sekasi Londone, bet ir spėjau užuosti, kad abu truputį išgėrę, galbūt ryte taisė sveikatą. Maždaug aštuonerių metų berniukas vargu ar galėjo būti per penkias dešimtis jau gerokai perkopusios poros vaikas.

– Labas, – pasisveikinau su juo.

Berniukas nieko neatsakė, tik dar labiau išplėtė išgąstingai viską aplink stebinčias akis.

– Kuo tu vardu? – paklausiau.

Jokio atsakymo.

– Paulius. Pauliukas, – įsiterpė moteris ir paaiškino, kad tai jų anūkas, gyvenantis kartu.

– O kur mama? Irgi Londone? – pasiteiravau.

– Londone, – pasakė moteris ir numojo ranka.

Į visus klausimus apie vaiko mamą ji vis mojo ranka, sužinoti pavyko tik tiek, kad tai jų dukra, kad ji „palaida bala" ir kad kažkur čia „malasi".

Užlipęs ant eskalatoriaus vaikas staiga krūptelėjo ir rankomis apsivijo priešais stovinčio vyriškio koją, tarsi tai būtų stulpas ar kokia kita atrama. Judantys laiptai vaikui kėlė neapsakomą siaubą, nesunkiai atspėjau, kad metro jis važiuoja pirmą kartą. Aukštas, stambus regbio puolėjo išvaizdos vyriškis pasilenkęs pasižiūrėjo į berniuką ir pakėlė rankas aukštyn lyg pasiduodamas, o gal rodydamas, kad nė pirštu jo nepalietė. Nesupratau, ko gi tam vyrui betoninio tvirtumo raumenimis bijoti išsigandusio vaiko. Tik ilgainiui ėmė aiškėti, kad visi čia gyvena baimindamiesi būti apkaltinti pedofilais, seksistais, rasistais, antisemitais, homofobais ar dar kuo kitu. Bet tada tik nusistebėjau vyruko dirglumu, patraukiau vaiką nuo jo šlaunies, apkabinau jo kaulėtus iš baimės krūpčiojančius pečius ir laikiau suspaudusi, kol pakilome aukštyn. Pasukus į tunelį, vedantį į Centrinės linijos peroną, Paulius nagais it žnyplėmis įsikirto man į ranką ir nepaleido, kol atsidūrėme bažnyčioje.

Pakeliui į bažnyčią pasiteiravau, ar berniukas eina į mokyklą.

– Ne, – pasakė moteris. – Angliškai gi nemoka, kaip jį leisti į mokyklą. O lietuviškų juk nėra.

Gyvenau čia vos porą mėnesių, apie anglišką švietimo sistemą nieko neišmaniau. Tik vėliau sužinojau, kad nesvarbu, ar vaikas moka angliškai, ar ne – jeigu jis yra mokyklinio amžiaus, į mokyklą turi būti priimtas, o mokytojai paskui kaip nori, taip tegu dorojasi su tais savo kalba kalbančiais vaikais. Bet tuo metu nė kiek nenustebau, kad lietuviškai kalbantis vaikas neina į anglų mokyklą. Be to, jie minėjo planuojantys grįžti į Lietuvą, anūką irgi pasiimsią, ten jis ir pradės lankyti mokyklą.

– Reikės atgal važiuoti, – kalbėjo moteris. – Va, Pranas čionykštės drėgmės suvisai nepakelia, jam sąnarius suka ir kaulus maudžia, o per dienas tenka dirbti šaltoj patalpoj.

Abu jie darbavosi toje pačioje netoli Hitrou oro uosto įsikūrusioje sumuštinių gamybos įmonėje. Sužinojusi, kokie ten pyragai, apsidžiaugiau, kad manęs į tą vietą nepriėmė.

Ką tik atvykusi, ieškodama darbo irgi buvau pagauta sumuštinių tepimo pagundos. Skelbime rašė, kad darbas nesunkus, ir, nors valandinis uždarbis minimalus, kartu su viršvalandžiais atlyginimas išeina neblogas. Kadangi apie sumuštinių gamybos įmones iki atvykstant ir girdėti nebuvo tekę, sumuštinių tepimą įsivaizdavau labai vaikiškai – kaip nesunkų darbelį patogioje ir jaukioje virtuvėje. Pamaniau, kad pradžiai tai visai neblogai.

Skelbimą įdėjusi moteris jau buvo tapusi sumuštinių gamybos *supervaizore*, tai yra žmogumi, kuris pats sumuštinių nebegamina, o prižiūri ir tikrina kitus. Mane ir dar keturias pretendentes ji nusivedė į savo gamyklėlę kažkur netoli oro uosto. Atėjome į pastatą, kuris priminė laikinai suręstą pašiūrę, o ne maistui gaminti ir laikyti tinkamas patalpas. Pakeliui sužinojome, kad sumuštinių verslas einasi labai gerai, todėl šeimininkas plečia veiklą ir atidaro naują padalinį. Moteris pridūrė, kad lietuvės jam labai patinka, nes dirba spėriai ir nesiskundžia, visos ten mielai priimamos. Bet manęs nepriėmė – *supervaizorei* nepatikau, nes mokėjau angliškai. Tiesa, skelbime buvo prierašas, kad anglų kalba nebūtina. Maniau, nebūtina tai nebūtina, bet jei moki, tai turėtų būti pranašumas. Pasirodo – ne. Jeigu anglų kalba nebūtina, tada geriau nesigirti, kad ją moki. Tokių vietų, kur angliškai nekalbanti darbo jėga yra labiau vertinama – gana daug.

Iš netikėtais bendrakeleiviais tapusios poros pasakojimo supratau, kad jie jau penketą metų darbuojasi toje įmonėje. Lietuvoje vyras buvo buhalteris, žmona pardavėja, bet abu neteko darbo. Pirmoji į Londoną tolimos giminaitės paraginta atvyko moteris, po metų ir vyras. Lietuva tada dar nepriklausė Europos Sąjungai. Jie, kaip dauguma lietuvių, dirbo nelegaliai ir džiaugėsi per valandą uždirbdami keturis svarus. Palyginti su uždarbiu Lietuvoje, tai atrodė tiesiog pasaka. Dažnai tekdavo dirbti po keturiolika valandų per parą, kai kada ištisus mėnesius be išeiginių. Užsakymų vis daugėjo, būdavo, kad, namo grįžus antrą nakties, penktą jau reikėdavo keltis, kad pusę aštuonių spėtum atsistoti prie konvejerio. Vienas žmogus prie konvejerio paprastai atlieka vieną operaciją – vienas užtepa margarino, kitas uždeda mėsos, trečias sūrio, dar vienas padažo ar kitko, kas priklauso pagal receptą. Todėl prie konvejerio reikia atsistoti nustatytu laiku ir suktis spėriai.

– Darbas būtų nesunkus, bet stovėti tiek valandų šaltoj patalpoj tikra kankynė. Rankos guminėse pirštinėse sušąla į ledą. Produktas, kurį dedam į sumuštinius, būna ką tik ištrauktas iš šaldytuvo – kelias valandas pačiupinėjus šaltą mėsą pirštų nebejauti. Guminiuose batuose šąla kojos, reikia prisirengti daug drabužių, kad ištvertum. Dirbi dirbi ir staiga pajunti, kad stipriai atvėso. Visi pradeda šnekėti – jau vėl šaltį paleido. Jie patalpas atšaldo, kad produktai negestų.

Sutuoktinis, dirbantis greta esančiame sandėlyje, kur pakuojami sumuštiniai, skundėsi, kad ten dar blogiau. Termometras rodo ne daugiau kaip keturis laipsnius šilumos, o dirbti tenka per naktį, kad ankstų rytą sumuštiniai patektų į parduotuves.

Per darbo dieną, paprastai trunkančią ne mažiau nei dešimt valandų, skiriamos tik dvi dvidešimties minučių poilsio pertraukėlės. Pasišildyti maisto neįmanoma, nes tėra dvi mikrobangų krosnelės, o nuo konvejerio vienu metu išleidžiama apie septyniasdešimt žmonių. Per tą pertraukėlę reikia ir pavalgyti, ir suspėti į tualetą, o ten ne tik kad muilo nėra, net tualetinio popieriaus pritrūksta. Bet darbuotojai nesiskundžia, dauguma jų kalbos nemokantys atvykėliai.

– Niekada čia nebūtume važiavę, jei Lietuvoje turėtume darbą, dabar mums ten vietos nėra. Kai pensija ant nosies, niekas tavęs nebenori.

Pasidomėjau, gal jie pažįsta *supervaizorę* vardu Aldona, žadėjusią mane įdarbinti. Jie sakė tokios nesutikę, jų brigadoje prižiūrėtojais dirba ukrainiečiai, kurie su darbininkais bendrauja rusiškai. Įmonės vadybininkai tais ukrainiečiais visiškai pasikliauja, o šie pasiruošę išsunkti paskutinį prakaitą. Jei nepatinka, gali būti laisvas, nes tokių kaip tu – pilnas pasaulis.

Po Londoną pasidairyti jie buvo išsirengę tik kartą. Tais metais, kai atvažiavo vyras. Anūku rūpintis dar nereikėjo, jis su mama gyveno Lietuvoje, tai abu išvažiavo į centrą pasižiūrėti naujametinių fejerverkų. Buvo labai gražu, turėjo nusipirkę butelį, išgėrė ant suoliuko prie Temzės, bet grįždami pasiklydo ir palei upę parėjo pėsti. Tada kambarį nuomojosi netoli nuo Temzės, tai paryčiais pasiekė namus.

Mišių metu linktelėjau į jų pusę linkėdama ramybės, bet pamaldoms pasibaigus nei poros, nei jų anūko nebemačiau.

Prisipažinsiu, nuo to karto Londono parduotuvėse milijonais per dieną parduodamų sumuštinių neberagavau. Niekada nemėgau to mitalo, bet dabar sumuštiniai man tapo dar atgrasesni. Juose tarsi regiu juos gaminusių žmonių ligas, bėdas, nuoskaudas ir neviltį, sluoksniuotus standartiniais forminės duonos trikampiais pramaišiui su kumpiu, sūriu, salotų lapais ir majonezu.

PIRMABANGIAI, ANTRABANGIAI IR KITABANGIAI

Emigrantai rūšiuojami bangomis. Tarsi emigracija būtų gamtos reiškinys, pavyzdžiui, cunamis, dėl tam tikrų aplinkybių dėsningai susiformuojantis ir dėsningai nykstantis. Nepaklūstantis žmogaus valiai, nesuvaldomas, net protu nelabai aprėpiamas, gal ir įmanomas paaiškinti, bet jo giluminė esmė lieka nesuvokiama, o pasekmės nenuspėjamos.

Kaip tikra mokslinio materializmo išugdyta naivuolė buvau įsitikinusi, kad gamtos reiškiniai ir visuomeninis gyvenimas turi skirtingą ritmiką, bet dabar imu manyti, kad jų vyksmas labai panašus – viena dalelė išjudina kitą. Ir kuo stipriau viena į kitą ima trintis dalelės, tuo poveikis viena kitai didesnis. Fizinių kūnų dalelių judrumą ir trintį skatina temperatūra, visuomenėje panašų vaidmenį, įtariu, atlieka komunikacijos priemonės. Kuo kaitresnė – tai yra greitesnė ir lengvesnė – komunikacija, tuo skubresnis visuomenės kūnų judėjimas. Bangomis pakyla revoliucijos, karai, bangomis ir tautos pajuda iš vienos vietos į kitą. Net labiausiai užsispyrę fizikai pamažėle priprato prie minties, kad nieko „kieto" šioje visatoje nėra, tik ilgesnės ar trumpesnės bangos, tad emigracijos prilyginimas bangoms puikiai telpa į šiuolaikinių sampratų skalę.

Pirmabangių gyvenimo ženklų Jungtinėje Karalystėje aptikti nėra lengva. Atrodo, kad, anais laikais iškeliavę į nežinios kupiną pasaulį, jie patys tapo tos nežinios dalimi. Specialiai tų ženklų ir pėdsakų, tiesą sakant, neieškojau, susidomėdavau nebent tada, jei mano emigrantiškame kelyje netyčia pasitaikydavo kokia nuotrupa.

Kartą mane pasiekė tokio Millerio iš Australijos elektroninis laiškas, kuriame jis teigė iš savo tėvų girdėjęs, esą jo protėviai buvę lietuviai, ir teiravosi, ar yra kokia galimybė sužinoti, iš kokios vietovės Lietuvoje jie kilę. Jis rašė: „Mano tėvas Johnas Milleris gimė Karfine 1924 metais ir greitai po to kartu su tėvais emigravo į Australiją. Bet žinau, kad mano seneliai kilę iš Lietuvos. Škotijos archyvuose man pavyko aptikti keletą įrašų apie juos, nepaisant siaubingų pavardės iškraipymų. Išsiaiškinau ir tai, kad tik senelis buvo atvykęs iš Lietuvos, o močiutė gimė jau Škotijoje – jos tėvai buvo emigravę iš Lietuvos."

Duomenų apie savo protėvius ieškantis vyras teigė sužinojęs ir tai, kad dauguma lietuvių Karfine ir aplinkiniuose rajonuose apsigyveno maždaug devyniolikto amžiaus pabaigoje ar dvidešimto pradžioje, kai streikavo vietiniai angliakasiai. Kasyklų savininkai verbavo lietuvius ir lenkus žadėdami jiems darbą, bet nutylėjo, kad jie taps streiklaužiais.

„Mano tėvo tikroji pavardė būtų Plausczinas (Placiunas, Plauzinas ir pan.), tačiau jo tėvai prieš išvykdami į Australiją prisiėmė Millerių pavardę. Mergautinė mano senelės pavardė buvo Augustaitis, kuri vėliau virto Augustus ar Augustas", – atsitiktinai mane pasiekusiame laiške rašė australas.

Tyrinėti, iš kurios Lietuvos vietos prieš šimtą metų išvyko kokie nors Plaučiūnai ar Augustaičiai, neturėjau nei galimybių, nei laiko, tad savo šeimos šaknimis susidomėjusiam Milleriui nusiunčiau Lietuvos nacionalinio archyvo kontaktus ir pasiūliau ten kreiptis. Paprašiau, kad man parašytų, jei ką išsiaiškins, bet jokios žinios negavau. Tačiau viena buvo aišku – užteko keturių kartų, kad pirmabangiai emigrantai išsisklaidytų ir ištirptų šalyje, į kurią atvyko gyventi jų protėviai.

Iš tų tolimų laikų dabartį pasiekė nebent keletas anekdotinių pasakojimų apie pirmuosius į Škotiją nusibeldusius lietuvius. Vienas tų pasakojimų byloja, kad Škotijoje apsistoję lietuvių emigrantai sėsdami į laivus manė būsią nuplukdyti į Ameriką, visų laikų emigrantų svajonių kraštą. Tačiau ir tuomet būta apsukruolių, kurie už kelionę į Ameriką sumokėjusius angliškai nemokančius lietuvius išlaipindavę Glazgo uoste ir pranešdavę, kad tai ir yra kelionės tikslas. Dauguma keliautojų buvo iš kaimo glūdumos pajudėję beraščiai, jiems Amerika buvo kraštas, pasiekiamas perplaukus jūrą. Jūra perplaukta, krante žmonės šneka jiems negirdėta kalba. Toje įsivaizduotoje Amerikoje jie ir įsikūrė. O kai išsiaiškino, kad čia ne ta šalis, į kurią keliavo, dėtis nebebuvo kur.

Yra ir kitas paaiškinimas, labiau atitinkantis realybę – pinigai. Kelionė laivu tiesiai į Ameriką kainuodavo brangiai, tad Glazgas tapdavo stotele, kur emigrantai iš Lietuvos tikėdavosi užsidirbti, kad vėliau galėtų tęsti kelionę. Lietuvius greitai užverbuodavo dirbti anglių kasyklose, mat škotų angliakasiai, užsimanę geresnių ir saugesnių darbo sąlygų, ėmė rengti streikus.

Apie lietuvius, vadintus „polais", kitaip tariant – lenkais (iš tikrųjų jie buvo išvykėliai iš carinės Rusijos, nes Lietuva kaip valstybė neegzistavo), buvo ne tik blogai kalbama, bet ir rašoma laikraščiuose, prieš šimtą metų dar neįvilktuose į tramdomuosius politinio korektiškumo marškinius. Panašiai kaip mes išsiliejame ant kitataučių interneto komentaruose. 1890 metais vieno Lanarkšyro laikraščio vedamasis skambėjo taip: „O dėl darbo klausimų, lietuviai kelia grėsmę mūsų žmonių gerovei. Be to, kalbant apibendrintai, jų gyvensena ir kasdieniai įpročiai yra pasibaisėtini, jų primityvus tvarkos ir švaros suvokimas kelia pavojų mūsų gyventojų sveikatai. Jų charakteris ūmus, elgesys nenuspėjamas, jie linkę griebtis peilio. Trumpai tariant, tai patys barbariškiausi mūsų apylinkių žmonės, savo tautos atmatos."

Vietiniai atvykėlių nemėgo. Patykoję viename angliakasių kaimelyje, škotai apkūlė lietuves, grįžtančias iš miesto su pirkiniais. Tokiems užpuoliams ėmus kartotis, lietuviai vyrukai ėmė galvoti, kaip škotus atpratinti nuo įpročio užkabinėti lietuvaites. Apsirengę moteriškais drabužiais, po ilgais sijonais paslėpę lazdas ir kuokas, jie apsipirko mieste ir grįžo tuo pačiu keliu, kuriuo eidavo moterys. Užpuolikai jiems pastojo kelią, bet, gerai išvanoti lazdomis, gavo bėgti.

Vėliau imigrantai savąsias vietiniams sunkiai ištariamas pavardes, tokias kaip Bernotaitis, Šarmaitis ar Vilčinskas, pasikeitė į Brownus, Smithus ar Millerius, jų, kaip lietuvių, atpažinimo ženklų nebeliko nei oficialiuose dokumentuose, nei kituose įrašuose.

Į Škotiją prieš šimtą metų nukakusius lietuvius prisiminiau dėl vieno įdomaus atsitikimo.

Mano draugas, turintis subtilų ir nevienakryptį muzikinį skonį, kartą uždėjo paklausyti plokštelę su škotų ir keltų baladėmis. Nesu folkloro mėgėja, bet muzikos žinove savęs nelaikau, tad paprastai klausausi to, ką siūlo daugiau toje srityje išmanantys. Iki tol negirdėtų škotiškų baladžių siužetai bylojo apie dramatiškas išdavystes, meilės kančias bei žmogžudystes. Tačiau baladės buvo atliekamos pakiliai, o elektrinės gitaros akordai skambėjo smagiu škotų liaudies šokio ritmu. Atrodė, lyg dramatiškas siužetas ir valiūkiška pasakojimo intonacija yra specialiai „išderinti", tarsi siekiant, kad forma ir turinys nesutaptų. Man tai patiko.

Ir tada išgirdau:

Far distant, far distant, in Peterhead Jail
Lies Johnny Ramensky, his escape bid is failed
Iron bars and red granite keep him from the sun
And Johnny Ramensky, no freedom has won. *

Baladėje pasakojama apie Ramenskį, didžiąją savo gyvenimo dalį praleidusį nelaisvėje, ir apdainuojamas jo pabėgimas – jis troško pasivaikščioti po žvaigždėtu dangumi, pajusti lietų ir gaivų vėją. Bet Ramenskis buvo sugautas, mirė kalėjime, net jo kapas liko nelaisvėje.

Pavardė mane itin sudomino. Nors forma lenkiška, tačiau skambesys lietuviškas.

Savo svarstymais pasidalijau su draugu.

– Tau visur vaidenasi tavo tautiečiai, – nusijuokė jis.

Kartais pasiduodu jo pašaipoms ir imu manyti, kad pernelyg domiuosi lietuviais, bet tąsyk pašaipa manęs nepaveikė. Sėdau prie interneto ir greitai „suguglinau". Nuojauta neapga-

---

* Toli toli, Pitehedo kalėjime, ilsis Džonis Ramenskis, pabėgti jam nepavyko. Geležinės grotos ir raudonas granitas jį slepia nuo saulės. Džonis Ramenskis mirė neatgavęs laisvės.

vo – tikroji škotiškos baladės herojaus pavardė buvo Ramanauskas. Jis buvo įtrauktas net į Didžiųjų škotų sąrašą.

Kas tas Ramanauskas, nežinia kada ir kaip virtęs Ramenskiu? Kodėl jo pavardė sulenkėjo, daugmaž nujaučiu – trumpesnis, lengviau ištariamas variantas, ir tiek. Daug tokių atvejų. Tačiau Didžiuoju škotu tapti daug sunkiau nei sutrumpinti pavardę.

Ir štai ką sužinojau.

Turbūt nieko nenustebinsiu pasakiusi, kad išgarsėjo jis dėl įvykdytų nusikaltimų, nes buvo nepralenkiamas įsilaužėlis net į labiausiai sutvirtintus ir apsaugotus seifus. Legenda jis tapo ir dėl to, kad nė karto neįsibrovė į gyvenamuosius namus, jo taikinys buvo turtingos įstaigos ir kompanijos – nuo mėsinių iki bankų. Jis neskriaudė paprastų žmonių.

Toks dvidešimto amžiaus vidurio Robinas Hudas, lietuvių emigrantų palikuonis.

Be to, Ramenskis pasižymėjo ypatinga fizine jėga ir nepaprastais akrobatiniais gebėjimais. Į pastato vidų jis įsigaudavo lietvamzdžiu ar šokinėdamas nuo stogo ant stogo. Atsidūręs viduje jis išsprogdindavo seifo spyną, tą puikiai sugebėjo, tačiau pasprukti su grobiu jam sekdavosi ne visada. Sučiuptas jis niekada nesigrumdavo su policininkais, būdavo itin mandagus, neištardavo jiems pikto žodžio, todėl pelnė pravardę Džentelmenas Džonis.

Jam teko paviešėti įvairiuose kalėjimuose, tarp jų ir Pitehedo kalėjime pačioje Škotijos šiaurėje. Ten sėdėdamas gavo žinią, kad mirė žmona. Į laidotuves kalėjimo viršininkas neišleido, tad jis ėmė ir pabėgo. O Pitehedo kalėjimas ir tada, ir šiais laikais yra vienas saugiausių visoje Jungtinėje Karalystėje. Ramenskio pabėgimas iš ten šį tą reiškė ir buvo plačiai aprašytas spaudoje.

Vienas išties pribloškiantis šio lietuvio biografijos faktas susijęs su Antruoju pasauliniu karu. 1942 metais Ramenskis eilinį kartą sėdėjo kalėjime. Iš Britanijos kariuomenės vadovybės jam atėjo pasiūlymas savo sugebėjimus sprogdinti seifų užraktus panaudoti geram tikslui. Lietuvį kvietė prisidėti prie įslaptintos specialios parengties kariūnų grupės, kurią po treniruočių buvo numatyta permesti anapus fronto linijos, kad įsilaužtų į priešo karinius štabus ir pavogtų svarbius dokumentus. Ramenskis pasiūlymą priėmė. Tarnaudamas jis rodė didžiulę drąsą, atsidavimą ir buvo tarp pirmųjų karių, įžengusių į Romą. Pasakojama, kad per vieną dieną jis sugebėjo įsmukti į keturiolikos aukšto rango nacių namus, išsprogdinti seifų spynas ir išvogti slaptus dokumentus.

Beje, sklando gandai, kad iš seifų jis susirinkdavo ne vien dokumentus, bet ir ten laikytus nacių pavogtus meno kūrinius ar brangenybes. Tie daiktai ilgai buvo laikomi dingę be žinios, o vėliau nežinia kokiu būdu atsidūrė Karfine, Škotijoje.

Už drąsą Ramenskiui buvo suteiktas karinis medalis ir panaikinta bausmė. Bet laisvėje po karo vyras ištvėrė neilgai – jis liko ištikimas vieninteliam jo įvaldytam nusikaltėlio amatui. Vienas įsilaužimas baigėsi itin nesėkmingai, sprukdamas stogais Ramenskis nukrito ir smarkiai susižalojo.

Sulaukęs šešiasdešimt septynerių metų, už grotų jų praleidęs keturiasdešimt, jis mirė tame pačiame įtvirtintame Pitehedo kalėjime, iš kurio net penkis kartus jam buvo pavykę pasprukti. 1958 metais iš šio kalėjimo jis pabėgo net tris kartus, tapo plačiai žinomas ir pelnė liaudies pripažinimą. Tuometinis parlamento narys leiboristas Normanas Buchanas sukūrė Ramenskiui skirtą baladę, kuri dainuojama iki šiol. Toji, kurią aš girdėjau, buvo moderni šių dienų atlikėjos Hazel Wyan versija.

Panaršiusi ilgiau, sužinojau dar ir tai, kad prieš gerus metus pasirodė Ramenskio biografija „Džentelmenas Džonis Ramenskis" („Gentle Johnny Ramensky"). Tad štai kokio garso sulaukė didysis škotas su lietuviškomis šaknimis. Vis dėlto žinių apie jo šaknis nėra daug. Kaip ir daugelio prieš šimtmetį į Škotiją atvykusių lietuvių, jos išsitrynė. Žinoma, kad jo tėvas dirbo anglių kasykloje, anksti mirė, o nuskurdusi šeima iš angliakasių kaimelio turėjo kraustytis į Glazgo lūšnynus. Pats Džonis paauglystėje irgi dirbo kasyklose ir ten įgijo žinių apie dinamitą, kurios jam vėliau pravertė.

Kad lietuviai man tikrai „vaidenasi", mano draugas gavo įsitikinti ne sykį. Ir ne vien tada, kai, vaikštant Haid Parke, lankantis Heistingse ar užklydus į atokų nuogalių pliažą, nugirdusi savo gimtąją kalbą į jo ausį sąmoksliškai sušnibždėdavau: „Čia lietuviai." Tarsi tos šeimos, tie būreliai lietuviakalbių būtų slaptos teroristų grupuotės, kurias atpažinti gali tik specialiai tam treniruoti asmenys. Lygiai taip ir su lietuviškais ženklais – jie netikėtai, keisčiausiose situacijose iš tolimesnės ar artimesnės praeities staiga išnirdavo į mano dabartį, į tą lauką, kur dvidešimt pirmo amžiaus pradžioje man teko nusidanginti kaip trečiosios kartos emigrantei.

Vieną iš kartu praleistų sekmadienio popiečių – tai tas metas, kai buvimo kartu malonumai išsemti ir pokalbiai išsivadėję, o laiko dar būna šiek tiek likę, ir nelabai aišku, ką su juo daryti – draugas pasiūlė pažiūrėti seną jo kino archyve nusėdusį filmą „Ugnies karietos" („Chariots of fire"). Filmą jis norėjo parodyti ne vien dėl to, kad ši juosta įtraukta į geriausių britiškų filmų šimtuką, bet ir dėl paprastos priežasties – ten nedideliame epizode vaidina jo tėvas.

Prieš geras tris dešimtis metų statytame filme buvo vaizduojami dar senesni tikrais faktais grįsti įvykiai: 1924 metais Paryžiuje vykusios olimpinės žaidynės, kur bėgimo rungtyse pergales iškovojo du Kembridžo universiteto studentai. Tame filme netikėtai išniro pora su Lietuva susijusių dalykų. Vienas – filmo herojaus tėvas buvo Lietuvos žydas, antras – filme vaidino seras Johnas Gielgudas, kurio giminės šaknys irgi siekia Lietuvą.

Kad vienas iš pagrindinių veikėjų yra Lietuvos žydas, dėmesį atkreipė mano draugas. Filmą jis buvo matęs ir anksčiau, bet lietuviška herojaus kilmė jam tada praslydo pro ausis. Per porą mūsų draugystės metų jo ausys ir akys lietuviškiems ženklams tapo gerokai jautresnės – turbūt turėčiau tuo didžiuotis.

Kad sero Gielgudo, tame filme vaidinusio Kembridžo universiteto rektorių, šaknys glūdi Lietuvoje, pranešiau aš. Mano draugas neskubėjo tuo patikėti, mat anglo ausiai ta pavardė jau tapo sava. Kad įrodyčiau, teko į pagalbą pasitelkti „Google". Galutinai užtvirtindama mūsų kultūrinių įtakų pergales, pridūriau, kad Erkiulio Puaro vaidmeniu išgarsėjusio Davido Suchet tėvas ar motina, o gal seneliai, irgi kilę iš Lietuvos.

Užsiminiau jam ir apie gitarų meistrą, kurio pavardė Tonis Zemaitis. Pats meistras nėra garsus – turbūt visų meistrų dalia likti atlikėjų šešėlyje. Bet pavardė niekaip neleis suklysti, kur jo šaknys – mano gimtojoje Žemaitijoje.

Vieną savaitgalį išsiruošiau į šio Londone gimusio ir gitaras gaminusio žemaičio paieškas.

Geriausia vieta ką nors sužinoti apie gitarų meistrus yra gitarų parduotuvė. Jaunystėje gitaros stygas brunzginusio ir rokeriu tapti svajojusio draugo lydima nudrožiau per Soho rajoną, kurio rytiniame pakraštyje esančioje gatvelėje viena prie kitos buvo įsikūrusios penkios ar šešios vien gitaras parduodančios parduotuvės. Užėjome į tą, kur pasiūlė apie gitaras nusimanantis ir Londoną pažįstantis mano draugas – jo žiniomis, joje galima rasti ne masiniam vartojimui skirtų instrumentų. Jaunutis pardavėjas, paklaustas apie „Zemaitis guitars", išpūtė pagarbos ir nuostabos kupinas akis. Originalų sakė neturintis, bet kopijų prekyboje kartais pasitaiko. Išgirdęs, kad kalbamės apie Žemaičio gitaras, pokalbio vadžias perėmė gerokai vyresnis, aukštesnes pareigas užimantis ir gitarų pasaulyje daugiau nusimanantis jo kolega. Palaikęs mus tais, kurie investuoja į vardą turinčius instrumentus, jis paaiškino: taip, pasitaiko, kad kas nors atneša parduoti Žemaičio originalą, bet tai būna labai retai, paprastai prekiaujama kopijomis, todėl perkant instrumentą reikia būti labai atidiems. Nes jau atsirado nelegalių padirbinių, tačiau žinant kelias paslaptis nesunku atpažinti tikrą Žemaičio gitarą. Prisipažinusi, kad esu žurnalistė ir renku medžiagą straipsniui apie gitarų meistrą, kurio giminė kilusi iš Lietuvos, sulaukiau pasiūlymo pabendrauti su žmogumi, turinčiu daug Žemaičio gamintų gitarų ir gerai pažinojusiu jį patį.

Kitą kartą buvau gerokai apstulbinta, kai sutikau mano sesers vyro pavardę turinčią moterį.

Viename knygyne vyko lietuvių poezijos rinkinio pristatymas. Ten susipažinau su labai draugiška lietuvių poezija besidominčia šviesiaplauke angle, ir paaiškėjo, kad jos pavardė tokia pati kaip mano svainio. Ji nenustebo, nes žinojo, kad jos vyro giminės šaknys ateina iš Lietuvos. Vėliau supažindino su savo vyru Frenku, kuris guodėsi nesėkmingai bandęs aptikti savo protėvių pėdsakus ir svarstė, ar mano svainis galėtų būti jo giminaitis. Bet taip ir neišsiaiškinome – mano sesers vyras nedaug žinojo apie savo tėvo praeitį, Frenko žinios apie lietuviškus protėvius irgi buvo šykščios. Būtų reikėję raustis po archyvus, kelti nusėdusias dulkes ir judinti šeimų istorijas, ko nei mano svainis, nei naujasis pažįstamas, kiek supratau, nelabai troško. Keturios penkios kartos šeimos istorijoje – glūdi praeitis, kartais geriau nė nekapstyti, ką ji slepia.

Labiausiai matomas pirmabangių paliktas ženklas, kurį anksčiau ar vėliau aptinka bemaž kiekvienas vėlesnių emigrantų bangų atstovas – tai lietuviška bažnyčia. Tikras stebuklas, kaip šis nedidukas neišvaizdus mūrinis pastatas, įsiterpęs tarp pašto sandėlių ir senokai apleistų neaiškios paskirties pastatų, atlaikė tuos emigrantiškus cunamius ir sustiprėjo. Ši bažnytėlė kaip magnetas sutraukia lietuvius iš visų Londono pakraščių.

Bet ką aš ir kiti mano bangos emigrantai apie ją žinome? Kad statyta prieš šimtą metų, kad praėjusio amžiaus pradžioje dėl teisės joje lietuviškai melstis kariauta su lenkais, o šio amžiaus pradžioje irgi būta kovų, bet jau tarp pokarinės antrosios bangos lietuvių, prisirišusių prie jiems įprastos parapinės tvarkos, ir su trečiąja banga atvykusio jauno kunigo, nusprendusio bažnyčią padaryti modernesnę ir artimesnę naujiesiems atvykėliams. Jam tai pavyko – į bažnytėlę dabar plūsta vien trečiabangiai atvykėliai, užimdami ir šią, ir kitas ankstesnių emigrantų bangų įgytas bei išpuoselėtas erdves.

Antroji emigrantų banga, iš Lietuvos išstumta karo pabaigoje, atpažįstama geriau nei pirmoji, nors jau irgi vilnija į pakraščius ir virsta smulkiais raibuliukais. Šios bangos palikti konkretūs ženklai rodo, kad antrabangiai mokėjo, norėjo ir pajėgė įsteigti lietuviškumo židinius. Ne simbolinius, o materialius, su sienomis ir stogais. Lietuvių namai Londone, Lietuvių sodyba už šimto kilometrų į vakarus nuo Londono – visa tai buvo bandymas svetimoje šalyje atkurti lietuviškas miestiškas ir kaimiškas erdves. Bet Lietuvių namai jau senokai parduoti, o Lietuvių sodyboje įsikūrė viešbutis, kuris lietuviams per brangus, tad jame dažniausiai apsistoja anglai. Tačiau kol dar yra žmonių, turinčių ūpo kaimiškai švęsti, Lietuvių sodyba tampa lietuvišku kaimu tris kartus per metus – per Užgavėnes, Sekmines, kai kada Jonines ar rudens lygiadienį. Švęsti suvažiuoja daugiausia trečiabangiai, antrabangių metams bėgant ten vis rečiau. Jiems per vėsu, per drėgna, per triukšminga ir „jau nebe tai". Prieš keletą metų iš vieno kito antrabangio lūpų dar girdėdavau džiaugsmo gaidelių, kad naujiesiems atvykėliams ne vien pinigai rūpi, kad jie susirinkę ir „Kepurinę" pašoka, ir „Lietuva brangi" padainuoja, bet tos gaidelės pamažėle išnyko.

Kitas antrabangių paliktas ženklas – lietuvių organizacijos. Jos irgi transformuojasi – vienos, nors aptrupėjusios, dar laikosi, kitos nustojo egzistuoti, trečios buvo perimtos paskutinės bangos atvykėlių. Dar – lietuviškos kapinės Leitone bei keletas vyresnio amžiaus žmonių, kuriuos gali nuolat sutikti ambasadoje vykstančiuose lietuviškuose renginiuose. Galiausiai kur nors perskaitai žinutę, kad vienas ar kitas iš tų sutiktųjų mirė. Kadaise gavę bėgti iš Lietuvos nuo sovietų okupacijos, penkiasdešimt metų prievarta buvę atskirti nuo tėvynės ir svečioje šalyje bandę sukurti atsarginę Lietuvą, dabar tie antrabangiais vadinami išeiviai priversti užleisti kelią Londoną okupuojančios posovietinės, trečiosios bangos tautiečiams.

Nes dabar čia mes. Nuo Lietuvos nė kiek neatitrūkę, glaudžiai susieti nuolatinėmis pigių skrydžių linijomis, nelegalių ar pusiau legalių vežėjų maršrutais ir pirmyn atgal cirkuliuojančiais nenutrūkstamais prekių srautais. Lietuvos mums čia kurti nereikia, mes tiesiog jos dalį iš šiaulių, panevėžių bei plungių perkėlėme į Londono pakraščius.

* * *

Kartą lankiausi šeimoje, jau septynerius metus gyvenan-
čioje Londone. Jie ir namą įsigijo, ir vaikai čia į mokyklą eina,
jų giminaičiai irgi bemaž visi persikraustė į Angliją. Viena iš tų
šeimų, kurios sugebėjo visą savo aplinką – ne tik artimuosius
ir draugus, bet ir priešus – iš gimtojo Alytaus perkelti į šitą šalį.
Nebeliko nieko, kas juos rištų su gimtine, nei savų žmonių, nei
palikto turto. Net atostogauti į Lietuvą pastaraisiais metais ne-
benuvyksta – per brangu, o ir oras nenuspėjamas. Bet poreikis
lietuviškai televizijai išliko. Kartą apie tai įsišnekėjome.

– Kodėl BBC nežiūrite? – pasidomėjau. – Kiti angliškai
nemoka, suprantu. Bet kodėl jūs „Panoramą", o ne „Dešimtos
valandos žinias" įsijungiate?

– Nė nepagalvojau, – atsakė statybose dirbantis vyras. –
Tiesiog viską sužinai, ir kas Lietuvoj, ir kas pasauly... Kas An-
glijoj vyksta, irgi pasako...

Paprasta ir teisinga, neturiu dėl ko ginčytis. Bet jo žmona
paaiškino išsamiau.

– Aš tik lietuvišką televiziją žiūriu. Man lietuviški serialai
geresni už anglų. Jeigu žmonės, pavyzdžiui, nesutaria, aš su-
prantu, dėl kokių priežasčių, kodėl vieni būna mylimi, o kiti
neapkenčiami. Man jų emocijos artimos, o anglų nesuprantu.
Kai supyksta, jie tik kažką rėkia vieni kitiems kaip kokie neu-
rotikai, kai įsikabins į kokią idėją, nesustabdysi. Bet kad dėl
ko nors išgyventų, kad kokius jausmus turėtų, na, kaip mes,
lietuviai – niaujamės pjaunamės, bet vienas be kito negalim,
tai ne. Man atrodo, kad anglai jausmų neturi.

Statybininkas žvilgtelėjo į savo žmoną pakėlęs antakius,
pakilo nuo stalo ir nuėjo miegoti.

– Jis pavargęs, jam rytoj anksti keltis.

Nors rytoj laukė šeštadienis, vyras dirbdavo ir savaitgaliais. Namui įsigyti jie buvo pasiėmę paskolą, du vaikai ėjo į mokyklą, tad pinigų reikėjo daug.

O mudvi ilgai užsisėdėjome stikliniame priestate su atvirais langais į vidinį kiemelį, kurį moteris vietoj visžalių krūmų ir vejos užsodino lietuviškai – pomidorais, agurkais ir braškėmis. Apkalbėjome Londono lietuvius, kaip jie čia gadina Lietuvos įvaizdį, bet tėvynėje likusiems tautiečiams pylos irgi nepagailėjome, aptarėme Lietuvos orus ir politiką. Tąsyk jauseną, kad gyvenu ne Lietuvoje, atgavau tik tuomet, kai įsėdau į naktinį Londono autobusą.

Pažįstu žmonių, kurie sugeba išvengti ne tik naktinių autobusų, bet apskritai viešojo transporto, ir nors jų kūnai Anglijoje, emociškai ir dvasiškai iš Lietuvos jie nėra išvykę. Būti čia, o gyventi Lietuvoje jiems padeda šiuolaikinės technologijos.

Vienu metu, kai dar tik žvalgiausi, kaip užsikabinti, per skelbimus radau pasiūlymą laikinai prižiūrėti sunkiai sergančią senutę. Tą skelbimą įdėjo lietuvė, senutę prižiūrinti jau pusantrų metų. Ji sakė ieškanti porininkės, su kuria galėtų keistis kas trys mėnesiai. Paaiškino visus šio darbo pranašumus. Uždarbis – trys šimtai svarų per savaitę. Grynais, į rankas ir jokių mokesčių. Kad trys šimtai svarų per savaitę yra gerai, tą jau buvau spėjusi sužinoti. Išvardijo ir kitus pliusus – gyventi reikia senutės namuose, vadinasi, jokių išlaidų būstui. Kadangi gyveni ten, kur dirbi, nepatiri ir transporto išlaidų, kurios ne pensus kainuoja. Maistą irgi gali pasigaminti iš ligonės maistui skirtų produktų.

Kaune palikusi šeimą ir čia tik uždarbiauti atvykstanti moteris buvo labai patenkinta. Darbas nesunkus, išlaidų jokių, o vakarus ji leisdavo per skaipą bendraudama su šeima, giminaičiais ar draugais.

– Vakar įsipyliau vyno, atsisėdau prie skaipo, pasveikinau draugę su gimtadieniu, net susidaužėm – į ekraną, aišku, bet tuo pačiu metu, supratau iš taurių tarkštelėjimo. Ne tik gimtadienį, visas šventes taip švenčiu, visai kaip namuose. Dabar dar planuoju įsigyti kamerą, kad turėčiau čia ir Lietuvoj, tada ir kalbėtis galėsim, ir vieni kitus matysim. Koks skirtumas, ar čia, ar Lietuvoj, tik čia per mėnesį uždirbu tiek, kiek ten per keturis.

Ji neabejojo, kad aš irgi būsiu patenkinta. Paskelbusi pasiūlymą gavo net trisdešimt skambučių – tiek moterų tokio darbo trokšte trokšta. Londonas jai buvo vien darbovietė, tik pamaina čia trukdavo ilgai, net tris mėnesius. Bet ji su tuo apsiprato ir įsigudrino puikiai gyventi tarp dviejų valstybių, nė vienai jų nemokėdama mokesčių.

Nors trečiosios bangos emigrantai iš Lietuvos šiek tiek primena pilkąsias voveres, neišrankias nei maistui, nei gyvenimo sąlygoms, toji banga toli gražu ne vienalytė. Čia viskas verda ir kunkuliuoja, vyksta tie patys skaidymosi ir sluoksniavimosi procesai kaip kiekvienoje visuomenėje. Į paviršių kyla tai, kas tampa emigrantiška grietinėle, apačion sėda niūresnė liaudis – kalėjimų klientai ir benamiai.

Ir ne tik. Čia jau įsibuvę emigrantai, prie kurių priskiriu ir save, ima pastebėti skirtumus tarp tų, kurie atvyko prieš ketvertą penketą ar daugiau metų, ir tų, kurie plūsta dabar. Trečioji banga jau skirstosi į smulkesnius porūšius – iki Europos Sąjungos ir po jos. Sakoma, kad ta bangelė, kuri sudėtingais ir pavojingais būdais, nepaisydama deportacijų atsirito čia prieš Lietuvai įstojant į Europos Sąjungą, – jie atvyko darbo dirbti. Vėlesnė bangelė, jau įstojus į Europos Sąjungą, atvilnijo su panūdusiais lengvesnio ir geresnio gyvenimo. O tie, kas suskato važiuoti į Angliją pastaraisiais metais, vyksta čia dėl mados ir didesnių pašalpų.

Vis dažniau iš pačių lietuvių pasigirsta skundų, kad lietuvių ir apskritai imigrantų Anglijoje per daug. Tarsi penketą ar daugiau metelių čia pagyvenę būtume įgiję teisę reguliuoti atvykstančiųjų srautus.

Gražų šiltą velykinį savaitgalį mano kolegė su šeima ir draugais išsiruošė prie jūros. Buvo saulėta, visi iš anksto džiaugėsi smagiu laisvalaikiu, kai vaikai bėgios pajūriu, o suaugusieji gardžiuosis kepsniais užsigerdami alumi. Jie ne pirmą kartą važiavo į Margeitą, tą vietą buvo pamėgę, nes pakrantė dar nebuvo paversta industrine poilsio vieta su išsirikiavusiais privačių zonų ploteliais, nusidriekiančiais iki vandens, ir paprastai ten būdavo gana tuščia.

Tačiau tą dieną visas pajūrio plotas buvo nusėtas žmonių. Būriai su vaikais, su kepsninėmis, garsiai kalbantys, pasiklausius – vien iš Rytų Europos. Kolegė prisipažino kaip reikiant susinervinusi – ko čia tie Rytų europiečiai susigrūdo? Tą nuošalią vietelę ji atrado su šeima, jai patiko ramybė ir plati pakrantė, tą lopinėlį ji jau buvo paskyrusi savo ir artimų draugų poilsiui. Ir staiga ji pamatė būrius naujų imigrantų, besikėsinančių į tą pačią vietą.

Tada ji savęs paklausė – o kas aš tokia? O aš iš kur? Iš tos pačios Rytų Europos. Skirtumas tik tas, kad atvykau čia dešimtmečiu anksčiau.

STEBUKLINĖS PASAKOS
IR UŽBURTI RATAI

Maždaug prieš šimtą metų iš vargingų Lietuvos kaimų į Škotijos anglių kasyklas darbuotis atvykus pirmiesiems lietuviams, buvo sakoma, kad visa, ką jie atsivežė į tą šalį – tai prisirišimas prie savo tikybos ir užgrūdinti raumenys. Pusė emigrantų buvo neraštingi, anglų kalbą mokėjo tik vienetai. Bet žinojo, kad į svetimą šalį važiuoja dirbti sunkaus darbo.

Ką atsivežė po šimto metų Britaniją užplūdusi emigrantų iš Lietuvos banga? Prisirišimo prie savo tikybos likučius? Šventojo Kazimiero bažnyčia per didžiąsias religines šventes būna sausakimša, bet kitu metu apytuštė, o ir lankytojai dažniausiai tie, kas neseniai atvažiavo ir ieško, į ką įsikabinti. Prakutusiems bažnyčia nebėra tokia svarbi, nebent kai reikia pakrikštyti vaiką ar susituokti. Ir dar tada, kai tėvai nori vaikus leisti į katalikišką mokyklą, nes religinės pakraipos mokyklas, kaip suteikiančias geresnį išsilavinimą, vertina net tie, kas Dievo netiki. Mirusiųjų laidojimas, dar vienas iš tų retų atvejų, kai prireikia bažnyčios, kol kas nėra labai svarbus – čia atvažiuojama įsikurti ir gyventi, o ne mirti, tad jei vienas kitas iš šio pažadėtojo krašto emigruoja į Anapilį, jo kūnas ar vis dažniau to kūno pelenai išgabenami į Lietuvą.

Ar atsivežė užgrūdintus raumenis? Pasitaikė sutikti tokių, kurie atsivežė steroidinę, specialiais maisto priedais ir treniruotėmis išpūstą muskulatūrą, bet dėl tų raumenų pajėgumo ir ilgalaikės kokybės kažin ar patys jų nešiotojai yra tikri.

Ko atsigabenta su kaupu – tai rožinių iliuzijų ir nepamatuotų lūkesčių.

Regis, niekas nedėjo nė menkiausių pastangų, bet mitas, kad Anglijoje lengva ir gera gyventi, ėmė ir išsipūtė. Tas mitas teigia, kad darbo čia neranda tik visiški tinginiai ir apsileidėliai, kad pašalpų negauna tik tie, kas nesugeba tuo pasirūpinti, kad apleistų namų čia pilna, tik reikia gerai apsižvalgyti, ir tik žiopliai vargsta ar skundžiasi. Nes gėrybės kiekvienam atvykusiam čia krinta tiesiai į nagus, tereikia netingėti ištiesti ranką.

Ne taip toli tie laikai, kai panašūs lengvo praturtėjimo mitai burbulais pūtėsi ir tiršta gausa plaukiojo ir Lietuvoje. Tai buvo tada, kai socialistinis rojus ėmė virsti kapitalistiniu, bet irgi ne kuo kitu, o rojumi. Pamenu tuos kone per vieną naktį praturtėjusius vyrukus, kuriems pasakos buvo reikalingos neaiškiai savo turtų kilmei pridengti. Tuomet itin paklausūs tapo pasakojimai, kad pinigai voliojasi po kojomis ir jų nepasiima tik tie, kas yra akli ar tingi pasilenkti.

Kad Lietuvoje prieš penkiolika dvidešimt metų stebuklinės pasakos apie greitą praturtėjimą buvo gyvybiškai būtinos, visiškai suprantama. Bet kodėl tie mitai reikalingi emigrantams? Juk dauguma jų iš Lietuvos pajudėjo dairydamiesi, kur duonos kąsnį užsidirbti, o ne turtus susikrauti.

Pabandysiu pakapstyti tas emigrantiškų stebuklinių pasakų šaknis. Pirmiausia dirvą, kur keroja stebuklinės pasakos ir iliuzijos, purena ir tręšia tie, kam reikia pridengti nelabai švarius darbelius ar pusiau legalius užsiėmimus.

Vienas simpatiškas, patikimai atrodantis, steroidiniais raumenimis bei prabangia mašina pasirūpinęs vyrukas turėjo pomėgį pasipuikuoti prieš mažiau apsukrius savo brolius ir seseris. Jis buvo įkūręs saugos kompaniją ir vos per keletą metų gerokai praturtėjo. Ketinau apie jo sėkmingą verslą parašyti straipsnį, bet jis teigė, kad jam šlovės nereikia. Buvau įkyri ir jau ne straipsniui, o tiesiog iš smalsumo domėjausi, kaip įmanoma gauti tokį didelį pelną užsiimant apsaugos organizavimu.

– Komercinė paslaptis, – pareiškė jis, bet paskui pridūrė: – Mano firma užsiima ne kokių užkandinių ar muzikos klubų apsauga, mūsų klientai turtingi. O kas pinigų turi, tas daug ir moka.

Svarsčiau, kaip pavyksta rasti tokių turtingų ir pinigais besišvaistančių klientų, bet šito neklausiau, pati žinojau, kad tokios paslaptys rakinamos keliomis spynomis. Ir, tiesą sakant, patikėjau. Kodėl ne, juk šioje šalyje viskas įmanoma. Tik pasigailėjau, kad nei aš, nei mano draugai nesame tokie guvūs, ne tik turtingų klientų, bet netgi kiek gerėliau prasigyvenusių pažįstamų nepavyksta įsigyti. Ir tik gerokai vėliau išgirdau kalbų, kad apsaugos firma buvo tik priedanga, o tikrasis turtų šaltinis turėtų būti vadinamas nebe komercine, o kriminaline paslaptimi.

Vieną tokią paslaptį buvo praskleidusi net Londono policija.

Tai buvo graži ir smagi pora, atrodė iki ausų įsimylėję, važinėjo BMW automobiliais, atostogavo tailanduose ir pirkosi namus, tačiau paaiškėjo, kad jų oficialios pajamos buvo per mažos tokiam gyvenimo būdui. Šiaip jau nei policija, nei kokia kita institucija, išskyrus Jos Didenybę Mokesčių inspekciją, pajamomis, tuo labiau išlaidomis, čia per daug nesidomi. Paprastai tikima, kad žmogus arba gyvena pagal išgales, arba iš skolų.

Apie Mokesčių inspekcijai deklaruojamų pajamų ir gyvenimo lygio neatitikimus pranešti mokesčių tarnybai įpareigoti buhalteriai ar kiti finansinius reikalus tvarkantys asmenys. Ši paslaptis interviu metu netyčia išsprūdo vienai sąskaitininkei, kuri, tuoj pat susigaudžiusi, kad apie tai sužinoję klientai pradės jos vengti, pareiškė atsiimanti savo žodžius ir liepė juos ištrinti iš diktofono. Iš diktofono ištryniau, bet atmintyje užsiliko, ir man pasidarė įdomu. Supratau vieną dalyką – saviškių, ypač jei tai gerai už paslaugas sumokantys klientai, finansinius dokumentus mokesčių inspekcijoms tvarkantys buhalteriai skųsti nelinkę. Jokios iš to naudos. Bet jei klientas pradės šakotis, tada paskųsti gali. Nes visos, net menkiausios finansinės nuodėmės, o tai reiškia – ir žmonių likimai, yra jų rankose.

Mintį oficialias saldžiosios porelės pajamas sulyginti su įsigytomis gėrybėmis mokesčių pareigūnams greičiausiai pamėtėjo panašiu būdu savo gerovę grindžiantys konkurentai. Tad vieną dieną buvo patikrintos porelei priklausančios lietuviškos maisto parduotuvės ir iš po prekystalių ištrauktos kontrabandinės cigaretės. Įrodymų, kad porelė yra viena iš kontrabandos tinklo grandžių, policija pristigo, tad nuo rimtesnių bausmių verslininkai išsisuko. Bet parduotuvių verslą teko uždaryti, ištaigingus namus parduoti, meilė išgaravo, ir dabar kiekvienas atskirai užsiima kažkuo smulkiu. Be pėdsako dingo ir jų nuoširdžiai puoselėta puikių verslo galimybių Anglijoje versija.

Kita grupė žmonių, kurie patys nekuria stebuklinių pasakų, bet mielai palaiko jų apyvartą visuomenėje, yra tie, kurių pragyvenimo šaltiniu tapo emigrantams teikiamos paslaugos. Didžioji dalis lietuviško verslo Londone įsisuka ir plėtojasi aptarnaujant tautiečius, tad kuo daugiau klientų, tai yra paslaugų reikalingų emigrantų, tuo geriau. Tai verslo logika. Kaip čia atvykę žmonės įsikurs ir kaip jiems seksis – ne paslaugas teikiančiųjų rūpestis.

Pirmuosius žingsnius žengiančiai imigrantinei šviežienai be tokių dokumentų sutvarkymo ir įdarbinimo paslaugų apsieiti beveik neįmanoma. Nes jeigu imiesi tvarkyti savarankiškai, tavęs laukia, na, gal ne devyni pragaro, bet keli užburti ratai.

Kiekvienas legaliai įsidarbinti norintis žmogus privalo pasirūpinti dviem dalykais: gauti socialinio draudimo numerį, emigrantų vadinamą *inšurencu*, ir atsidaryti banko sąskaitą. Abiem atvejais susidaro nemažai kebeknės. Socialinio draudimo numerį darbingo amžiaus žmogus gali gauti tik tada, kai įsidarbina, tačiau įsidarbinti neturint draudimo numerio nėra paprasta. Net tada, kai tvarkaisi itin gundantį *selfemploidinį* variantą, tai yra kai pats save įdarbini, turi pateikti įrodymų, kad tavo teikiamas paslaugas kas nors perka ir iš tos veiklos gauni pajamų. Be to, kad gautum draudimo numerį, reikia įrodyti, kad Anglijoje gyveni, o tai reiškia – turėti oficialų adresą.

Susitvarkyti socialinio draudimo reikalus man pavyko tik praėjus geram pusmečiui nuo atvykimo. Ir nors man padėjo tuos kelius jau praėję draugai ir pažįstami, šita painiava tęsėsi ilgai. Per tą laiką buvau įsidarbinusi net keliose vietose, bet darbdaviai, turėdavę pateikti informaciją, kad pas juos dirbu, to daryti neskubėjo – jiems buvo patogi prieš penketą metų įsigalėjusi praktika, kai trumpalaikiams nelegalams mokėdavo grynais ir mažiau nei legaliai dirbantiems. Dėl adreso nesijaudinau – draugė pateikė raštišką liudijimą, kad gyvenu jai priklausančiame name, ir to užteko.

Galima atsidusti – tapau legali. Bet čia pat laukė antrasis uždaras ratas, nes „legalu" reiškia tai, kad uždarbis ar atsiskaitymai už paslaugas turi eiti per banko sąskaitą. O atidarant banko sąskaitą draugės rašto, kad gyvenu pas ją, neužteko – adresą reikėjo patvirtinti pateikiant oficialų dokumentą, kuriame šis adresas būtų nurodytas kaip mano gyvenamoji vieta. Tam būtų tikusi nuomos sutartis – neturėjau. Tinkamas dokumentas būtų buvęs Britanijoje patvirtintos vairuotojo teisės – neturėjau. Galiausiai būtų užtekę ir mano vardu atėjusios komunalinių mokesčių sąskaitos, kurios irgi neturėjau.

Logika sako – reikia savo vardu išsinuomoti būstą, ir visos adreso patvirtinimo problemos išsispręs. Bet čia neišvengiamai patenkama į trečią užburtą ratą, mat nuomos agentūros reikalauja įrodymų, kad Anglijoje esi pragyvenęs ne mažiau kaip pusę metų ir gauni vidutinio atlyginimo dydį (o tai yra dvidešimt keturi tūkstančiai svarų per metus) siekiančias pajamas, kurios atsispindėtų oficialiuose banko sąskaitos išrašuose.

Susimazgo štai toks neišraizgomas gniutulas: kad gautum socialinio draudimo numerį, be kurio negali oficialiai įsidarbinti, reikia turėti gyvenamosios vietos adreso patvirtinimą, tai reiškia – oficialią nuomos sutartį. Tačiau būsto neišsinuomosi neturėdamas banko sąskaitos, o banko sąskaitai atidaryti reikia oficialiai patvirtinto adreso, o tokį adresą įgyji tik išsinuomojęs būstą savo vardu, o kad išsinuomotum, reikia pusmetį čia pagyventi ir dirbti.

Ir kaip čia žmonės įsikuria? Važiuoja srautais, susiranda pastogę, socialinį draudimą susitvarko vos įkėlę koją ir keletą mėnesių čia pagyvenę likusius Lietuvoje vadina kvailiais. Man tai atrodė tikrų tikriausias stebuklas.

Ta užburtu ratu besisukanti reikalavimų grandinė, kad jei neturi pirmo, negausi antro, o antro tau niekas be pirmo nesuteiks, kažkur turi nutrūkti. Ir nutrūksta ji čia ankstėliau įsikūrusių tautiečių kišenėse.

Mat tas užburtas ratas turi vieną silpną grandį. Adresui patvirtinti čia užtenka turėti savo vardu išrašytą komunalinių paslaugų mokesčio kvitą. Atrodo, už paslaugas turėtų mokėti tas, kieno vardu užrašytas būstas. Taip yra Lietuvoje, tačiau šioje karalystėje reikalai šiek tiek kitokie – paslaugų tiekėjams nesvarbu, kas moka už paslaugas, tad mokesčių kvitai gali būti išrašomi nebūtinai oficialaus būsto nuomininko ar savininko vardu.

O čia jau atsiveria erdvė žaisti seniau įsikūrusiems ir namus ar butus savo vardu išsinuomoti pajėgiantiems tautiečiams. Jie ne tik naujai atvykusiems pernuomoja kambarius, už tam tikrą sumą jie gali vieną iš mokesčių, pavyzdžiui, už dujas ar vandenį, perrašyti kambarį nuomojančio asmens vardu. Nauda abipusė – emigrantas „įsigyja" adresą Anglijoje, seniau gyvenantis gauna papildomų neapmokestinamų pajamų.

Versliukas nedidelis, bet perspektyvus, nes atvykėlių srautas nemažėja, noras gyventi Anglijoje – ir ne blogiau nei anksčiau čia atvykę tautiečiai – yra beprotiškas, o senbuviai jaučiasi nusipelnę lengvesnio gyvenimo.

Apie tą versliuką niekas nepasakoja – nei paslaugų teikėjai, nei jų klientai. Nebent saviškių kompanijose gerai įkaušę pradeda puikuotis tomis gudrybėmis, taip tos mažutės paslaptys ima ir atsiskleidžia.

Perrašyti komunalinius mokesčius kito tuo pačiu adresu gyvenančio žmogaus vardu nėra draudžiama, bet geriau, kad niekas nežinotų. Legaliai išsinuomotame būste gali gyventi tik tie, kas įrašyti į sutartį. Tad pernuomodami kambarius ir atvykėliams suteikdami adresus tautiečiai rizikuoja, kad namo savininkas arba agentūra dėl sutarties sąlygų nesilaikymo visus gali išmesti į gatvę. Bet rizika nėra didelė, nes nuomojamų namų savininkai gyvenimu mėgaujasi kur nors Ispanijoje ar Naujojoje Zelandijoje, o agentūrų darbuotojai nenori kvaršinti galvos net menkiausiu papildomu rūpestėliu – jie išnuomojo, pasiėmė tarpininkavimo pinigus, o po to ir nuomininkas, ir savininkas gali kad ir skradžiai žemę prasmegti.

Komunalinių paslaugų mokesčių kvitus perrašant kito asmens vardu, galima nė nevarginti „Temzės vandenų", „BG", „BT" ar kurios kitos aptarnaujančios firmos. Paprastesnis būdas – nukopijuoti paštu atsiunčiamas sąskaitas, vietoj įrašytos pavardės užklijavus lapuką su pavarde to, kam prireikia adreso patvirtinimo.

Išsiaiškinau tai netikėtai, padėdama atsidaryti banko sąskaitą atvykusiai studijų laikų draugei. Apie komunalinių paslaugų mokesčių perrašymą jau buvau girdėjusi, tad ir jai patariau kreiptis į tą moterį, iš kurios nuomojasi kambarį. Buvau tikra, kad susitarti joms pavyks, tik maniau, kad tai gali ilgokai užtrukti, nes mokestinės sąskaitos čia atsiunčiamos kas trys mėnesiai. Nustebau, kai draugė vos po kelių dienų pasirodė su jos vardu išrašytu kvitu. Apžiūrėjau tą kvitą iš visų pusių – nieko įtartina, tik data ant jo buvo mėnesio senumo, tuo metu mano pažįstama apie banko sąskaitos atidarymą nė negalvojo. Nujaučiau, kad paprastutė pavardės keitimo ant kvito operacija buvo atlikta įjungus kopijavimo mašiną. Atidžiai apžiūrėjau popierių tikrindama, ar palei pavardę nėra atsiradę įtartinų šešėlių, bet viskas atrodė nepriekaištingai.

Studijų laikų draugei apie savo dvejones neprasitariau, abi nukeliavome į banką. Jaučiausi neramiai, muisčiausi lyg skruzdėlių apnikta, bijojau, kad sąskaitas tvarkantiems specialistams užteks į popieriuką mesti kreivą žvilgsnį, ir jie iš karto pastebės, kad kažkas negerai. Bet viskas praslydo kuo puikiausiai. Smulkutė apgaulė, bet padėjo. Mano draugė jau metai gyvena Londone ir atgal į Lietuvą nesiruošia.

Tie naivūs laikai, kai atvykėliai bandydavo gilintis ir reikalus tvarkydavosi patys, seniai praėjo – dabar tuo pasirūpina visas su dokumentų reikalais susijusias paslaugas teikiančios firmos. Jų daug, jos sutvarko net tai, kas, atrodytų, neįmanoma, ir kartais daro stebuklus.

Tuos mažus stebuklus kurti saldesniu balsu, už mažesnę kainą, o kai kada ir visai už dyką siūlosi ir pavieniai asmenys. Jeigu jų pažadėti stebuklai neišsipildo, tada ateina visur nosį kaišiojančių ir iš dangaus krintančiomis gėrybėmis netikinčių žurnalistų laikas. Nes į redakciją ima plaukti laiškai su pagalbos šauksmais. Nekreipdavau dėmesio į tuos, iš kurių aišku, kad į problemas įsipainiota dėl godumo, bet nemažai gaudavau tokių, iš kurių matyti, kad įkliūta dėl naivumo.

Štai tipiška jaunos mamos istorija. Sonata į Londoną pirmą kartą atvyko 2009 metų rudenį aplankyti draugės. Per ją susipažino su penkerius metus Londone gyvenančia moterimi, kuri pasisiūlė sutvarkyti vaiko pašalpai gauti reikalingus dokumentus. Sonata angliškai nė trupučio nemokėjo, be to, buvo įtikinta, kad tai sudėtingas, daug laiko ir pastangų reikalaujantis procesas. Toji pasiūliusi moteris atrodė labai nuoširdi ir užjaučianti. Ji tvirtino pati praėjusi tuos kelius ir žinanti, kaip nelengva čia užsikabinti. Net pakvietė Sonatą kurį laiką pas save pagyventi. Sonata apsidžiaugusi tą pačią dieną įsikūrė jos namuose. Ten ji sutiko dar tris jaunas lietuves, kurioms geradarė taip pat buvo pažadėjusi gauti vienišų mamų pašalpas. Jos ten gyveno savaitę. Per tą savaitę joms, neturinčioms nei darbo, nei oficialaus adreso, geradarė sugebėjo gauti socialinio draudimo numerį. Pasidariusi vaikų gimimo liudijimų bei mamų pasų kopijas, užtikrinusi, kad po mėnesio ar dviejų jos gaus visas pašalpas ir radusi priežastį, kodėl nebegali jų ilgiau laikyti savo namuose, moteris visoms keturioms liepė išsikraustyti. Kitos likimo sesės buvo atvykusios trumpam, jos grįžo Lietuvą, o Sonata vėl prisiglaudė pas draugę. Kurį laiką nelegaliai valė namus, bet paskui irgi grįžo į gimtinę. Ji buvo suplanavusi, kad važiuos gyventi į Londoną, bet ne anksčiau, nei bus paskirtos pašalpos, kitu atveju su dviem vaikais ji čia neišgyvens.

Po kelių mėnesių Sonata paskambino geradarei klausdama, kaip su pašalpomis. Ši atsakiusi, kad tai užtrunka, reikia laukti. Per tą laiką į Londoną dirbti išvyko jos vyras. Sonata, vaikus palikusi seneliams, irgi pradėjo dažniau lankytis Londone, susipažino su čia gyvenančiais žmonėmis. Kai papasakojo, kad niekaip nesulaukia pašalpų vaikams, jai patarė pačiai paskambinti į pašalpų tarnybą ir pasiteirauti, kas atsitiko. Jos vardu paskambinusi angliškai kalbanti pažįstama sužinojo, kad pašalpos jau gaunamos ir siunčiamos į anketoje nurodytą banko sąskaitą. Tačiau Sonata jokios sąskaitos Jungtinėje Karalystėje neturėjo. Ji paskambino geradarei, tačiau telefono numeris nebeveikė. Nukeliavo į jos namus, bet ten jau gyveno kiti žmonės. Susisiekė su tomis lietuvėmis, kurios kartu tvarkėsi pašalpas – jos irgi jokių pinigų nebuvo gavusios. Sonata suprato, kad jos ir kitų moterų pašalpos plaukia į apgavikės sąskaitą, ir nusprendė tos suktybės taip lengvai nepalikti. Ji nukeliavo į policiją, tačiau ten pasiūlė skambinti į pašalpų tarnybą. Paskambino, bet nežinojo slaptažodžio, kuris suteikiamas kiekvienam pašalpos prašytojui, tad niekas į jokias kalbas nesileido. Sonata kreipėsi į Mokesčių inspekciją, kad visos pašalpos, gaunamos jos ir jos vaikų vardu, būtų nutrauktos, bet gavo atsakymą, kad jie savo dokumentuose nemato nieko įtartina. Vis dėlto žinia, kad Sonata nusprendė nenutylėti apgavystės, kažkokiu būdu pasiekė „geradarės" ausis, ir į Sonatos telefoną atkeliavo pora grasinamų žinučių. Ji vėl kreipėsi į policiją. Pareigūnai surado siuntėją, ir šitaip buvo sužlugdytas vienas iš pašalpų vagyščių tinklų.

Susitikau su Sonata, kol ji dar mynė visokiausių pagalbos tarnybų slenksčius. Jauna, simpatiška, miela moteris. Kokiu būdu jos gyvenime atsirado pašalpas sutvarkyti pažadėjusi moteris? Paprastai, per pažįstamus. Ir jauna mama patikėjo jai visus savo ir vaikų asmeninius duomenis.

Emigrantinis naivumas yra viena iš tų įdomybių, su kuriomis neretai tenka susidurti. Kartais matai – žmogus nekvailas, o ėmė ir pasielgė kaip trejų metų vaikas. Aišku, kai nieko aplinkui nesupranti ir nesusigaudai, neišvengiamai tampi kitų, labiau išmanančių reikalus, įkaitu. Tada viskas priklauso nuo to, ant kokio žmogaus pataikysi. Kita vertus, dauguma iš Lietuvos išvyksta kupini nusivylimo, o užsitęsusi neviltis yra puri dirva visokioms iliuzijoms.

O gal tai susiję dar su vienu emigrantiško gyvenimo aspektu – jei pakrutinai kulnis iš Lietuvos, tau privalo pasisekti. Nes kiekvienas išvykėlis tarsi tampa atsakingas ne vien už tai, kaip susitvarkys savo gyvenimą, ant jo kupros gula ne tik artimųjų ir draugų, bet ir visų Lietuvos varguolių lūkesčiai. Tada nebeapsieinama be pasakų, kurios čia nesunkiai sukuriamos ir šviesos greičiu eksportuojamos į Lietuvos kaimą.

Kartą viena panevėžietė, nuvykusi į gimtąjį miestą aplankyti tėvų, išgirdo, kad kaimynų anūkei Londone puikiai sekasi – jos močiutė po visą miestą lakstanti su nuotrauka, kur anūkė nusifotografavusi prie limuzino, kuriuo, kaip užrašyta kitoje nuotraukos pusėje, ji kasdien vežiojama į darbą. Kai kaimynė užsuko į svečius su naujomis istorijomis apie anūkėlę, netikėtai paaiškėjo, kad tėvus lankiusi panevėžietė tą merginą pažįsta – kadaise abi valė kambarius tame pačiame viešbutyje. Ji bandė paaiškinti, kad kambarinių į darbą limuzinais niekas net Londone nevežioja, bet veltui – nuotrauka močiutei buvo pakankamas įrodymas, kad yra taip, kaip sako anūkė, o kitų šnekos tėra padiktuotos pavydo.

Žmonės mėgsta gražias istorijas, ir to neužginsi.

Visame šitame stebuklinių pasakų reikale ir aš nesu šventa – prisipažinsiu, irgi esu prisidėjusi prie mitų kūrimo. Nesgi žmonėms reikia gražių istorijų, o tie laikai, kai mano kelrodė žvaigždė buvo tik tiesa ir teisybė, ir išdidžiai tariausi, kad galiu sau leisti prabangą negalvoti apie pinigus, praėjo.

Kita vertus, iliuzijų, kurioms priskirčiau ir tokius didingus užmojus kaip tiesos ir teisybės paieškos, nesiryžčiau nubraukti kaip visiškai nereikalingų dalykų. Nes šiais laikais, kai kitos paskatos sunkiai pajudina žmogų nuo televizoriaus, tik stebuklinė pasaka gali padėti pakelti prie sofos prikepusį užpakalį. Man pačiai tikėti stebuklinėmis pasakomis kažkodėl neišeina. Jaučiuosi truputį nuskriausta, nes kartais gera pamiršti visas bėdas ir pasikliauti, kad bus taip, kaip trokšti ir svajoji. Kad tereikia savyje įveikti tam tikras ribas ar ydas, ir gėrybių ragas atsivers. Kiek kartų raginau save matyti tik tai, kas gražu, miela, malonu, ir nedirsčioti į šešėlinę pusę.

Nuoširdžiai prisipažįstu, tikėti rojumi trokštu ne mažiau, gal net labiau nei bet kuris kitas šios žemės gyventojas. Nesvarbu, kuriuo – socialistiniu, kapitalistiniu, gerovės valstybės, gėjų, feministiniu, bet kuriuo, net ir į pomirtinį nespjaučiau. Bet nesu tuo tikėjimu apdovanota.

MŪSŲ „ASDOS", „PRIMARKAI"
IR KITI ROJAI

Tada, kai apie gyvenimą Londone žinojau dar labai nedaug, kai už kiekvieno kampo manęs tykojo netikėtumai, vienas iš stulbinamų atradimų buvo „Primarkas".

Važiuodama į Londoną pasiėmiau tik būtiniausius reikmenis, tai, kas tilpo į vidutinio dydžio lagaminą ir ant peties įmanomą pavilkti krepšį. Tai visiškai atitiko mano studentiškų laikų idealizmą, kurį dar pirmame kurse įsikaliau pagal garsų lotynišką posakį – viską, ką turiu, nešuosi su savimi.

Tačiau atvykus čia iš karto tapo aišku, kad to, ką su savimi atsinešiau, negana įsikurti bent pusiau normaliai. Tokius dalykus kaip patalynė, rankšluosčiai ar minimalūs virtuvės reikmenys iš Lietuvos gabenti būtų juokinga, bet čia be jų irgi neapsieinama. Kol kur nors įsikuri pastoviai, visa tai atsiranda tarsi savaime. Tai netgi ne daiktai, jų kaupti neturiu polinkio, o tiesiog būtinoji aplinka, kuri tinkamai susidėlioja pamažėle, sluoksnis po sluoksnio. Emigravus į Angliją tą būtinąją namų aplinką tenka susikurti labai greitai, ir sluoksniuojama ji dažniausiai iš to, ką teikia „Primarkas", nes ten pigiausia. Ir nesvarbu, jei stinga patvarumo, nesgi ir pats nežinai, kiek ilgai čia tversi. Patvaresnius ir brangesnius dalykus įsigyti pradedama pagyvenus čia ne mažiau kaip trejetą ar penketą metų.

Išvykdama į lagaminą buvau įsimetusi dvi poras mano pamėgtų, tačiau ne kasdienai, o išeigai pritaikytų batelių. Vos atvykusi supratau, kad tokių progų mažiausiai pusę metų neturėsiu, nes išeigai reikia ne tik batelių, bet ir pinigų, o galimybė užsidirbti pirmąsias savaites buvo piešiama tik svajose, bet ne tikrovėje. Ko tikrai reikėjo, tai patogaus sportinio apavo, tinkančio ilgiems atstumams ieškant darbo įveikti. Bet viskas, kas pakliūdavo į akis didelėse batų parduotuvėse, buvo ne mano kišenei – pigiausi sportukai kainavo per trisdešimt svarų. Ir kai kartą naujai įgyta pažįstama pasidžiaugė, kad pigiai apsipirko, pasidomėjau, kurgi yra tas pigus rojus. Guvi keturiasdešimtmetė su ilga gyvenimo Londone patirtimi paaiškino, kad ne ten žvalgausi. Ir išdėstė sistemą, kuri, kai ją žinai, atrodo labai paprasta. Išaiškino tai pateikdama elementarių pavyzdžių, nes susitikome maisto parduotuvėje.

– Žiūrėk, – parodė man į lentyną akių lygyje. – Ką matai?

Išvardijau ten išdėliotus produktus.

– Į kainas žiūrėk...

– Aha, brangoka, – pastebėjau.

– O pažiūrėk į apatinę...

Pažvelgiau – gerokai pigiau. Iš Alytaus kilusi, bet per šešetą metų tapusi tikra londoniete moteris paaiškino, kad panaši sistema visur – kas pigu, tas į akis nebrukama, reikia pasidairyti ir paieškoti, nes pigesnio analogo nepastebėjęs žmogus perka brangesnįjį.

– Marketingas, – pridūrė ji, nes buvo jau pasistūmėjusi karjeros laiptais vienoje angliškoje kompanijoje ir žinojo kai kuriuos verslo magijos žodžius.

Buvo pikta, kad turiu gaišti dairydamasi pigių prekių, kai tą laiką galėčiau išnaudoti ieškodama darbo, bet pasirinkimą turėjau nedidelį – kol nebus darbo, brangų laiką teks eikvoti pigenų paieškai. Ne pats maloniausias užsiėmimas, ypač man, ne parduotuvių žmogui, tačiau jis davė naudos – mokydamasi pastebėti, kas pigu, kas nukainota ir kur galima gauti du produktus už vieno kainą, kai ką supratau. Šį tą apie save, šį tą apie kapitalistinę tikrovę, ir įsitikinau, kad jeigu esi vargšas, kalbos apie žmogiškąjį orumą yra burbulas, reikia tą orumą pamiršti ir įprasti galvą laikyti nulenktą prie apatinės lentynos. Su tokia kūno padėtimi skraidyti padebesiais nelabai išeina, užtat pavyksta atrasti pigią „Primarkų" gausą ir perteklių. Kainos ten – turiu galvoje prieš penketą metų, nes dabar viskas brangsta – ne tik kad nesikandžiojo, jos atrodė neįtikimai mažos. Sportinius batelius „Primarke" nusipirkau už tris svarus, o karameliškai rožinį chalatą – už keturis. Neįsivaizdavau, kaip verčiasi žmonės, kurie tuos daiktus gamina. Atrodė, kad jie ne tik negauna jokių pajamų, bet dar patys primoka už tai, kad galėtų ką nors gaminti. Tiesa, kvapelis „Primarko" batų skyriuje toks koktus, tarsi toji produkcija bent bjauriu smirdėjimu signalizuotų apie niekam tikusias, o kai kada net kenksmingas medžiagas, iš kurių jie pagaminti. Bet kai nelaikai savęs elito atstovu, ištveri ir tai.

Pažįstu žmonių, kurie vos nužvelgę žmogų per porą akimirkų sugeba nustatyti jo finansinį pajėgumą. Stokodama šių sugebėjimų, tokiais kito vertę nustatyti sugebančiais žmonėmis tiesiog žaviuosi. Kartą nugirdusi, kaip dvi ponios aptarinėja jų bendros pažįstamos skrybėlaitę, kainavusią ne mažiau kaip du šimtus svarų (tos ponios buvo anglės, nes Londone neteko susidurti su lietuvėmis, kurios diskutuotų apie skrybėles), sumaniau suskaičiuoti, kiekgi kainuoja tai, kuo aš vilkiu. Rezultatai man pačiai ne itin malonūs, tad juos pranešu kiek įmanoma glausčiau.

Pradėsiu nuo tų pačių sportukų, kuriuos, kaip minėjau, įsigijau už 3 svarus.

Kojinaitės (5 poros viename pake) – 1 svaras. Viena pora išeina 20 pensų.

Džinsai – 5 svarai.

Medvilniniai marškinėliai – 2,5 svaro.

Megztukas – 7 svarai. Aišku, ne iš vilnos ar kurios kitos natūralios medžiagos, toks akivaizdžiai sintetinis, kad įmestas į ugnį išsilydytų tarytum polietileno maišelis.

Švarkelis – 10 svarų. Išpardavimas.

Šalikėlis – 2 svarai.

Ar rašyti apie apatinius? Na, gerai, įveiksiu ir šią drovumo užkardą.

Medvilninės kelnaitės su užrašu ant užpakalio „gorgeous" – tai reikštų žavus, nors nesu tokios geros nuomonės apie savo pasturgalį. Kelnaites nusipirkau, nes kitokių už vieną svarą tiesiog nebuvo. Su liemenėle išėjo panašiai – ji papuošta mašina apsiūtais nėriniais, kurių nemėgstu, bet kadangi moteriškus intymumus šiuolaikinė industrija bene privalomai apnėriniuoja, tai tą viršutinei kūno daliai būtiną sutvirtinimo priemonę ir įsigijau. 3 svarai.

Pridėkime rankinę, patį brangiausią pirkinį, pradvisusį blogiausios kokybės dirbtinės odos kvapais, bet – 12 svarų.

Iš viso: 45 svarai ir 70 pensų. Tokią sumą darbuojantis net ir už minimalų atlygį įmanoma uždirbti per vieną dieną. Mano galva, tas reiškinys be jokių abejonių vadintinas vienu iš kapitalistinio rojaus simbolių.

„Primarkas", nors ne itin šiltai, mane patogiai aprengė nuo galvos iki kojų, tačiau atrodžiau pigiai. Ir tai matėsi vos akį užmetus. Bet nieko baisaus – tokių pigiai atrodančių pilnas Londonas.

Beje, beveik visus namų apyvokos daiktus, vonios reikmenis bei patalynę irgi įsigijau „Primarke". Kainyno nebepateiksiu, tik pridursiu, kad būtent namų buities skyrius yra visų šviežiai atvykusiųjų Meka. Jeigu kas norėtų mano patarimo, imigracijos srautus pasiūlyčiau skaičiuoti pagal tai, kiek „Primarkuose" nuperkama šiltų antklodžių bei pagalvių – jeigu pasitaiko eiti pro šalį, nebus dienos, kad nesutiktum žmonių su dideliausiais patalynės maišais. Ir jie visi kalba ne angliškai. Beje, lietuvišką šneką patalynės skyriuje nugirsti irgi dažnai.

Kadangi Londone iš vieno nuomojamo būsto į kitą kraustytis man teko itin dažnai, tai pasitaikydavo progų užsukti į „Primarką". Kartą nutiko, kad kambaryje – jis buvo erdvus ir jaukus, o tai retas derinys – stovėjo „karališko dydžio" lova. Tad mano įsigytos paklodės, vienos viengulės, kai gyvenau viengungiškame kambarėlyje, kitos dvigulės, kai jau pajėgiau persikraustyti į didėlesnį, karališkų apimčių lovai netiko. Turėjau įsigyti naujų. Kol blaškiausi tarp juodos, baltos ir žydros spalvų – didele spalvine paklodžių gama „Primarkas" nelepina, nugirdau dvi tautietes, irgi sprendžiančias apklotų bei pagalvių problemas. Viena tarp pirštų minkė šiltos antklodės kampą ir niekaip negalėjo apsispręsti. Antroji ragino pirkti, nes niekur pigiau negaus, ir net nežiūrėjo į tą antklodę, kurią jos draugė taip atidžiai čiupinėjo ir vartė – žvelgė kažkur į tolį akimis jau aptikusi jos dėmesio vertą taikinį.

– Imk, imk, o neliks, – ragino šiaurės aukštaičiams būdinga tarme.

Kad „Primarke" ko nors neliktų, to beveik nebūna – neišsemiami pigaus gėrio srautai prekybos salėms kiek pratuštėjus beveik nepastebimai vėl ima tvinti iš sandėlių užpildydami lentynas. Buvo matyti, kad antklodę čiupinėjanti moteris į „Primarko" klientes įšventinta neseniai ir didžiųjų jo paslapčių dar neišmano.

– Tai čia pigu? Nėr labai pigu, išeitų turbūt šešiasdešimt litų.

Ji dar vertė svarus į litus, o tai rodė, kad yra neseniai atvykusi ir dar nespėjusi atitrūkti nuo lietuviškų pinigų. Kai kurie ilgai laikosi tos virkštelės ir neužmiršta palyginti angliškų kainų su lietuviškomis. Ypač kalbant apie maistą. Maistas Lietuvoje brangesnis ar pigesnis? Geresnis ar blogesnis? Skanesnis ir maistingesnis ar – riebus ir nesveikas?

Lietuviško maisto parduotuvės Londone stengiasi, kad iš Lietuvos atsigabentų produktų kainos atitiktų lietuvių pamėgtų parduotuvių „Asda" ir „Tesco" pasiūlą. Nieko nepadarysi. Nors dvasinis artimumas rūkytai lietuviškai dešrai labai svarbus, tačiau jeigu jos kaina viršys kitų dešrų kainas, nebepadės net įgimta ištikimybė.

Konkuruoti su anglų tinklais lietuviškoms parduotuvėms nelengva. Mat „asdos" ir „teskai" jau tarpusavyje rungiasi lygindami kainas, kad nors vienu pensu už konkurentus būtų mažiau. Lietuviškoms parduotuvėms, kurių vien Londone per šimtą, irgi prisieina konkuruoti tarpusavyje. O dar kelią pastoja lenkai su savo šiek tiek pigesne, į lietuvišką panašia produkcija. Tad verslą palaikyti tenka iš po prekystalio traukiant kontrabandines cigaretes.

Cigaretes lietuviškose parduotuvėse pirkti apsimoka. „Marlboro" pakelis pas lietuvius kainuoja keturis svarus, kitoje regimoje aplinkoje – šešis svarus septyniasdešimt pensų. Neregimos aplinkos, kurią sudaro cigaretes iš po skverno siūlantys kinų studentai, čia neminėsiu. Neskaičiuosiu ir to, kiek svarų sutaupo tas, kuris per dieną sutraukia pakelį. Net man, kuriai pakelio užtenka dviem trims savaitėms, minėtas kainų skirtumas patinka. Patinka ir tas intymus bendravimas, kuris neišvengiamai užsimezga tarp pirkėjo ir pardavėjo perkant cigaretes iš po prekystalio.

– „Marlboro", – sušnibžda pirkėjas.

Visą informaciją – cigarečių pavadinimą, spalvą, pakelių kiekį – geriausia sudėti į vieną sakinį, kad dėl nieko nereikėtų aiškintis ar klausinėti. Trumpai, patyliukais, puse lūpų, aiškiai žinant, kad būsi adekvačiai suprastas – tokį ištobulintą bendravimo lygį pasiekia ne kiekviena mylimųjų ar sutuoktinių pora.

– „Marlboro", pilką, vieną, – sušnibždėjau stebuklingus žodžius, kai kiti pirkiniai jau buvo atsidūrę maišelyje, bet dar nebuvau sumokėjusi.

Pardavėja pažiūri man į akis, mat nesu nuolatinė pirkėja, ji turi tik penkias sekundes nuspręsti, ar aš patikima. Sprendimas teigiamas, ir cigarečių pakelis iš chalato kišenės ar kasos aparato stalčiuko nepastebimai įslysta į prekių maišiuką. Aš nematau, ką man įdėjo, gal popieriaus gniužulą, bet kaip pardavėja pasitikėjo manimi, taip ir aš turiu parodyti pasitikėjimą bei sumokėti jai keturiais svarais daugiau, nei nurodyta kasos aparato kvite.

Abipusis supratimas ir pasitikėjimas – jeigu tuo remtųsi visuomenė, kaip toli mes nueitume. Gal net rojų žemėje galėtume sukurti. Bet tas rojus turbūt būtų kontrabandos karalystė. Lietuva kaip tik yra šios karalystės kūrimo kelyje, ir jeigu nebūtų tokių, kurie su tuo nesitaiksto ir iš visų jėgų priešinasi, galgi judėtume sparčiau ir toji karalystė taptų ne vien kelių grupių, o visos Lietuvos rojumi.

Dar viena vieta, kur galima pasijusti kaip rojuje, yra „paundinės" parduotuvės, kur viskas kainuoja vieną svarą. Ir kuo labiau išsitempia kapanojimosi iš krizės metai, tuo vieno svaro prekės populiaresnės.

Prieš keletą metų, kol mane dar įkyriai persekiojo socialinio teisingumo idėjos ir kol maniau, kad tai ne tik įmanoma, bet ir privalo būti įgyvendinta (net turėjau savižudišką polinkį pasiaukoti vardan teisingumo), buvau tarusi sau – tų už vieną svarą prekių nepirksiu. Jos tokios pigios todėl, kad gaminamos šalyse, kur išnaudojami vaikai, to vieno svaro neuždirbantys per dešimt valandų trunkančią darbo dieną.

Kurį laiką griežtai laikiausi antisvarinės dietos. Bet neišlaikiau, nes mano įplaukos mažėjo, o kainos kilo, be to, sužinojau, kad vaikus išnaudoja ne vien „svarines" aprūpinantys tiekėjai, tą patį daro net gerą vardą turinčios ir brangiai produkciją pardavinėjančios kompanijos. Tad po trumpų apmąstymų, kieno – savo pačios įsitikinimų ar kapitalistinės tikrovės – auka turėčiau tapti, savo pusėn nesunkiai nusvėrė kapitalistinė tikrovė. Ir „paundinės" tapo mano gyvenimo Londone realybe.

Dantų pasta – vienas svaras, ne blogesnė nei kitur, tik perpus pigesnė. Dušo želė, prausikliai ir putos – po vieną svarą, visai geri, belieka tik gūžčioti pečiais, kodėl kitur už tuos pačius dalykus reikia mokėti brangiau. Servetėlės, rankšluostukai ir valikliai – vienas svaras be jokių galvosūkių. Net šokoladukų su mėtų įdaru „After Eight" pakelis čia – vienas svaras, kitur maždaug trys. Kokie stebuklingi rinkos dėsniai tai lemia, nesuprantu.

Puodeliai kavai – ne itin dailūs, gaminti Kinijoje, bet, gyvenant neištaigingai ir be puošnių priėmimų, tokių užtenka. Be to, nusiperki, panaudoji, ir negaila, jei sudaužai arba tenka išmesti per eilinį persikraustymą. Tas „negaila išmesti" vieno svaro prekėms suteikia ypatingo patrauklumo. Ypač kai nežinai, ar ilgai čia užsibūsi. Tie, kas jau įleidžia šaknis, „paundines" ima lenkti ir ne tik pirkinius, bet ir savo gyvenimus pradeda vertinti pagal taisyklę – šykštus moka du kartus.

Tą vieno svaro madą pastaraisiais metais skubiai perima ir kitos parduotuvės, ypač tos, kur galima nusipirkti maisto ir kasdieninių prekių. Neseniai bandydama suprasti, kur prapuolė pinigai, pavarčiau išlaidų sąskaitas ir pastebėjau, kad mano įsigyjamų maisto produktų kainos sukasi maždaug apie svarą. Kadangi prisieina gyventi taupiau nei prieš metus, juolab prieš porą metų, maitinuosi tais produktais, kurie vadinami *beisikais*, arba tuo, ką pagaunu perpus nukainota.

Nedidelis ananasas, nukainotas, nes apyžalis, bet, palaikius dvi tris dienas spintelėje, tampa puikus – 1 svaras.

Pomidorų pakuotė – 1 svaras.

Kriaušės formos oranžinis moliūgas – 1 svaras.

Grietinės indelis – 1 svaras.

Puslitrinis indas jogurto – 1 svaras. Pasitaiko ir perpus pigesnio, bet jį greitai išperka.

Dviejų kilogramų bulvių pakuotė (*basic*, tai yra nerūšinių, neatrinktų pagal dydį ir neapdovanotų kokiu kilmingu žodžiu pavadinime) – 1 svaras.

Nesakyčiau, kad ieškau, kas pigiausia, nors išlaidauti tikrai negaliu. Bet taip nutiko, kad populiariausių produktų kainos ėmė glaustis aplink vieną svarą – pigesnieji pabrango, o brangesnieji truputėlį atpigo. Kainų nustatytojai supranta mūsų mąstyseną, įsiskverbia į mūsų proto ląsteles lyg kokie dievai ir kiaurai mato, kad vienas svaras – ta riba, kol dar negaila, o dėl pusantro jau pagalvotum – gal gali apsieiti.

Aišku, priklauso ir nuo to, kur perki. Londono rytuose ir pietuose produkcijos po vieną svarą gerokai daugiau, o centre jos reikėtų paieškoti su žiburiu. Bet ir centre svaras išlaiko savo svorį, net „Waitrose" tinklas sukūrė savo *essentials*, kurių kaina irgi sukasi apie vieną svarą, ir tos lentynos ištuštėja sparčiau nei kitos.

Kartą viena iš mano Lietuvoje likusių draugių pasakojo apie anglų šeimyną, kuri darbo reikalais apsigyveno Vilniuje. Jie sakė, kad Vilniuje randa visko, ko reikia, panašiai kaip bet kur Europoje, nėra tik vieno dalyko – jų mėgstamos PG arbatos. Draugė apie tokią arbatą niekada nebuvo girdėjusi, jai pasidarė įdomu, kuo gi ta arbata tokia ypatinga, kad jos neatstoja net „Earl Grey" ar kuri kita išgirta rūšis. Nežinojau, ką atsakyti. Nors Londone jau gyvenau dvejus metus, apie tokią arbatą nieko nežinojau. Dairytis po pritutintas parduotuvių lentynas neturėjau laiko, greitomis pagriebdavau produktus, prie kurių buvau pripratusi, ir skubėdavau kuo greičiau ištrūkti iš tų labirintų su begalinėmis sausų pusryčių, traškučių, biskvitų, šokoladų, maišelių ir dėžučių, kokakolos bei kitų paspalvintų ir pasaldintų gėrimų butelių rikiuotėmis. Jų tankios gretos it gerai ištreniruota kariuomenė buvo pasiruošusios kiekvieno čia įžengusio praeivio regos, uoslės ir kitų juslių žaibiškai atakai, tad poveikio savo sprendimams galėjai išvengti nebent sparčiai skuosdamas pro šalį. Bet po pokalbio su drauge ėmiau pastebėti, kad anglų namuose, bent jau tuose, į kurių virtuvės spintelių turinį turėjau progos įkišti snapą, visur buvo toji PG arbatos dėžutė. Ragavau, lyginau su kitomis arbatomis, bet nesupratau, kodėl ji tokia populiari. Kol vieną dieną atkreipiau dėmesį į dėžutės kainą – vienas svaras. Prisipažinsiu – apstulbau. Negalėjau patikėti, kad viskas taip paprasta. Tiesa, tai buvo prieš ketverius metus, dabar pabrango.

Tad po ilgų svarstymų, abejojimų, aiškinimosi ir klausimų pačiai sau, kas šiandien yra pagrindinė anglų gyvensenos ašis, be abejonės sakau – svaras. Ir nors jis per penkiasdešimt metų nuvertėjo beveik visu šimtu procentų, svaras tebėra šventas dalykas.

Ne taip seniai plačiai issikėtojusiam ir be konkurencijos veikusiam „paundinių" tinklui atsirado varžovas, kuris vadinasi „99 p", bet sunkiai prigyja. Neteko girdėti, kad kas nors sakytų „einam į devyniasdešimt devynias *pi*", arba dar blogiau – „devyniasdešimt devynis penius".

Beje, tie „peniai" lietuvius bent iš pradžių gerokai trikdo. Nes kelių dienų atvykėliui atskirti smulkias monetas ne taip jau paprasta. Be to, tas angliškas žodis, lietuvių kalboje reiškiantis toli gražu ne monetą, net man, daug mačiusiai ir girdėjusiai, prie liežuvio nelabai lipo.

Kartą apie tuos nesmagumus užsiminiau lankydamasi draugės šeimoje. Draugės marti prisiminė, kaip Londone, išmokusi vos kelias angliškas frazes, nuėjo apsipirkti.

– Nuėjau pas mūsų „babajų" į parduotuvę, kažką pasiėmiau, padaviau penkis svarus, o pardavėjas sako – *penny penny*. Išraudau, sutrikau, taip ir nesupratau, kodėl jis įkyriai man kalba apie penį. Papurčiau galvą, pasiėmiau grąžą ir išbėgau. Galvojau, kokie čia jie nešvankūs, tik paskui sužinojau, kad *penny* lietuviškai būtų pensas, vieno cento moneta.

Čia kaip reikiant įsibuvusi, gerai pramokusi kalbą ir taip greitai neberaudonuojanti moteris tas monetas, kaip dauguma čia kojas apšilusių lietuvių, vadina „pyškėmis", o kartais jau perima ir anglišką trumpinį „pi".

Pinigai čia labai svarbu. Bet štai ką įdomaus pastebėjau Londono lietuvių aplinkoje – žodis „pinigai" iš vartosenos čia suvis išnyko. Jį pakeitė „pinigėliai". O tai visiškai prieštarauja kalbos ekonomikos dėsniams, teigiantiems, kad trumpesnis žodis visuomet nugali ilgesnįjį. Tik per laiką supratau, kad į žodį „pinigėliai" įdėta daug meilės. O kiek meilės telpa į žodį „pinigai"? Tereikia paklausyti skambesio, kai kas nors paklausia: „Ar čia pinigas?" Skamba panašiai kaip knyga, kunigas ir kiti nepatrauklūs žodžiai. Pabandyk lietuviškai sukurti dainą apie pinigus, net Zvonkė liežuvį nusilaužtų bandydama suteikti bent kiek melodingumo. O „pinigėliai" jau išdainuotini, nors ir ne taip puikiai kaip „money money money".

Nepaprastu patrauklumu džiugina ir *karbutseilai*. Atsidaro jie tik vieną kartą savaitėje – vieni anksti ryte šeštadieniais, kiti anksti sekmadieniais, tad jeigu tais rytais nekankina pagirios, būna smagu pasižvalgyti po tas improvizuotas turgavietes. Man ten nukakti pasitaiko nedažnai, norėdamas pasiekti laukuose už miesto įsikūrusius bagažinių turgus turi būti ratuotas. Ratų aš neturiu, ir ši smagi pramoga pasitaiko tik tais atvejais, kai kas nors mane ten pamėtėja. Jeigu nelyja ir vėjas nešaltas (nevėjuotų dienų čia beveik nėra), apsipirkimas *karbutseiluose* tampa maloniu ir naudingu pasibuvimu gamtoje.

Čia irgi daug kas kainuoja tik svarą. Bet į *karbutseilus* paprastai važiuojama ne dėl svarą kainuojančių mažmožių, čia pasitaiko nebrangiai aptikti gana mielų senienų – staliukų, spintelių, veidrodžių, kai kada ir penkiasdešimties ar daugiau metų senumo indų. Pasitaiko net ir įdomesnis papuošalas ar kažkieno močiutės dėvėtas drabužis. Būtent tai ir yra *karbutseilų* įdomumas, nes tose užmiesčio pievose senoji geroji Anglija išverčia apžiūrai savo vidurinės klasės slaptuosius turinius, visa tai, ką prasigyvenusios šeimos kaupė, tausojo, brangino, kas buvo jų salonų, valgomųjų bei miegamųjų puošmenos. Aukštesniosios klasės turto čia neaptiksi, jis atsiduria aukcionuose ir būna apžiūrinėjamas bei įsigyjamas tų, kurie už vazą gali sumokėti dešimtis ar šimtus tūkstančių svarų. *Karbutseiluose* net senovinių daikčiukų kainos retai kada siekia daugiau nei penkiasdešimt svarų – net dvi dešimtis čia išleisti yra daug. Jais daugiausia domisi imigrantai iš Rytų Europos. Vieni norėdami suteikti šiek tiek savitumo savo namams, kiti – kad čia pigiai supirkę brangiai parduotų Lietuvoje ar kitoje Rytų Europos šalyje.

Kartą stebėjau vieno lietuvio ir pusamžio vidurinės klasės anglo derybas. Lietuvis norėjo pirkti žvakidę – aukštą, stambią, gražiai išraitytais laikikliais. Ji kainavo penkiolika svarų, bet kadangi turgus yra derybų vieta, vaikinas ėmė mušti kainą. Jis apžiūrinėjo prekę ir skaičiavo įbrėžimus. Ta žvakidė jam buvo tik daiktas. Pardavėjui, matyt, tai buvo kažkas, kas susiję su jo šeima ir prie ko jis buvo nuoširdžiai prisirišęs. Iš to, kaip jis rauko kaktą ir lūpas, aiškiai matėsi, kad jį erzina tos su ryškiu Rytų Europos akcentu vedamos derybos.

– Dešimt, – siūlė lietuvis.

– Penkiolika, – nė penso nenuleido anglas.

– Vienuolika, – kėlė lietuvis

– Penkiolika, – užsispyrė anglas.

Turėjau laiko apžiūrėti tą anglą ir jo visą ant pievos išdriektą turtelį. Pora man patikusių *art nouveau* stiliaus spintelių, būčiau norėjusi tokių savo namuose, bet namų neturėjau. Senas žadintuvas, vis dar tiksintis ir skaičiuojantis sekundes taip garsiai, kad joks triukšmas, net garsėjantis ginčas dėl kainos, nepajėgė jo nustelbti. Kartoninė dėžė, pritutinta senų knygų. Neaiškios paskirties tamsiai rudas odinis dėklas. Iš plonų medinių lentučių rankomis sukaltas lagaminas, prikrautas šaukštelių, grūstuvių, druskinių, buteliukų ir dubenėlių, kurie dar prieš pusšimtį metų aktyviai dalyvavo virte verdančiame kurios nors Pietų Anglijos virtuvės gyvenime. Net praėjusio amžiaus pradžios atvirukai su sveikinimais iš Braitono, kur kadaise atostogauta artimų giminaičių ar kaimynų.

Mane tie šeimos atminties išpardavimai visada sujaudina – atsidūrę atsitiktinio pirkėjo rankose, kažkieno gyvenimo dalimi buvę rakandai staiga tampa tik daiktais, turinčiais praeities formas, bet nebe turinį.

– Penkiolika per brangu, – kietai laikėsi lietuvis.

– Dabar pigiai nebūna, – burbtelėjo anglas.

Kainos jie taip ir nesulygo. Turguje tai pasitaiko, tačiau manau, kad jei lietuvis ir būtų galiausiai sutikęs mokėti, anglas būtų radęs priežastį tos žvakidės neparduoti – mano tautietis jam aiškiai nepatiko. Kuo ilgiau jie derėjosi, tuo labiau pardavėjas darėsi panašus į vanagą, akylai stebintį ir sergstintį, kad niekas nė pirštu neprisiliestų prie išparduodamos jo praeities.

Bet tai tikrai retas atvejis, šiaip *karbutseilų* pardavėjai linkę nusileisti, kad tik iškištų savo prekę. Kiečiau elgiasi tik tie, kam prekyba iš bagažinių yra tapusi hobiu ar net verslu. Tarp jų yra ir lietuvių – senovinės žvakidės, dirbiniai iš sidabro, stalinės lempos ar veidrodžiai iš Anglijos *karbutseilų* keliauja į antikvarines ar sendaikčių parduotuves Lietuvoje. Teko sutikti šeimą, namus užvertusią senienomis. Iš Kauno kilusi vidutinio amžiaus pora buvo tapę tikrais bagažinių profesionalais, per pusvalandį galinčiais įvertinti, ar verta gaišti laiką viename ar kitame turguje. Jų akyse, širdyse ar smegenyse buvo įtaisytas mechanizmas, per keletą sekundžių sugebantis nužiūrėtą daiktą paversti į svarus, o svarus į litus, numatyti, už kiek litų Lietuvoje jį būtų galima parduoti, tą sumą vėl paversti į svarus, iš jos atimti išlaidas ir suskaičiuoti, kiek liks. Ir nors bagažinių turgų senienas pastaraisiais metais Rytų europiečiai gerokai praretino, tūkstančius kilometrų gabenti vertų dalykėlių vis dar pasitaiko.

Kiti į Lietuvą gabenti ar turguje parduoti vertų daikčiukų prisirankioja kitaip. Mano kolegė, kuriai į darbą tekdavo gerą pusvalandį važiuoti autobusu, papasakojo pakeliui nugirstą istoriją.

Jos autobuso galutinė stotelė buvo Leiksaidas. Taip vadinamą vietovę sudaro didžiulis prekybos centras, autobusų stotis ir keletą kvadratinių kilometrų užimanti automobilių stovėjimo aikštelė. Visa tai buvo įrengta vietoj žvyro karjero maždaug prieš tris dešimtmečius, kai nuoširdžiai tikėta visuotiniu progresu ir gyvenimo gerėjimu.

Įsėdusi į autobusą, už nugaros kolegė išgirdo lietuvišką šneką. Kalbėjosi dviese – vyras ir moteris.

– Vyras klausia, kieno ta nuotrauka. Moteris atsako – Puškino, kieno gi dar. Nieko sau, pamaniau, Puškino nuotrauką į Londoną atsivežė. O tada vyriškas balsas – tai ką, save labai myli, kad savo nuotrauką visur nešiojiesi?

Kolegė prisipažino nuo tos akimirkos ėmusi spėlioti, ką jie veikia ir kokie jų santykiai. Ji greitai nustatė, kad tai ne vyras ir žmona. Ir ne kartu gyvenanti pora, bet, matyt, labai geri pažįstami, nes kalbėjosi apie abiem gerai žinomus dalykus. Bet atrodė, kad susipažino neseniai, nes vyras pasiteiravo moters, kodėl ji atvažiavo į Angliją. Geri pažįstami tokius klausimus būna aptarę jau pažinties pradžioje. Moteriškė išdidžiai paaiškino, kad čia važiuodama jau turėjo darbą lietuvių parduotuvėje Stratforde.

– Tai nepadirbai? – paklausė vyras.

– Nu ne, jiems nepatiko, kad nuo manęs savaitgaliais neša, kartą atėjau su „fanaru". Mano „bratanas" ir sako, klausyk, kaip tu elgiesi, mes tau darbą suradom, o tu ką darai? O aš jam – eikit jūs visi na... su tokiais darbais ir tokiais uždarbiais...

Į smulkesnes konflikto su broliu bei darbdaviais detales moteris nesileido, bet iš jos balso buvo juntama, kad ji savimi labai didžiuojasi.

– Tai paskui grįžai prie savo seno amato? – pasidomėjo vyras.

Mano kolegė dar labiau ištempė ausis.

– Tai jo... Tik nusibodo tais autobusais trankytis, rytoj gal reikės traukiniu važiuoti.

Išgirdusi apie seną amatą kolegė pirmiausia pagalvojo, kad moteris verčiasi tuo, kas vadinama seniausiu amatu pasaulyje. Bet kodėl tada autobusais važinėja? Ir kasdien į tą pačią vietą? Gal ne prostitutė, o namus valo? Ji taip ir nesuprato, nes tos temos pašnekovai nebetęsė.

– O aš įsitaisiau neblogai, – pasigyrė vyras. – Gaunu pašalpas.

– Kokias dar pašalpas? – nustebo bendrakeleivė.

– Visokias. Kiekvieną penktadienį du šimtai dvidešimt svarų kaip gražučiai ateina... Turiu savo buhalterę, galėčiau ir tau sutvarkyti, bet tu juk mokesčių nemoki.

– Nu ne...

– O man bosas pusę pinigų oficialiai moka, kitus grynais, tai nuo tų oficialių man atskaito mokesčius ir dar pašalpas susitvarkiau... Apie „chatą" reikės galvoti, dabar anksti dar...

Išsekus pajamų ir pašalpų temai, kalba pasisuko apie bendrus pažįstamus.

– Kaip Šaras?

– Normaliai...

– O Rūnė dar tebegyvena?

– Ne, slapstosi.

– Nuo ko slapstosi?

Tuo metu autobuso gale sėdėjusios juodaodės paauglės pradėjo garsiai kvatoti, tad nuo ko slapstosi Rūnė, mano kolegė neišgirdo. Atsakymo neišgirdo ir to teiravęsis vyrukas, tad perklausė dar kartą. Atsakymą vėl užgožė garsus juoko pliūpsnis.

– Negaliu, iki gerklės tas idiotiškas juokas... – piktai tarė vyrukas.

Juokui nurimus, mano kolegė vėl išgirdo pokalbio nuotrupą – moteris pasakojo, kad po to, kai buvo atleista iš parduotuvės Stratforde, grįžo į Lietuvą, bet netrukus ir vėl atvažiavo į Angliją.

– Ką ten veikti? Visi susiraukę, pikti, nelaimingi, – žinovo tonu pranešė vyrukas.

– Nu jo, blia, ką ten veikti... – pritarė moteriškas balsas.

Kolegei vis dar nesisekė nustatyti, ką tie žmonės, neturintys ką veikti Lietuvoje, veikia čia. Artėjant Leiksaidui, jie staiga subruzdo kažką kilnoti, dėlioti ir apžiūrinėti, o pokalbis, kuris ir iki tol atrodė gana paslaptingas, pakrypo dar paslaptingesne linkme.

– Tie gali cypti, ar galvoji, kad necyps? – teiravosi moteris.

Pauzė, bruzdesys, po to vyriškas balsas:

– Žiūrėk, neimk po vieną, po kelis iš karto, kad paskui grįžti nereikėtų. Gali ten drabužių pasižvalgyti, bet daugiausia tai pudrą imk, na, tą, kuri geriausia. Ar žinai?

– Žinau, žinau... „Ľoreal" geriausia, – patikino moteris.

– Gal yra ir geresnių? – suabejojo vyrukas.

– „Ľoreal" geriausia, sakau tau...

– Nu, tavo reikalas, – nusileido vyrukas, – bet žiūrėk į kainas... Kuri brangesnė, tą ir imk. Imk daug, paskui mano „choziaika" viskuo pasirūpins... Lietuvoj ji turi kanalų...

Autobusui sustojus mano kolegė it įgudusi detektyvė palaukė, kol už nugaros sėdėjusi porelė, kaip ji galiausiai nustatė – parduotuvių vagys, išlipo iš autobuso. Abu jie turėjo firminius „Marks & Spencer" krepšius, kad atrodytų kaip nuolatiniai šios vidurinei klasei skirtos parduotuvės klientai. Vyruko krepšys iki viršaus buvo prikrautas kvepalų dėžučių, matyt, kažkur kaip reikiant pasidarbavo. Moters krepšys buvo tuščias, jame turėjo atsidurti „Ľoreal" pudra ir visa kita, kas geriausia.

Išlipusi moteris apsižvalgė ir nuostabos bei susižavėjimo kupinu balsu tarė:

– Va čia tai bent... Žinau šitą vietą, buvau čia. Čia tai rojus.

– Žiūrėk, imi kuo daugiau... – paskutinius nurodymus pavymui šūktelėjo vyras.

Jis su kupinu krepšiu liko stovėti prie durų, o moteris nėrė į pulsuojantį šviesomis, nuotaikingos muzikos ir pardavėjų šypsenų užtvindytą prekybos centro glėbį.

ČIA MŪSŲ TIRŠTA

Metro stotis mane pasitiko užrašu švieslentėje „Welcome to Canning Town". Kai jautiesi svetimas ir kas pusę metų ieškai, kur apsigyventi, bet kuris malonus kreipinys skamba it išsiilgtas pasveikinimas. Keningtaunas mane sutiko lyg dukrą paklydėlę. Tiesa, kai kildama eskalatoriumi padėjau ranką ant ranktūrio, pataikiau tiesiai į kažkieno spjaudalą. Kelią į ieškomą būstą irgi rodė juodos dėmelės ant šaligatvio. Tokių rašmenų, kurie atsiranda išspjovus ir sutrypus kramtomąją gumą, pilnas visas Londonas, nors centrinėje ir vakarinėje dalyse jų gerokai mažiau.

Kartą šiuo pastebėjimu pasidalijau su vienu pažįstamu anglu. Pajuokavau, kad, panašiai kaip Londone sudarytas nusikalstamumo žemėlapis, būtų galima sudaryti žemėlapį pagal kramtgumės prispjaudymų tankumą. Gal net sutaptų tų žemėlapių ribos.

– Gera idėja tyrimams, kur žmonės labiau spjaudosi ir kiek polinkis spjaudyti gatvėje susijęs su polinkiu į nusikalstamumą, – nusijuokiau.

Čia daug visokių tyrimų, kuriais bandoma nustatyti, kaip nosies forma ar pirmoji vardo raidė lemia santykius su priešinga lytimi ar kokį poveikį paauglių elgsenai turi mokytojo aprangos stilius bei klasės sienų spalva.

Jis, nujaučiu, širdyje socialistas, kas labai keista, nes vertėsi lažybų organizavimu, o šio verslo atstovai, mano supratimu, turėtų skatinti ir liaupsinti bet kokią, ypač turtinę, nelygybę, tarė:

– Arba idėja tyrimams, kurie Londono rajonai yra turtingesni ir gali skirti daugiau pinigų šaligatviams valyti.

Bet vieno tyrimo net atlikti nereikia – užtenka pastabios akies nustatyti, kad tuose rajonuose, kur šaligatviai tirštai nusėti kramtgumės išspjovų, tiršta ir lietuvių.

Anksčiau, girdėdama mano tautiečius giriantis, kad lietuvį nuo vietinių jie atskiria iš pirmo žvilgsnio, pasijusdavau lyg paskutinė nevykėlė, nesugebanti įgyti pačių elementariausių, gyvybiškai svarbių savybių. Nežinau, kodėl tautiečio atpažinimas iš tolo priskiriamas prie tų savybių, bet kažkoks šunelis čia kažkur pakastas. Spėju, kad tie, kurie sakosi atpažįstantys lietuvius iš tolo, patys jaučiasi tapę kitokie, prisikvėpavę čia tiesiog ore plazdančių dvasinių gėrybių, atitrūkę nuo provinciškos bambagyslės, jau sugebantys objektyviai iš tolo viską stebėti ir vertinti. Gal taip ir yra, gal užtenka pasitrinti po Londoną ilgesnį laiką, ir jau savaime įsirašai į aukštesniąją kastą? Neturiu nė vieno argumento už, bet ir nė vieno prieš. Galiu tik kyštelėti savo menką trigrašį prisipažindama, kad man nepavyko išsiugdyti tos šventos dorybės atpažinti lietuvį iš tolo. Bet dar turiu laiko, o jeigu dar ir ūpo nepristigsiu, manau, galėsiu tapti tikra lietuvių eksperte – ne tik pasakysiu, kad iš Lietuvos atvykęs, bet ir iš kokio kaimo kilęs, ką šiame dideliame mieste veikia ir netgi ką mintija.

Tiesa, vieną gudrybę jau perpratau. Rytų Londono gatvėje išvydęs balto gymio žmogų gali duoti bemaž aštuoniasdešimt procentų, kad tai tavo mielas tautietis. Kiti dvidešimt procentų baltaodžių yra vietiniai anglai, maždaug prieš pusšimtį metų šiuos rajonus apgyvenusios, bet vėliau imigrantų į tolesnius pakraščius išstumtos darbininkų klasės palikuonys, kurie per pastaruosius dešimtmečius įgudo gyventi iš pašalpų ir išsiugdė kokio nors pobūdžio priklausomybę – nuo narkotikų, alkoholio arba nesuvaldomo dauginimosi poruojantis vis su kitu partneriu. Pasitaiko sutikti ir lenkų, bet nedaug, nes mūsų kaimynai Londone kaimynautis nelinkę – jie susitelkė priešingame sostinės krašte, vakarų pusėje. O ilgėliau palaukus traukinio, kursuojančio tarp Stratfordo ir Romfordo, gali nugirsti ir kokį rusą, ukrainietį ar baltarusį, putojantį apmaudu dėl diskriminacijos statybų aikštelėje. Minėtų tautybių imigrantai yra išsisklaidę, nenusėda bendruomenėmis, greičiausiai dėl to, kad jų imigracinis statusas gana neaiškus, ir kurtis pramaišiui su legalia liaudimi jiems daug saugiau. Tačiau už dyką dalijamų rusiškų laikraštukų gausa turėtų byloti, kad rusakalbių čia ne tiek jau mažai.

Tiesą sakant, rusiškos kultūros produktus – laikraščius, televiziją ir pramogas – mielai vartoja ir Londono lietuviai. Ne tik mano amžiaus karta, iš kurios niekas nebesitiki nieko gero ir laukia, kol ji pasilaidos drauge su įgimta ir betono luitais smegenyse įaugusia sovietine mąstysena, bet ir šaunus jaunimas, kuriam visi keliai atviri, tačiau rusiški kažkodėl traukia labiau nei kiti.

Kartą Stratforde stovėjau ilgiausioje eilėje į vėluojantį „Ruki vverch" koncertą ir kalbėjausi su kažką stipraus gurkšnojančiais jaunuoliais. Stratforde, kaip ir daugelyje Londono vietų, išskyrus tam tikras specialiais ženklais pažymėtas alkoholį draudžiančias zonas (man pačiai jų regėti neteko, tik skaičiau, kad tokios egzistuoja), gatvėje gerti galima. Tačiau yra tam tikrų apribojimų, kurie, kiek pavyko išsiaiškinti, buvo priimti ne taip jau seniai, o jų atsiradimas sutampa su ūmiu lietuvių pagausėjimu Stratforde. Apribojimas skamba gana juokingai – viešai alkoholį gerti galima, bet turi jausti saiką, jeigu ne, priėjęs policininkas gali liepti nebegerti. Jei esi tinkamai nušlifuotas visuomenės narys, paklausai policininko patarimo, buteliuką užsukęs įsidedi į kišenę ir, saikingai bei atsakingai pavartojęs, keliauji į savo *bedsitą*. Tačiau ne visi laikosi tokio scenarijaus. Šiek tiek įraudęs lietuvaitis dažnai linkęs pakovoti – jei ne už teisybę, tai bent už teisę į gėrimą. Tada policininkas gali atimti butelį ar kitą talpą su svaiginančiu turiniu, o kovotoją nugabenti į nuovadą. Viena nedidelė istorija su butelį praradusiu lietuviu kartą pasiekė mano ausis, nes vyrukas buvo pasišovęs policininkus apskųsti Strasbūrui. Galiausiai, kai jam paaiškinau ypatingąją Stratfordo tvarką, jis pareiškė, kad tai visiška nesąmonė, tačiau su ta tvarka, kaip su privaloma dar viena šios aplinkos, kurioje jis priverstas gyventi, kvailyste, susitaikė ir aprimo. Bent iki Strasbūro, kiek teko girdėti, nenuėjo.

Ar eilėje į „Ruki vverch" koncertą stovėję lietuvaičiai buvo susipažinę su alkoholio Stratfordo gatvėse vartojimo taisyklėmis, nesiteiravau. Bet jie elgėsi kaip Amerikoje, kur viešai girtauti uždrausta – butelis su gėrimu buvo paslėptas plastikiniame maišelyje, ir tas, kuriam ateidavo eilė, jį užsiversdavo. Pašaliečiui jie galėjo atrodyti kaip keistai kvailiojantys jaunikliai, pučiantys orą į maišą.Tiesiog nuostabu, kad toji amerikietiška gudrybė, kurią, kai ten lankiausi prieš dvidešimt metų, gyrėsi išradę į tą kraštą suskubę emigruoti lietuviai, tapo bemaž visuotiniu mano tautiečių, kad ir kur jie gyventų, įpročiu.

Gėrimo vaikinai man nepasiūlė, tačiau bendravo mielai. Į koncertą sakė atėję todėl, kad čia jaučiasi labiau savi nei angliškuose klubuose. Kodėl? Nes prisimena vaikystę, kai, įsėdus į mašiną važiuoti prie jūros, tėvas įjungdavo rusišką radiją. Dvidešimt penkerių metų vyrukas, kuriam anglų kalba nebekėlė jokių problemų, be rusiško klubo atmosferos ir rusiškos popmuzikos neįsivaizdavo savo laisvalaikio.

– O jeigu dar po dešimties metų... Ar ir tada rusiškos muzikos norėsis?

– Po dešimties gal nieko nebesinorės, – nusijuokė jo draugai.

Kažkodėl ypač linksmai sureagavo būryje stovėjusios panelės. Gal jos tame „nebesinorėjime" jau įžvelgė lemtingus savo vaidmenis.

Tyrimų neatlikta, ir tai, ką dabar pasakysiu, labai subjektyvu (dėl to galiu persižegnoti) ir politiškai nekorektiška (dėl to atsiprašau). Bet ką pastebėjau, tuo pasidalinsiu. O pastebėjimas toks – Londone įsikūrę rusai (sergėk Dieve, tikrai ne visi, bet mano kelyje jų pasitaikė nemažai) čia puikiausiai pritaiko savo imperinį požiūrį į tautas, priklausiusias sovietams. Teko susidurti ne tik su nuostaba, bet ir su tam tikru pasipiktinimu, kai vienoje mišrioje kompanijoje pasakiau gerokai primiršusi rusų kalbą ir pasiūliau bendrauti angliškai.

– Šiaip ar taip, gyvename Anglijoje, kodėl nevartoti vietinės kalbos.

Suprasčiau, jei rusų kalba visiems būtų gimtoji, bet ten buvo ir latvė, tad rusakalbiam diktatui pasiduoti nenorėjau.

– Bet jūs abi mokate rusiškai, – ne klausė, o teigė savo teisumu neabejojantis trisdešimtmetis.

Abi linktelėjome.

– Paprastai kompanijoje kalbamasi ta kalba, kurią visi supranta ir gali kalbėti, – pamoksliškai tęsė vyrukas, kažkokios tarptautinės firmos atstovas. Veiksmas vyko Rumunų kultūros institute.

– Bet mes mokame ir anglų kalbą. Nejaugi jūs nemokate? – pašaipiai atsakiau, nes žinojau, kad jis ir jo draugė problemų dėl anglų kalbos neturi.

Vyrukas diplomatiškai išsisuko, neva jis nebuvęs tikras dėl mudviejų anglų kalbos, ir toliau nė nemirktelėjęs tarškė rusiškai. Nors imk ir skųskis ET, JTO ir kitoms taika, saugumu ir žmogaus teisėmis besirūpinančioms institucijoms.

Gal tai mažmožis, bet esu bjauri ir pro ausis tokių smulkmenų nepraleidžiu. Siutau dėl to, kad vos per porą dešimtmečių Komunistų partijos ir KGB dėka auksiniu tapusio Rusijos jaunimėlio tebebuvau traktuojama būtuoju laiku. Mus, dvi Pabaltijo seses, ta naujoji karta suvokė kaip dalį tėvonijos. Kad ir kaip ironiškai skambėtų, kad ir kaip toli nuo Lietuvos ir Rusijos, tą nepriklausomybę, kuri visam pasauliui buvo deklaruota prieš dvidešimt metų, dabar tenka atsikovoti individualiose imtynėse. Tos imtynės vyksta tada, kai reikia atsikovoti teisę bendrauti angliškai, kai į Rytų Europos subtilybes gilintis neturintiems ūpo anglams tenka aiškinti, kad lietuvių ir rusų kalbos toli gražu nepanašios ir lietuvių kalba nėra tarminė rusų kalbos atmaina.

Su rusų užmoju atstovauti lietuviams yra susidūrę lietuvių vertėjai, verčiantys į anglų kalbą. Prabilti apie tai balsiai jie būgštauja dėl dviejų priežasčių – politinio korektiškumo, kuris yra privalomas dirbantiems su valstybinėmis institucijomis, bei konfidencialumo sutarties, įpareigojančios neviešinti vertimo metu gautos informacijos. Abu šie dalykai puikūs, kol netampa kilimu, po kuriuo sušluojamos visos šiukšlės. Pažįstama vertėja pasakojo apie bylą, kurioje jaunas lietuvis nukentėjo vien dėl to, kad buvo priverstas naudotis rusų vertėjo paslaugomis. Rusiškai prastai mokėjęs jaunuolis sunkiai graibė rusiškus žodžius ir apie kilusio konflikto aplinkybes aiškino taip nesklandžiai, kad niekas juo nepatikėjo. Tiesa, vėliau sužinojęs apie teisę reikalauti lietuvio vertėjo, jis pasiekė, kad byla būtų peržiūrėta, ir buvo išteisintas, tačiau problemą sukėlusi priežastis buvo saugiai nutylėta. O nutylimos problemos, deja, kerojasi toliau.

Anglijoje plačiai įteisinta vertėjų praktika irgi jau tapo problema. Ir ne vien dėl to, kad tai nemažai kainuoja, nes kiekvienas svetimkalbis bet kokioje valstybės įstaigoje – ligoninėje, savivaldybėje, pas advokatą ar teisme – gali gauti vertėją. Nemokamai. Ir pačiam ieškotis nereikia – suranda įstaiga, į kurią kreipiesi. Atvykėliai nuo to jiems nieko nekainuojančio vertėjavimo, panašiai kaip narkomanai nuo dykai gaunamos metadono dozės, tampa priklausomi ir dėti kokių nors pastangų nebenori. Mokytis angliškai jie nemato reikalo, nes viską, be ko negali apsieiti, susitvarko per vertėją, o suvokimas, kad, nemokant kalbos, kitos gyvenimo galimybės yra užvertos, jų protus kažkaip sėkmingai aplenkia.

Valstybės politika aprūpinti atvykėlius nemokamais vertėjais atrodo labai humaniška, bet giliau pakapsčius – kaip tik atvirkščiai, nes padaro žmogų priklausomą nuo kitų, nesavarankišką, svetimą aplinkai, kurioje gyvena, ir neturintį būdų į ją įsilieti. Įtariu, kad britų valdžia, be galo daug kalbėdama apie atvykėlių integraciją, iš esmės tos integracijos nenori, nes tie, kurie nustoja jaustis svetimi, ima siekti to paties, ką turi vietiniai. Ekonomiškai naudingas yra tik šviežias imigrantas, nes pasibuvusio ir apsitrynusio taip lengvai neįkinkysi į darbus už minimalią algą. Tad neišvengiamai kyla įtarimas, kad atvykėlių svetimumo jausena specialiai palaikoma – atlikę darbus, kurių nepageidauja dirbti šios šalies žmonės, tegu jie grįžta atgal į savo tėvynes. Nes jaustis svetimam ten, kur gyveni, gana sunkus dalykas. Ne kiekvienas tai ištveria.

Kalbos mokėjimas svetimumo neišsklaido, bet savijautą pagerina. Pamenu vieną moterį, kurią sutikau pirmaisiais mėnesiais. Ji skundėsi važiuodama autobusu ar traukiniu visą kelią drebanti iš baimės, kad tik jos neužkalbintų, kad tik ko nors nepaklaustų, nes bjauru nuolat kartoti: „I don't understand." Kiek taip galima tempti, neįsivaizduoju. Kai kurie taip gyvena metų metais ir ne tik geresnio darbo susirasti, bet ir pasiskųsti negali.

Tačiau ne vien anglų politikai ir vertelgos žaidžia savo žaidimus, siekdami iš atvykėlių išpešti kuo daugiau naudos. Mes irgi randame kaip atsilyginti. Kadangi politikos ir verslo viršūnės per aukštai, „atsigrajiname" su menkesniais ir mažesniais.

Kartą keliavau į Andriaus Mamontovo koncertą. Klausytis plikomis šlaunimis ir pusnuogėmis krūtinėmis pašvytruoti atvažiuojančių „yvų" ir „pupyčių" (tiksliau, žiūrėti, nes klausytis ten nėra ko) tikrai nebėgu. Tačiau Mamontovas, jau tarsi mamutas šiandieninėje mėgdžiotojų okupuotoje muzikos scenoje, pamaniau, gal padės susigrąžinti tą bemaž prarastą lietuvišką romantizmą.

„Laužo šviesa naktyje guodžia, gaivina mane..."

O jei ir nepadės, atiduoti duoklę savo jaunystės prieraišumui kartais irgi privalu.

Koncertas vyko lietuvių-rusų-turkų klube „Paisa". Kad Rytų Londone, turbūt nebereikia minėti. Traukiniai tą šeštadienį nevažinėjo, teko vykti autobusu.

Londono autobusų man pamėgti taip ir nepavyko, nesvarbu, kaip juos tobulintų vietinė valdžia, siekdama, kad gyventojai iš privačių automobilių persėstų į viešąjį transportą. Jie labai lėti, stabčioja stotelėse kas keli šimtai metrų, be to, juose nuolat miega koks valkata arba būrelis jaunuolių pokštauja vienas kitam mėtydami atidarytą ir purslojančią kokakolos ar kito putojančio gėrimo skardinę. Šį žaidimą itin pamėgę juodaodžiai paaugliai, nors jų odos spalvos pagal politinio korektiškumo reikalavimus neturėčiau pastebėti, bent jau neturėčiau minėti. Bet pastebiu. Dar blogiau – prireikus važiuoti autobusu, prieš lipdama visada nevalingai žvilgteliu į galą, ir jeigu ten kas nors yra susitelkę tirštu juoduliu, autobusą praleidžiu. Tą kartą skubėjau, praleisti autobuso neturėjau laiko, o ir galas buvo tegu tirštas, bet baltas. Įsitaisiusi laisvoje kėdėje ties autobuso viduriu išgirdau, kad galas ne tik baltas, bet ir lietuviškas. Spėjau, kad jie irgi vyksta į koncertą, net buvo malonu, kad ne vien aš šiame gyvenime pasiilgstu kažko „mamutiško" – štai jauni žmonės, bet ir jų širdyse, matyt, tas pats ilgesys.

Tie jauni žmonės buvo triukšmingi. Iš pradžių klausiausi, ką jie kalba, paskui stengiausi nebegirdėti. Nedetalizuosiu, kodėl. Staiga autobusas sustojo ir vairuotojas per mikrofoną įspėjo sėdinčius gale, kad šie uždarytų langą.

– Ko tu, blia, nori? – sušuko vienas.

Sušuko, aišku, lietuviškai. Vairuotojas kantriai laukė keletą minučių. Autobuse sėdėję keleiviai sukiojosi ir dairėsi, buvo akivaizdžiai nepatenkinti, bet niekas neištarė nė žodžio. Vairuotojas dar kartą paprašė uždaryti langą.

Lietuvaičiai jau buvo „pavartoję", vykdyti vairuotojo nurodymo nesiskubino ir toliau paikiojo, ūkčiojimais ir kitokiais garsais atsakinėdami į jo pastabas.

– Čia gal mums aiškina? – klausė vienas.

Vairuotojas atsiprašė keleivių, nes kelionės dėl gale sėdinčių vyrukų jis tęsti negalįs.

– Tai ko negali?

– Mesk pavarą ir važiuok.

– Mes tau už vairo nelaikom, – vienas per kitą šūkčiojo vyrukai.

Juodaodis vairuotojas neapsikentęs išlipo iš kabinos ir lėtai, sunkiai dėliodamas išbrinkusias kojas, greičiausiai kamuojamas kažkokios ligos, artėjo mano tautiečių link.

– Lango atidaryti negalima, ar nematote, kas ant jo parašyta?

Jis perskaitė – atidaryti tik avarijos atveju.

– Tai ar ne avarija, tikra avarija, juodis už vairo... – suošė juokas.

Bet vienas laiku pamatė, kad vairuotojas jau graibosi telefono ketindamas skambinti transporto policijai, staiga surimtėjo, ėmė nuolankiai teisintis nepastebėjęs, kas parašyta, ir tuoj pat uždarė langą. Vairuotojui pasakius, kad per vaizdo kamerą jis matęs, kaip prieš atidarydami langą jie žiūrėjo į užrašą ir juokėsi, vaikinas įžūliai pranešė, kad užrašo jie nesuprato, manė, kad ten sakoma, jog langą atidaryti galima.

Vairuotojas tuo nepatikėjo, bet vaikinukas kaip užburtas ėmė kartoti „sorry, sorry". Matyt, jau spėjo suvokti, kad Anglijoje pasakius „sorry" privalo būti atleista. O į tarpus lietuviškai varė, kad storas šiknius prisikabino, vadino jį susmirdusiu negru.

Vairuotojas tą žodį greičiausiai suprato, skubiai ir rūsčiai perklausė:

– Ką sakėt?

Būtų kas nors tą lietuvaičių „išmintį" išvertęs į anglų kalbą, įsivaizduoju, koks būtų kilęs triukšmas. Bet vyrukas, kuriam cipiu kikenimu pritarė dvi blondinės, gudriu snukučiu čiulbėjo:

– Mes labai apgailestaujam, kad sukėlėm rūpesčių.

Visa šutvė leipo juokais, dvikalbystės teikiamas pranašumas buvo jų rankose. Nors vairuotojas supratо, kad iš jo tyčiojamasi, nieko negalėjo padaryti. Jis grįžo į kabiną, ir autobusas pajudėjo.

Nežinau, kodėl neįsikišau. Kaip ir kiti, sėdėjau lyg nepastebėdama, kas vyksta. Gal nenorėjau prisipažinti esanti lietuvė? Gal bijojau pridaryti nemalonumų tiems nežinantiems ką daro tautiečiams? O gal tiesiog Anglijoje šventa taisyklė – gyvenk ir leisk gyventi kitam – jau įsigėrė į mano kraują?

Kai išlipome toje pačioje stotelėje ir pasukome link klubo, vienas vyrukas atsigręžė ir paklausė:

– Tai į Mamontovą drožiam? Autobuse iš karto pamaniau, kad lietuvė.

Garbės žodis, apstulbau. Atpažino, kad lietuvė, kai tyčiojosi iš vairuotojo, žinojo, kad viską suprantu, bet nesidrovėjo savo elgesio?

Lietuvoje pernelyg paisydavome nuomonių ir nužiūrinėjimų, o čia, akivaizdu, nustojome dėl to vargintis. Viena vertus, turbūt todėl, kad jaučiamės maždaug vienodai verti, kai kada ir su nemenka panieka vienas kitam – o kas tu toks? – doze. Kita vertus, kai varoma ant juodaodžių ar pakistaniečių, be išlygų tikima, kad visi, kas supranta lietuviškai, tylomis ne tik pritars, bet ir pasidžiaugs. Panašu, kad prie tų tyliai pritariančių aš ir buvau priskirta.

O iš tikrųjų juk nepritariau. Bet irgi tyliai.

* * *

Kai kalbama apie lietuvių emigrantų rasizmą, dažnai nežinau, nė ką sakyti. Prisimenu anekdotą, kaip atpažinti, kas yra rasistas. Klausimas: ar juodieji ir baltieji yra lygūs? Trys atsakymo variantai: pirmas – lygūs, antras – nelygūs, trečias – nesuprantu klausimo. Kurį atsakymo variantą pasirinkęs žmogus nėra rasistas? Pirmąjį? Ne – trečiąjį.

Deja, bemaž visi iki šiolei įstrigę ties pirmuoju atsakymo variantu ir plūšama putojama stengiantis įrodyti juodųjų ir baltųjų lygybę. Ir toli iki to, kad tas klausimas net nekiltų. Tačiau jei tas klausimas nebūtų taip sureikšmintas, prie to, kad jis išvis nekiltų, pereiti gal būtų daug lengviau.

Rasizmo klausimas yra toks subtilus, kad sąžiningiausia pradėti nuo savęs. Ar aš esu rasistė? Tikiuosi, ne, nors, atvirai pasakius – nežinau. Dar atviriau pasakius, man net toks klausimas, ar aš rasistė, nekyla. Žiūrėdama į žmogų, žinoma, pastebiu jo odos spalvą, kalbėdama apie žmogų tą spalvą įvardiju kaip vieną iš atpažinimo ženklų. Tačiau jeigu man nepatinka tam tikri dalykai, tai nesvarbu, kurios spalvos žmogus taip elgiasi – man ne spalva nepatinka, o elgesys.

Čia tikrai ne mažesnė painiava negu krikščioniškajame mokyme apie nuodėmę ir nuodėmingąjį, kai raginama smerkti nuodėmę, tai yra patį ydingą veiksmą ar elgesį, bet ne nuodėmingąjį. Tokį atskyrimo lygmenį buvo sunku pasiekti net Bažnyčios tarnams, ką jau kalbėti apie paprastus mirtinguosius. Bet galiausiai atėjo diena, kai nuodėmės klausimas tapo nebeaktualus, ir visos su tuo susijusios problemos buvo pamirštos. Spalvos klausimas ojojoj kaip aktualus, bet problema iš esmės išlieka ta pati – kaip nesutapatinti rasės su asmeniu, o asmens su jo veiksmais ar elgsena. Sakykim, yra du tinginiai – vienas baltas, kitas juodas. Kai baltąjį pavadini tinginiu, blogiausiu atveju jis gali tau drožti per ausį. Tinginiu pavadinęs juodąjį gali būti apkaltintas rasizmu, o čia jau prasideda politika ir pakvimpa honorarais teisininkams.

Rasizmo tema labai nejauki, norisi užsičiaupti ir užsimerkti, bet bandysiu kiek įmanoma sąžiningai grumdytis toliau, kad bent kiek sušvelninčiau šūksmus apie lietuvių emigrantų rasizmą.

Štai kartą vakare traukiniu važiavau iš Londono centro į rytus. Buvo pusė dvyliktos nakties, traukiniai tokiu laiku būna pilnutėliai iš restoranų, barų ar koncertų grįžtančios liaudies, prisigrūdę panašiai kaip tarp šeštos ir septintos vakaro, kai grįžtama iš darbų. Dykai dalijami laikraščiai būna seniai išgraibstyti, perskaityti ir nugulę galinių stotelių šiukšliadėžėse, vidurnakčio keleiviams akis įremti nebėra į ką, belieka tik skaitinėti pabodusias reklamas arba nužiūrinėti kitus. Šis užsiėmimas irgi ne pats įdomiausias, tad jei atsiranda kas spalvingiau apsirengęs ar keisčiau besielgiantis, visų dėmesys ten link ir nukrypsta.

Tą vakarą tankiai prisigrūdusio vagono dėmesio centre atsidūrė apkūni juodaodė paauglė, su draugėmis atšventusi šešioliktąjį gimtadienį. Ji sėdėjo pačiame vagono viduryje, delnais suėmusi iš apačios savo krūtis kėlė aukštyn, kol šios beveik išniro pro nemenką iškirptę, ir džiugiai vaikiškai juokdamasi sukiojosi į visas puses, garsiai aiškindama, kad jas (tas krūtis) ji augino visus šešiolika metų ir dabar džiaugiasi tuo, ką užsiaugino. Džiaugėsi, sakyčiau, pagrįstai, jos krūtys atrodė bemaž tobulos – stangrios, apvalios, ne per mažos, bet ir ne per didelės, tačiau ar reikėjo tą džiaugsmą skleisti taip viešai, nežinau. Sugavau save bemintijant, kad vargu ar taip pasielgtų panašaus amžiaus baltoji. Greičiau ji gūžtųsi amžinai nepatenkinta savo besiformuojančiu moteriškumu. Ir štai esminis klausimas – ar šitaip svarstydama esu rasistė? O gal tiesiog pastebiu kultūrų, auklėjimo ir savimonės skirtumus? Odos spalva nėra tų skirtumų priežastis, tai tik vienas išorinių bruožų, niekuo ne ypatingesnis nei mėlynos akys ar kumpa nosis.

Dar vienas pavyzdys, kuris gali būti lengvai priskirtinas prie rasistinių.

Užėjau į vištienos kepsnelių parduotuvę, norėjau ką nors greitai užkąsti. Pirkėjai vien tamsiaveidžiai ir juodaplaukiai, bet prie prekystalio riebaluose ir džiūvėsėliuose skrudintas viščiukų blauzdeles į dėžutes pakavo dvi šviesiaplaukės. Lietuvės, pamaniau. Šmėstelėjo mintis, kad jos turbūt tą patį pamanė apie mane. Žvalgiausi į vitrinoje išdėliotus nesveiko maisto pavyzdžius, bandydama ką nors išsirinkti, kai staiga išgirdau:

– Nu, blia, man Maikas skambino du kartus, ir negalėjau atsiliepti, tiek žmonių... – pasiskundė viena geltonplaukė kitai.

– Man irgi, va, telefonas kišenėj birbia, bet turiu tą juodasnukę aptarnauti, – atsiliepė antroji.

Jos kalbėjosi garsiai, neįtardamos, kad jas suprantu. O gal įtarė, bet joms nebuvo svarbu – čia mūsų taip tiršta, kad išvengti tautiečių kaimynystės tiesiog neįmanoma, o ir paisyti nėra reikalo. Pajutau, kad toms panelėms kliūva ne veido spalva, o „snukiai". Nepanorusi būti „baltasnuke", kurią privalu aptarnauti, uždariau užkandinės duris.

Garantuoju – jeigu Londone gyvenantys tamsesnio gymio žmonės pasimokytų lietuvių kalbos, progų skųstis rasizmu turėtų apsčiai. Bet suabejočiau, ar tos parduotuvės panos tikrai yra rasistės. Jos tiesiog sunkiai dirbančios lietuvės mergos, pasinaudojusios proga nepraustaburniškai išlieti savo įtūžį vietiniams nesuprantama kalba.

MŪSŲ ŠVENČIŲ BALTOSIOS MIŠRAINĖS

Pirmąją naujametę naktį Londone sutikau draugės, kuri palaikė mano sumanymą emigruoti ir pagelbėjo čia atvažiavus, namuose. Ji pati išvyko į Kairą aplankyti vyro ir jaunėlio sūnaus, kurį vyras vasarą išsivežė atostogų ir negrąžino. Nuvykusi Kalėdoms ji iš ten taip pat negrįžo ilgiau nei metus. Londone liko jos vyresnis sūnus su žmona, atėjo jų draugai, pora mano neseniai įgytų draugių, ir be jokio vargo susiklijavo lietuviška kompanija. Vakaras buvo vėjuotas ir lietingas, pliaupė grynai anglišku stiliumi, stipraus vėjo bloškiamos lietaus srovės kirto įstrižai, tad vėjo gūsių plėšomas ir sunkiai nulaikomas skėtis buvo naudingas ne daugiau negu nosinaitė. Kol nuėjau į parduotuvę ir grįžau, – pritrūkom bulvių, – atrodžiau lyg būčiau ištraukta iš baseino; drabužiai varvino balas koridoriuje, virtuvėje bei visur kitur, kur tik kėliau koją.

Būti kiaurai perlytai Naujųjų išvakarėse – tai mano auka baltajai mišrainei, kuriai ir pritrūkome bulvių. Mišrainė, be kurios, kaip vėliau gavau įsitikinti, neapsieina nė vienas lietuviškas subuvimas Anglijoje, buvo pagaminta skrupulingai laikantis visų tradicijų. Buvo pasirūpinta net raugintais agurkiukais, kurių Londono vakaruose rasti nėra lengva, nes būtent rauginti, o ne marinuoti jų pakaitalai yra reikalingi tradicinei baltajai mišrainei.

Tą naujametį vakarą leidžiant su gerokai anksčiau Anglijon emigravusiais lietuviais buvo neįtikėtina matyti, kaip jie stengiasi tiksliai prisiminti ir atgaivinti dalykus, kurie Lietuvoje atrodė nyki kasdienybė, ir juos norėdavosi kaip nors pakeisti, paįvairinti. Lietuviškos tradicijos, Lietuvoje savaime suprantamas, ypatingų pastangų nereikalaujantis dalykas, svečioje šalyje gyvenantiems neišvengiamai tapo sąmoningu siekiu – nori lietuviškai, turi pasistengti. Tad pašaipa, kad emigrantai savo lietuvybę išreiškia valgydami cepelinus, neretai pasigirstanti, kai jauni patetiški tėvynainiai, paturistavę po Angliją ar Ameriką, pasakoja savo įspūdžius, yra arba jaunatviško maksimalizmo, arba jaunatviško paikumo išraiška. Ir dažniausiai ji plaukia iš vilniečių lūpų, paprastai gyvenančių netoli „Čili kaimo" su lietuviškų ar pseudolietuviškų patiekalų ir gėrimų gausa. Cepelinai, kaip ir baltoji mišrainė ar kugelis, emigracijoje įgauna kitą reikšmę. Tai pastanga išlaikyti lietuviško paveldo pamatus, kuriuos prarasti „take-away" pagundų pilname šiuolaikiniame pasaulyje taip nesunku.

Gal kiek ir nyku, kad pirmąjį naujametį vakarą neišragautų galimybių Londone leidžiu namuose ir su lietuviais. Bet man, tiesą sakant, visiškai nesvarbu, kur praleisti Naujuosius, kartais tiesiog norėčiau, kad tos nakties išvis nebūtų.

Galiausiai stalas paruoštas, butelis „Alitos" (kažkas pasirūpino ir tuo) įkištas į šaldytuvą, gėrimai išpilstyti – kam vynas, kam viskis, o kam degtinė, tostas už mus, lietuvius, nesvarbu, kur begyventume, kad vis vien lietuviais liktume, pakeltas. Sočiai pavalgėme, apsirūpinome kalorijų pertekliumi ateinantiems metams ir tada suskubome siuntinėti žinutes į Lietuvą. Nes čia tik dešimt, o ten jau dvylika, tad privalu visus likusius tėvynėje aprūpinti linkėjimais. Kurį laiką girdėjosi vien *mobiliukų* pypsėjimai – pažįstu žmonių, kurie pagal tai, kiek per Kalėdas ir Naujuosius sulaukia žinučių iš Lietuvos, sprendžia, ar artimieji ir draugai vis dar juos atsimena.

Naujametės nakties žinutės – tai tarsi ryšio su tėvyne sakramentas, šventas patvirtinimas, kad tu dar tebešmėžuoji kieno nors atminty. Galvon peršasi nekrofiliška analogija, kad jei mirusysis gyvas tol, kol jis egzistuoja gyvųjų atmintyje, lygiai taip ir emigrantai – kol kiekvienas atskirai kaip individas egzistuoja Lietuvoje likusių atmintyje, tol jie yra dalis tėvynės. Skamba kraupokai, tačiau tas SMS ritualas kartojasi kiekvieną kartą, kai Naujuosius sutinku Londono lietuvių kompanijoje.

Žinutės išsiuntinėtos, pasidalyta įspūdžiais, kas ką pasveikino ar nepasveikino, prisivalgyta, o ir išgerti spėta, be to, liovėsi pliaupti lietus ir net ėmė giedrytis. Staiga visiems kilo ūpas nulėkti į artimiausią klubą. Po pusvalandžio atsidūrėme būryje tokių pat vargšelių, laiku nesusivokusių, kad šventes reikia švęsti. Eilė prie įėjimo, nes apsauga visus čiupinėjo nuo plaukų šaknų iki kojų pirštų. Eilė prie drabužinės, nes apsiaustais rūpinosi vienui viena arabiško gymio moteris. Ji akivaizdžiai neskubėjo, nes pagal jos kalendorių, kur metus suka ir jų skaičių nustato ne saulė, o mėnulis, Naujieji ateis tik po dvidešimties dienų, ir ta beprotiška gruodžio trisdešimt pirmosios sumaištis jai atrodė visiškai nesuprantama ir neverta dėmesio.

Atstovėję eilę prie drabužinės, iš karto atsidūrėme eilėje prie baro, nes Naujuosius privaloma sutikti įsitvėrus stiklą kokio nors alkoholio. Naujametiniai dvyliktos valandos dūžiai mums ir nuskambėjo būtent toje eilėje. Pasiglėbesčiavom su aplinkiniais – atkilėliais iš Pakistano, Indijos, Lenkijos ar Kinijos, galų gale prisigrūdę prie baro nusipirkome po butelį „mikso" ir grūdomės toliau į it silkių prikimštą šokių aikštelę. Nuo *techno* ar *hauso* – neskiriu – vibravo sienos, lubos, grindys bei šventinių patiekalų prikimštas žarnynas. Tamsaus gymio, prietemoje pro dūmus sunkiai įžiūrimas, už mane visa galva mažesnis, bet per juosmenį kelis kartus platesnis tolimosios Azijos atstovas ėmė suktis aplinkui mane tarsi tetervinas, rodantis patinišką prielankumą. Tai demonstravo taip aiškiai, kad apsimesti, jog nepastebiu, neišėjo. Neapsikentusi apsikabinau draugės sūnaus draugą ir susiglaudę pašmėžavom tam tetervinui prieš akis lyg būtume pora.

– Matai, kaip pasisekė, babajus kabina, – pasišaipė vienas iš mūsų kompanijos linksmuolių.

Bet neturėjau ūpo nei juokauti, nei aiškintis žodžio „babajus" reikšmės – emigrantai tą žodį mėgsta, plačiai vartoja ir žino, ką nori tuo pasakyti. Buvau neseniai atvykusi, tad nelabai susigaudžiau, tik kažkaip guviai sumečiau, kad ta sėkmė, kai kabina babajus, yra „sėkmė" kabutėse.

Mano tetervinas, išvydęs, kad burkuoju su kitu, greit pražuvo dūmų ir lazerių jūroje. Po kiek laiko pastebėjau, kad vėl sukasi netoliese – tai prieina arčiau, tai kiek atsitraukia, bet nepaleidžia manęs iš akiračio. Buvo jau ne vienas, jo užnugarį sudarė du panašaus drūtumo, bet gerokai už jį aukštesni vyrukai. Dūmai ir prieblanda neleido gerai įžiūrėti jų veidų ir išraiškų, bet mūsų kompanijos vaikinai staiga sunerimo ir paragino pereiti į kitą salę. Ten skambėjo lėtesnė, melodingesnė muzika, kai kurias dainas prisiminiau iš studentiškų metų diskotekų. Ši salė irgi buvo sausakimša, bet daugiausia lenkų, nes aplinkui girdėjosi tik ta kalba. Jie lingavo apsikabinę laibas aukštas lenkaites, prigludę prie jų kaip vantos lapas prie tam tikros vietos.

Atmosfera čia buvo visiškai kitokia nei anoje salėje – gerokai šviesesnė, ir ne vien dėl to, kad daugumą publikos sudarė baltieji. Atsipūčiau – jeigu tetervinas čia ir ateis, bus lengviau pasislėpti įsimaišius tarp blondinių, bet staiga viskas ėmė rodytis nuobodu ir nyku. Į kampą įsispraudusi porelė darė tai, kas paprastai daroma miegamuosiuose. Iš kažkurios kertės ėmė sklisti „žolytės" kvapas – draudimas rūkyti kavinėse tada dar nebuvo priimtas. Kitoje pusėje vienas lenkas šampanu laistė draugą – tas prunkštė ir kaišiojo liežuvį bandydamas pagauti skruostais riedančius gėrimo lašus. Nuo jų, prunkščiančių ir aplinkinius taškančių šampano purslais, sklido emigrantiškos laimės perteklius. Jeigu koks gėrimas ir buvo mane apsvaiginęs, nuo šio vaizdo svaigulys išgaravo ir naujametinės linksmybės neteko paveikumo. Mano draugė trypinėjo nuo kojos ant kojos, regis, irgi ištikta panašios frustracijos. Supratusios, kad atsidūrėme ne laiku ir ne vietoje, susižvalgėme ir iškeliavome namo, jaunesnę kompanijos dalį palikusios mėgautis metų pradžios malonumais.

Vėliau turėjau daug progų įsitikinti, kad lietuviškų švenčių būdai ir įpročiai beveik nekinta. Maisto ir gėrimų turi būti gausu, kompanija būtinai didelė, triukšminga ir išimtinai lietuviška. Šventimo būdas aiškiai parodo, kad mūsų gyvensena bei samprata to, kas smagu, gerokai skiriasi nuo vietinių. Tai nebūtinai lemia išgeriamo alkoholio kiekis, anglai irgi toli gražu ne abstinentai, bet net girti būdami jie nepuola aiškintis santykių. Būtent šis aspektas, itin smagiai pajvairinantis lietuviškas užstales, anglams yra visiškai svetimas dalykas – per šventes jie linksminasi, o jei turi bėdų dėl santykių, po švenčių eina į teismą arba pas psichologą. Lietuviškoje aplinkoje keblių santykių ar psichologinės problemos sprendžiamos arba susidaužiant degtinės stikliukais, arba apsidaužant žandus.

Aišku, šventimo papročiai labai priklauso nuo integracijos ar įsigyvenimo laipsnio. Tie, kas apsisprendė likti Anglijoje, stengiasi neerzinti kaimynų ir neišsiskirti iš daugumos. Triukšmingų balių su garsiai plėšiamomis užstalės dainomis jie nekelia, o lietuviškumą išlaiko pasirūpindami, kad ant stalo netrūktų dešrų, kumpių, raugintų kopūstų ir kugelio. Kad ir kaip būtų, stalas per šventes turi būti lietuviškas. Parduotuvė „Lituanica" privalėjo būti sugalvota vien tam, kad žmonės galėtų apsipirkti Kalėdoms ir Velykoms. Jausmas čia toks pat kaip kokioj Raseinių (Alytaus, Šilutės, Kėdainių, Joniškio ar, kaip anglai sako, įvardink pats) „Maksimoje" – švaru, šviesu, išvėdinta, pardavėjos šviesiaplaukės, o ir tarp pirkėjų retai pasitaiko juodaodžių ar azijiečių. Šventa lietuviškumo salelė tautų maišaties vandenyne.

Kalėdas, kurias iki tolei ištikimai švęsdavau lietuviškoje aplinkoje, po ketverių gyvenimo Anglijoje metų planavau sutikti su savo londoniečiu draugu ir sumaniau šventinį anglišką stalą su keptu kalakutu papildyti rinktiniais lietuviškais skanėstais. Sugaišau gerą valandą svarstydama, ar kaimiški skilandžiai, marinuoti baravykai ir rauginti kopūstai įtiks anglų gomuriui.

Lietuviškos parduotuvės man ne pakeliui, specialiai jų ir neieškau – jau buvau susidariusi savo mėgstamų maisto produktų, kuriuos galima rasti artimiausiame „Sainsbury's" ar „Tesco" centre, sąrašėlį. Be to, daržovės, kurios sudaro didžiausią mano valgiaraščio dalį, visur panašios, o kiaušinių ar sūrių nestinga ir angliškose parduotuvėse. Tačiau tą prieškalėdinį metą žvalgydamasi į raugintų agurkų stiklainius, karštai rūkytas viščiukų kulšeles, marinuotą silkutę, grūdėtos varškės indelius ir bandeles su lašinukais pajutau, kaip smarkiai esu išsiilgusi lietuviško maisto. Ir nors šiame pasaulyje viskas taip persimaišę, kad nebežinai, iš kurio regiono yra atkeliavęs vienas ar kitas produktas, „Lituanica" tos globalizuotos sumaišties kiek įmanoma vengė – galėjai būti ramus, kad viskas čia arba iš Lietuvos, arba pagaminta Londono lietuvių. Nė nepajutau, kaip mano krepšys, į kurį buvau ketinusi įsimesti tik keletą produktų, greitai tapo toks pritutintas, kad vos jį pavilkau. Kol laukiau eilėje drauge su kitais panašaus dydžio krepšius prisikrovusiais tautiečiais, galvoje klostėsi sąrašas lietuviškų skanumynų, kuriais pavaišinsiu savo draugą.

Bulviniai blynai su spirgučių, svogūnų ir grietinės padažu.

Balandėliai su virtomis bulvėmis.

Keptos bulvės su kefyru ir raugintais agurkėliais.

Orkaitėje kepta neskusta bulvė su grūstų kanapių sėklų bei grietinės padažu.

Minkštas, sirupe įmirkęs šimtalapis su aguoniniu įdaru.

Su kanapių sėklų padažu persistengiau, jos išguitos iš lietuviško valgiaraščio, o cepelinų į gamintinų patiekalų sąrašą neįtraukiau. Ir ne todėl, kad jie man būtų neskanūs – patinka, bet tik tada, kai pati juos pasigaminu. O Londone, kaip teko įsitikinti, tai padaryti beveik neįmanoma.

Maždaug tuo metu, kai atvažiavau į Londoną, čia darbuotis atvyko ir Korina, kadaise dirbusi prancūzų kultūros atašė Lietuvoje. Vilniuje buvome tapusios artimos draugės, tad ir

Londone buvo smagu susitikti. Kartą ji pasikvietė į svečius paryžietę draugę, kurį laiką irgi gyvenusią Vilniuje, ir nusprendė ją nustebinti. Pasiteiravusi, ar žinau, kaip ruošiami cepelinai, ji paprašė pagaminti jų vakarienei. Pažadėjau, bet pažadą išpildyti nebuvo lengva. Tada dar nieko nežinojau apie angliškų bulvių savybes, tad nusipirkau pirmų pasitaikiusių. Tarkuoti teko rankomis, nes tarkavimo mašinos Korina neturėjo. Šitą darbą pabaigusi ir tarkiams išspausti panaudojusi pagalvės užvalkalą, galiausiai aptikau, kad indo su bulvių išspaudomis dugne nusėdo tik milimetrinis sluoksnelis krakmolo. Prisiminiau, kad viena mano draugė minėjo virusi cepelinus, tad paskambinau sužinoti, kaip jai sekėsi. Ji paaiškino, kad bulvės čia nekrakmolingos, ir patarė nusipirkus krakmolo jo įdėti į tarkius, kad verdami cepelinai neištižtų. Taip ir padariau – palikusi nebaigtą darbą išėjau į artimiausią parduotuvę. Jau viduje prisiminiau nežinanti, kaip angliškai skamba „krakmolas". Grįžti ir užsiimti vertimo paieškomis neturėjau kada, draugų, kuriems galėčiau paskambinti ir pasiteirauti, irgi nebuvau daug įsigijusi. Vėl bandžiau surasti krakmolo nusipirkti patarusią draugę, bet jos telefonas buvo išjungtas.

Parduotuvė didžiulė, o aš net neįsivaizdavau, kuriai prekių grupei priskiriamas krakmolas. Keliavau nuo vienos lentynos prie kitos atidžiai žvalgydamasi ir ant popierinių pakelių bei dėžučių bandydama aptikti kokius nors skiriamuosius krakmolo ženklus. Apsižvalgiusi, ar niekas nemato, iš visų pusių spaudinėjau nusižiūrėtą pakelį, bandydama pajusti tą tik krakmolui būdingą gurgždesį. O radusi dėžutę, kurioje, įtariau, galėtų būti krakmolas, prisikišusi prie ausies ją papurtydavau tikėdamasi išgirsti duslų ir sunkų, tokį savitą krakmolišką sukritimą, kurio neturi joks kitas birus produktas. Apie krakmolą žinojau labai daug, tačiau mano žinios čia buvo visiškai nepritaikomos. O ir mano elgesys, kuris turbūt priminė ne reikalingo produkto paieškas, o mokslinį tyrimą, ėmė traukti parduotuvės tarnautojų dėmesį, prekybos salės asistentai vis dažniau pasirodydavo mano akiratyje teiraudamiesi, ar viskas gerai. Jie nuolat to teiraujasi, matyt, taip nurodyta jų darbo instrukcijose, ir daro tai dažniausiai be jokio reikalo ir jokios naudos.

– Ačiū, viskas gerai, – atsakinėjau ir iš paskutiniųjų spaudžiau mandagią šypseną, giliai širdyje keikdama visą anglišką parduotuvių lentynų tvarką ir pakavimo savitumą.

Ant mano gerove įkyrokai besidominčio asistento nepykau, supratau, kad jis mielai padėtų, jeigu tik sugebėčiau tos pagalbos paprašyti. Sakinį, kad man reikia kažko, kas panašu į miltus, bet gaminama iš bulvių ir naudojama verdant cepelinus, angliškai būčiau be didelio vargo surezgusi, tačiau aiškiai žinojau, kad to klausdama paslaugiam juodukui tik sukelsiu dar daugiau įtarimų apie savo psichikos būklę.

Nenuostabu, kad parduotuvės tarnautojams atrodžiau kaip beprotė. Nes ir jaučiausi kaip beprotė, vos valdžiausi, kad mostelėjusi alkūne nenušluočiau ant grindų visų tų maišelių ir pakelių, kurių vieno viduje slėpėsi man taip reikalingas turinys. Turėjau jį gauti, privalėjau išpildyti didžiąją cepelinų misiją. Ir tada man į galvą šovė saliamoniška mintis – po atidžių tyrimų ir apžiūrinėjimų išsirinkau keturis krakmoliškumo kriterijus labiausiai atitikusius pakelius. Viename iš jų – juos pradraskiau dar neišėjusi iš parduotuvės – tikrai buvo tai, ko man reikėjo.

Kai draugė su viešnia grįžo iš traukinių stoties, cepelinai jau buvo pagaminti. Krakmolo, kurio turėjau visą pusę kilogramo, padauginau, tad mano cepelinai taip susiklijavo, kad reikėjo vieną nuo kito atskirti peiliu. Bet visa kita – ir įdaras, ir padažas – išėjo puikiai. Korinos viešniai, kuri gyvendama Vilniuje buvo labai pamėgusi cepelinus, maniškiai, nors ir gerokai kampuoti, nes buvo peiliu apipjaustyti, irgi patiko. Vis dėlto po tos kankynės cepelinai iškrito iš mano rankomis gaminamų lietuviškų patiekalų valgiaraščio. Bet čia turbūt mano kaltė, nes vėliau sutikau ne vieną šeimininkę, įgudusią išvirti puikiausius cepelinus iš angliškų bulvių.

Numojusi ranka į cepelinus, vis dar buvau tikra, kad yra nemažai lietuviškų skanumynų, kuriais galima paįvairinti angliską stalą. Kartą išviriau draugui burokėlių sriubos. Neišpeikė, bet sakė kažkada labai panašią valgęs rusiškame restorane. Buvau patroškinusi jam raugintų kopūstų su dešrelėmis. Apie patiekalą nepasakė nieko blogo, bet mandagiai paminėjo visą laiką manęs, kad tai vokiškas patiekalas. Rūkytos kiaulių ausys jam pasirodė produktas, kurio normalūs žmonės nevalgo, o kažką panašaus į kugelį esą turi airiai.

Baltosios mišrainės, to lietuviško šventinio darinio, kur viskas sumakaluojama ir užpilama daug majonezo, mano draugas tiesiog nesuprato. Nei iš ko pagaminta, nei su kuo valgoma.

Per minėtas Kalėdas savo lietuviškomis gėrybėmis prie anglų šventinio stalo prisidėti man irgi nepavyko – lietuviškas skilandis, marinuoti baravykai ir silkės suktinukai nukeliavo tiesiai į šaldytuvą. Mat anglai, bent jau toji šeima, kurioje lankiausi, neturi įpročio ant stalo krauti viską, kas po ranka. Ant jų šventinio stalo, mano akimis žvelgiant, buvo daugiau indų bei stalo puošmenų negu maisto. Ir viskas labai tradiciška. Keptas kalakutas su visais priklausiniais – briuseliniais kopūstais, pastarnokais, į šoninę įvyniotomis dešrelėmis, keptomis bulvėmis ir duonos arba spanguolių padažu. Vėliau brendžiu aplietas ir paskrudintas kalėdinis pudingas su labai riebiu ir saldžiu brendiniu sviestu. Po pertraukėlės šokoladas ir vaisiai.

Kalėdiniai pietūs truko ilgai ir, prisipažinsiu, buvo nuobodūs. Atrodė, lyg žiūrėčiau gerokai ištęstą spektaklį, kuriame trūksta veiksmo, vien kalbos ir svarstymai apie tai, apie ką aš nedaug tenutuokiu, o jei ir nutuokiu, man tai nesvarbu. Po kalakuto, pateikto su keptais obuoliais, ėmiau skaičiuoti minutes, kada gi bus įveikti visi užstalės etapai ir galėsime skirstytis. Net pagailėjau lietuvišką draugiją – triukšmingą, netvarkingą, bet gyvastingą ir savą – iškeitusi į mandagybių ir įmantrių išvedžiojimų kupiną anglišką užstalę.

Viskas čia buvo racionaliai ir tvarkingai suplanuota – sukirtę kalakutą ir pudingą, buvome pakviesti pakeisti sėdėjimo vietą ir persikraustėme prie židinio ant fotelių ir sofų. Ištaingi šviesios kreminės spalvos baldai, tikriausiai labai brangūs, buvo uždengti perregima polietileno plėvele, tokia pat, kokia Lietuvoje dengiami šiltnamiai. Ant tos plėvelės ir sėdėjome. Kokia šios plėvelės funkcija, šeimininkė neaiškino, mandagūs svečiai nesiteiravo. Gal jiems savaime buvo aišku, kad baldus, kai susirenka daugiau svečių, nuo nemalonių atsitiktinumų, tokių kaip raudonojo vyno dėmės, reikia apsaugoti. Tada gali nebekreipti dėmesio, o juk sugebėjimas nė akimi nemirktelėti stalo kaimynui išliejus vyną ar ištaškius padažą ir yra didžioji, literatūros klasikų išgarbinta anglų dorybė. Kai kartą Lietuvoje ant balto kilimo išliejau raudonąjį vyną, ne tik vakaras buvo sugadintas, bet ir į tuos namus daugiau kviečiama nebuvau. O štai Anglijoje raudonojo vyno dėmės neegzistuoja. Negalėjau tuo patikėti, kol savo akimis nepamačiau.

Kažkokios karinių oro pajėgų šventės proga „Royal Air Force" klube buvo surengta iškilminga vakarienė, į kurią mane pakvietė anglas bičiulis, buvęs Jungtinės Karalystės karinių oro pajėgų generolas. Susipažinome su juo Nacionaliniame muziejuje sustoję apžiūrėti to paties paveikslo. Taip nutiko, kad jam trūko kompanijos, nes ne taip seniai buvo palaidojęs žmoną, o man norėjosi ne vien lietuviškos, bet ir angliškos draugijos, tad per laiką susibičiuliavome. Jis buvo tėviškai globėjiškas, kita vertus, jam patikdavo draugijoje pasirodyti su gerokai jaunesne moterimi. Aišku, kitoms moterims, kurios sukiojosi tose draugijose, aš neatrodžiau didžiulis atradimas, nes Rytų europiečių, skubančių įsikabinti į turtingo senuko paranke, Londone apstu, bet tai jau kita tema. Per tą iškilmingą vakarienę Karališkųjų oro pajėgų klube vienoje iš pokylių salių mus ir ištiko toji nepriekaištingos angliškos laikysenos pavyzdžiu laikoma situacija – ant baltos staltiesės buvo išlietas raudonasis vynas. Vyną išliejęs vyriškis buvo įnikęs pasakoti kažkokį smagų nuotykį iš karinės tarnybos laikų. Nepertraukdamas pasakojimo, jis pakėlė alkūne užkliudytą taurę, pastatė ją ir nė nemirktelėjęs toliau smagino damas pilotų gyvenimo detalėmis. Moterys klausėsi ir mandagiai šypsojosi, nė akies krašteliu nežvilgtelėdamos į baltos staltiesės paviršiumi grėsmingai plintančią raudoną dėmę. Viskas tiksliai taip, kaip knygose apie angliškus papročius – jokio sąmyšio, jokio triukšmo, jokio perdėto susinervinimo dėl kažkieno nevėkšliško ar netinkamo poelgio. Prisipažinsiu, sunkiai tvardžiau norą griebti popierinę servetėlę ir šokti sausinti išlieto vyno – raudona dėmė ant staltiesės buvo didžiulė netvarka, o manyje gyvas lietuviškas instinktas išsyk, čia pat ir bet kokiomis priemonėmis atkurti tvarką. Gal būčiau ir nesusitvardžiusi, tačiau dėmė plėtėsi kitoje didžiulio beveik trijų metrų skersmens apskrito stalo pusėje. Norėdama ją pasiekti, būčiau turėjusi pakilti nuo kėdės ir apibėgti gerą pusratį. Būtent tas kelių metrų atstumas ir išgelbėjo mane nuo gėdingo europietės iš Rytų fiasko.

Tiesą sakant, nesu tikra, ar tokių atsiribojimo aukštumų visiems privaloma siekti – itin išlavinta savikontrolė kelia susižavėjimą, bet yra gana nuobodi. Man labiau patinka tegu ir neatitinkančios aukštuomenės standartų, bet žmogiškai gyvos reakcijos. Šitaip žiūrint, Kalėdų vakarienės šeimininkės sumanymas kreminės spalvos oda trauktus baldus uždengti polietileno plėvele atrodo labai žmogiškas. Puikiausiai ją supratau – kad išlaikytų angliškai draugijai keliamus standartus, ji turėjo imtis šiokių tokių apsaugos priemonių.

Prie židinio kalbos tekėjo laisviau, jos nebuvo įspraustos į pauzes tarp patiekiamų patiekalų, apie kuriuos, jiems atkeliavus į stalą, būtinai reikėjo tarti žodį. Ir vynas ėmė lietis gausiau, ir susirinkusieji, kuriuos mačiau pirmą kartą, po truputį pradėjo lukštentis iš mandagaus dėmesingumo luobo.

Supratau, kad bemaž visi jie londoniečiai nuo vaikystės ir gyvena tame Londono rajone, kur iki šiolei dar pasitaiko sutikti smulkiai languotus žemės spalvos tvido švarkus vilkinčių vyriškių. Aš buvau vienintelė iš Rytų Europos. Bet niekas su klausimais apie Lietuvą prie manęs nelindo, tik paklausė, kiek joje gyventojų – galbūt skaičiavo, per kiek metų tokiais tempais kaip dabar visi lietuviai emigruos į Angliją.

Guvi septynmetė vardu Mia, vienintelis vaikas brandžioje draugijoje, kurios vidutinis amžius per penkiasdešimt, iš pradžių visus linksmino negudriais triukais. Vėliau nusprendusi, kad ji yra dokumentinio filmo režisierė, mobiliuoju telefonu ėmė filmuoti svečius, kiekvieną pakalbindama ir ką nors pridurdama. Ji buvo iš tų vaikų, kurie turi retą dovaną, nepaprastą vidinį balansą, jų neįmanoma išmušti iš vėžių. Vyresnio amžiaus džentelmenas, vilkintis aukščiau aprašyto pavyzdžio švarku, kandus linksmuolis, nepaliovė ją erzinęs. Septynmetė ramiai atsakydavo į pašaipas, be menkiausio ženklo, kad būtų sutrikusi ar supykusi. Man, kurią vaikystėje susigūžti priversdavo netgi netyčiomis mestas svetimas žvilgsnis, šis mažylės gebėjimas ramiai dalyvauti suaugusiųjų šventėje darė įspūdį.

Atsukusi filmuojančią telefono akį į mane, ji pasakė:

– Šį Kalėdų vakarą pas mus svečiuojasi ir Zita... Ji lietuvė ir...

Akimirką patylėjo, nežinodama, ką daugiau apie mane pasakyti.

– Ar Lietuvoje irgi švenčiate Kalėdas? – pasiteiravo.

Patikinau, kad taip.

– Ar lietuvių vaikus irgi lanko Kalėdų Senis?

– Taip, lanko.

– Gerai, – pasakė, akimis jau ieškodama kitų pašnekovų.

Bet mergaitę pasišaukė jos mama ir pamokė, kad su kuo nors kalbantis nedera pabrėžti nei to asmens tautybės, nei vietos, iš kur atvyko.

– Okei, – tarstelėjo mergaitė nesigilindama, kodėl to nereikėtų daryti.

Po kiek laiko jos mama prisėdo prie manęs. Sakė, kad žmogų iš Lietuvos ji sutinka pirmą kartą gyvenime.

– Žinai, kaip mes darome, kai aptariame kokio nors produkto ar prekės ženklo žinomumą? – paklausė moteris, dirbanti reklamos versle. – Tiesiog ištariame vardą, ir kiekvienas sako, kas su tuo vardu asocijuojasi. Dabar taip ir padarysiu. Sakau – Lietuva. Kokie penki dalykai, kuriuos apie šią šalį žinau?

Ji susikaupė ir ėmė vardyti:

– Bernvakariai. Natūrali gamta. Pigus alus. Gražios merginos. Penktas? Kas penktas?..

Regis, penktasis dalykas irgi turėjo būti susijęs su merginomis, lyg ir jutau tą žodį pakibusį ore, bet jis liko neištartas – tai nebuvo draugija, kur sakoma viskas, kas ant liežuvio. Galėjau tik spėlioti, ką ji prarijo, tačiau tai, kad gražios lietuvaitės neduoda ramybės čionykštėms moterims, pajutau ne pirmą kartą. Regis, jos jau pradėjo nutuokti, kad ne vien natūrali gamta traukia jų būsimuosius rengti bernvakarių šventes Lietuvoje. Mergaitės mama aptakiai, aplinkiniais keliais bandė iškvosti, kur slypi tas lietuvaičių gebėjimas sužavėti ir pakerėti jų sunkiai nuo sofų pajudinamus, iki XXL apimčių išvešėjusius vyriškius.

Paaiškinau, kad natūralios gamtos – manau, taip jie vadina ne ką kita, o apleistus, piktžolėmis apėjusius laukus bei pakeles – mano tėvynėje dar nemažai, bet alaus ir kitų gėrybių kainos pastaraisiais metais kaip reikiant šoktelėjo į viršų ir jeigu dar nepasivijo britiškųjų, tai jau netoli jų, tad bernvakarių šventėjams Lietuva daug mažiau patraukli nei anksčiau.

„O ir merginos Lietuvoje nebeužsilaiko. Jos čia ne mažiau sėkmingai nei Lietuvoje savo kūno grožybėmis gundo nuo alaus apsunkusius ir nuo futbolo atbukusius Anglijos vyrukus“, – pagalvojau pati sau.

Kad lietuvaitės jau čia, pastebi patys anglai. Pirmiausia jas įsidėmi vyresnio amžiaus, pasiturintys, prabangius barus ir klubus lankantys vyriškiai. Sužinojau apie tai atsitiktinai.

Po vieno lietuviško golfo turnyro – žaisti golfą tapo jau prakutusių lietuvaičių įpročiu – sėdėjau prie senovinio ištaigingo pastato, priklausančio golfo klubui. Žaidimas baigėsi, visi nuėjo vakarieniauti. Nemėgstu užstalių, ypač sužymėtų kortelėmis, kur kam sėdėti, nes dažnai su greta sėdinčiuoju pokalbį tenka stumte stumti. Tačiau tikroji priežastis, kodėl likau viešbučio kiemelyje, buvo ta, kad septyniasdešimt svarų kainuojanti vakarienė – ne mano kišenei. O laukti teko, nes viena kolegė žadėjo mane pavėžėti iki Londono. Vakaras buvo gražus, puiki terasa su vaizdu į išpuoselėtus golfo laukus, be to, buvau pasiėmusi knygą, tad užsisakiau kavos ir įsitaisiau prie galinio staliuko.

Gerokai atokiau sėdėjo raudono lyg nuplikyto veido vyriškis. Tas raudonis galėjo būti įsisenėjusios egzemos ar nelabai tvarkingo gyvenimo būdo ženklas. Jis keletą kartų žvilgtelėjo į mane akivaizdžiai norėdamas užmegzti pokalbį. Iš pradžių aiškiai daviau suprasti, kad nenoriu būti kalbinama, paskui nusišypsojau – knyga buvo neįdomi, o ir pati sau pradėjau atrodyti kaip kokia keistuolė, įknibusi į skaitymą, kai oras greitai vėso, šešėliai ilgėjo, raidės prieblandoje darėsi vis sunkiau įžiūrimos ir visi normalūs žmonės vienas po kito iš terasos persikraustė į vidų. Iš tolo pasisveikinome. Po kelių frazių apie tai, kad buvo šilta diena, bet štai jau vėsta, jis pakvietė mane prie savo staliuko. Kalba mezgėsi natūraliai – kaip būna tarp žmonių, kurie trumpam susitiko ir netrukus išsiskirs. Jis pasiteiravo, ar aš apsistojusi viešbutyje, nenutuokdamas, kad net už vakarienę čia negaliu susimokėti. Ne, pasakiau ir, kad užbėgčiau už akių bet kokioms spėlionėms, paaiškinau, kad laukiu draugės, kuri vakarieniauja, kad buvo lietuvių golfo turnyras, o kad atrodytų rimčiau, pridūriau, kad tai ambasadoriaus vardo turnyras. Vyras paklausė, iš kur esu, ką veikiu, paskui papasakojo, kad jis jau metai gyvena šiame viešbutyje, nes žmona mirė, jis pats išėjo į pensiją, pardavė savo verslą ir kažkur čia netoliese turėtą namą (kai ryte važiavau į golfo laukus, mačiau tuos namus, kiekvienas mažiausiai po porą milijonų), nes ieško vilos Ispanijoje, bet paieškos užsitęsė, taip kol kas ir gyvena viešbutyje. Paskui jis pradėjo klausinėti apie Lietuvą ir aš juokais pasiteiravau – nejaugi apie tą šalį ir jos žmones jis nieko nėra girdėjęs?

– Girdėjau, – sako, – ne tik girdėjau, esu sutikęs lietuvių... – Jo lūpomis nuslinko šypsenėlė.

– Tikrai? Įdomu, – palaikiau pokalbį.

– Ar jums teko būti naktiniame klube netoli „Harrods"? – pasiteiravo.

Papasakojo, kaip tas klubas atrodo, pro kur įeiti ir kur link sukti, greičiausiai buvo nuolatinis svečias ir galgi kai kurių privačių paslaugų klientas, nes orientavosi puikiai, be to, pasakojant apie klubą, jo balse ėmė skambėti patirtų malonumų priegaidė. Buvo panašu, kad pasakodamas man apie smagybes, kurias spėjamai patyrė su mano tautietėmis, jis patiria dvigubą malonumą.

– Ten daug lietuvių... – patylėjo lūkuriuodamas, gal pasiteirausiu, ką jos ten veikia, bet numanydama jo atsakymą užsispyrusi tylėjau. – Striptizą šoka. Kai nueisi prie baro, ten tokia blondinė sukiojasi, gali su ja savo kalba kalbėtis.

Knietėjo daugiau išpešti apie tas striptizo lietuvaites. Bet pešti nereikėjo – jis mėgavosi mano sutrikimu, tuo, kad nežinau, ką sakyti ir kaip reaguoti, ir ėmė atvirauti, už kiek ir kokiais būdais mano tautietės jį tenkindavo. Kaip žurnalistė privalėjau išpešti viską apie tą klubą ir merginas, sužinoti skandalingų smulkmenų, kuriomis būčiau galėjusi pamaitinti detalių apie emigrantiško gyvenimo nešvankybes ištroškusią publiką. Mano žurnalistinis „aš" reikalavo, kad smalsaučiau, klausinėčiau, aikčiočiau, linksėčiau galva ir ne vien žodžiais, o visa kūno kalba skatinčiau jį kalbėti ir pasakoti. Žmogiškoji mano asmenybės dalis gūžėsi ir kentėjo, norėdama pabėgti, pasislėpti. Nenorėjau tame pokalbyje nei dalyvauti, nei apie tai girdėti.

Bet raudonveidis turtuolis, kuris prabangiame viešbutyje jau beveik metai nuobodžiavo laukdamas, kol bus tinkamai paruošta jo pensinio poilsio vila-mauzoliejus Ispanijoje, įsikibo į mane kaip vanagas. Buvau jo vakarienei tinkamas kąsnelis, trūks plyš siekiantis suderinti du sunkiai suderinamus dalykus – užsidirbti pragyvenimui ir neprarasti savo žmogiško orumo. Gimus lietuviu tai bemaž neįmanoma.

Kodėl tas lietuviškumas kaip rakštis, nežinau, tačiau Londone pasitaikė nemažai atvejų, kai būčiau verčiau rinkusis būti gimus žyde. Tą kartą nuo lietuvybės atsižadėjimo išgelbėjo mano turtingesni tautiečiai, pakvietę taurės vyno – greitai atsisveikinau su atsitiktiniu pažįstamu ir nėriau į vieną iš gausybės viešbučio salių.

Tai buvo pirmoji iš anglo išgirsta žinia apie „tas lietuves". Vėliau tokio pobūdžio žinios vis dažnėjo ir, regis, prilipo prie visų lietuvių moterų. Bent jau aš šią jauseną kažkodėl išsinešiau iš mano pirmųjų kalėdinių pietų angliškoje aplinkoje.

KIEKVIENAM LIETUVIUI SAVAS „BABAJUS"

Mano pirmoji naujametė naktis Londone buvo ir mano pirmoji akistata su vienu iš nuolatinių emigrantinių pasakojimų personažų, kuriuos čia vadiname „babajais".

Man nepatiko jo teterviniška povyza. Jis rėžė sparną aplink mane su aiškiu įsitikinimu, kad jo žavesys neatremiamas. Tačiau nemačiau dėl ko jo bijoti, neradau dėl ko neapkęsti – tiesiog tai buvo ne mano tipo vyriškis. Be to, gerokai per jaunas. Kita vertus, ne vyrų kabinti atvažiavau – to gėrio mano gyvenime nebuvo su kaupu, bet dėl stygiaus niekada pernelyg nesinervinau, o tai, ką norėjau ir galėjau sužinoti apie vyriškąją giminę, maniausi jau žinanti. Parodyti vyrukui, kad jis manęs nedomina, yra visiškai normalu. Tik vėliau išsiaiškinau, kad iš klubo dingau pačiu laiku, nes atstūmimą iš Pakistano ir aplinkinių šalių atvykę vyriškiai laiko rasiniu įžeidimu.

Nesu tų kraštų kultūros ar gyvenimo būdo ekspertė, nė karto neteko lankytis jų namuose ar sėdėti už vieno stalo. Vėliau turėjau nemažai progų įsitikinti, kad lietuvių ir imigrantų iš Azijos santykiai nėra paprasti. Ne vien mes nelinkę su jais bičiuliautis, jie į Rytų europiečius irgi žvelgia kreivai. Mes juos užuodžiame, jie mus irgi. Ir užuodžiame vieni kitus iš toli.

Kartą vėlai vakare grįždama iš kažkokio lietuviško renginio užsukau į krautuvėlę netoli Stratfordo, kur tuo metu gyvenau. Tipiška iki vėlumos, kai didieji prekybos centrai jau uždaryti, dirbanti parduotuvė, kurios lentynos prigrūstos visko, ko gali staiga prireikti aplinkinėse gatvėse įsikūrusiems įvairių tautų ir rasių gyventojams.

Tarp dešimtos ir vienuoliktos vakaro tokiose parduotuvikėse pirkėjų būdavo vos vienas kitas, bet prekystalį vakare, nežinia kokio dėsnio paakinti, ramstydavo bent penketas tamsaus gymio vyrukų. Kitu metu jų matyti netekdavo. Neturėdami ką veikti, jie nuo galvos iki kojų nužiūrinėdavo kiekvieną, užėjusį vidun.

Tą vakarą buvau vienintelė pirkėja, tad visos penkios poros akių skenavo mane it neseniai atvežtą naujo pavyzdžio prekę. Šio to pasirankiojusi pasukau prie prekystalio. Girdžiu, vyrukai spėlioja, iš kokios šalies galėčiau būti. Kalbėjo angliškai tuo tipišku saldžiai minkštu akcentu, lyg burnoje kažką nuolat čiulpsėtų. Jie nesuko galvos, ar aš suprantu, ką jie kalba, ir nesikreipė į mane, nors juk galėjo pasiklausti, kas jiems įdomu.

– Manyčiau, vokietė ar danė, – svarstė vienas.

– Ar gal prancūzė, – pridūrė kitas.

– Kur jau... Prancūzė! Rytų europietė, – tiksliai diagnozavo dar vienas vyrukas. – Visur čia jų priviso.

Kažkuris paminėjo, kad jo tėvo užkandinėje dirba viena „iš kažkur ten“.

– Jeigu jums įdomu, aš iš Lietuvos, – neištvėrusi paaiškinau.

Jokios reakcijos – lyg negirdėjo, kad aš prabilau, lyg nepastebėjo, kad į juos kreipiuosi.

Žodžio „babajus" reikšmė nėra tiksliai apibrėžta, bet vos į Londoną atvykę lietuviai iš karto išmoksta juos atpažinti. Tai nėra sunku, nes bemaž kiekvienas čia gyvenantis lietuvis turi savo babajų, tai yra artimiausios iki vėlios nakties dirbančios krautuvėlės savininką. Ten paprastai darbuojasi visa šeima, tačiau prekystalį tradiciškai valdo vyriškosios giminės atstovai.

Babajaus svarbos lietuvio gyvenimui Londone perdėti neįmanoma – čia gali nulėkti pritrūkęs alaus ar kito gėrimo, nesvarbu, kad vėlus vakaras ar savaitgalis. Kartą, persikrausčius į naują vietą, namo šeimininkė nepasivargino manęs informuoti, kur yra paštas, bet išsyk papasakojo, kur rasti „mūsų babajų".

Nuo kada babajai, iš kur ir kodėl babajai, niekas nežino. Vieni sako, kad taip pradėta vadinti imigrantus iš panašaus pavadinimo provincijos Afganistane, vėliau pavadinimas išplito apimdamas ir kitus atvykėlius iš tų kraštų. Kitų manymu, žodis „babajus" yra susijęs su žodžiu „baba", o tai reiškia – šventas žmogus. Kai kas turbūt dar prisimena Lietuvoje vienu metu itin madingą Sai Babos mokymą: nemažai poniučių keliavo į Indiją, kad parsivežtų iš ten šventų pelenų ir dvasinį nušvitimą, už tai kelionių organizatoriams klodamos nemažus pinigus. Čia tų „babų" pilna, ir jie pardavinėja ne kažkokius iš oro materializuotus pelenus, bet tai, ko tikrai reikia lietuviui – degtinę ir kiaulieną, nors patys tų dalykų dažniausiai nevartoja, o kai kuriems religija draudžia net prie jų prisiliesti. Bet tokia visų religijų dalia – jas gerokai apardo ir sunaikina ne ateistai, šitą darbą daug geriau atlieka komercija.

Įdomu dar ir tai, kad žodis „babajus" yra išimtinai paplitęs tarp Rytų europiečių, ypač tarp lietuvių bei rusų. Ar kurios kitos tautos, kurių Londone priskaičiuojama per porą šimtų, šį žodį vartoja atkilėliams iš Pakistano ir Indijos apibūdinti, nežinau. Tačiau anglai, kuriuos vadinti vietiniais liežuvis jau nesiverčia, nes jų Londone likę nedaug, nežino, kas yra babajus. Ne kartą yra pasitaikę, kad, pokalbyje išsprūdus minėtam žodžiui, jie nesuprasdavo, ką turiu galvoje. O pabandžiusi paaiškinti likdavau dar labiau nesuprasta. Bendraujant su lietuviais, be žodžio „babajus" beveik nepavyksta apsieiti, o pokalbyje su anglais be jo išsiverčiu puikiausiai.

Kur čia šuo pakastas, nujaučiu, nors nelengva paaiškinti. Nemanau, kad tai susiję su politinio korektiškumo fobijomis ar baime būti apšauktam rasistu. Greičiausiai tai lemia kitokia mąstysena, mat britai nesutapatina veiklos su tą veiklą vykdančiu asmeniu. Parduotuvės, kurios mums yra „babajų", britams yra tiesiog „corner shop" arba „grocery". Nors prieš pusšimtį metų jos priklausė anglams, o dabar – imigrantams iš Tolimųjų Rytų, jos tebevadinamos taip pat.

Panašiai ir su lietuvių ar lenkų parduotuvėmis. Anglai jas vadina specializuotomis, kur parduodama kažkas, apie ką jie mažai nutuokia, bet supranta, kad esama žmonių, kuriems tai naudinga ir reikalinga.

Jie įvardija funkciją, o ne tą funkciją atliekančius žmones. Tiesą sakant, funkcijas atliekančių žmonių jie net nepastebi. Svarbu, kad verslas vyksta, pinigai daro pinigus, kad kažkas aptarnauja ir patarnauja, plauna, valo ir slaugo, o gyventi ten, kur tavo verslas, šiais laikais nebūtina – galima rinktis šiltesnes ir ramesnes šalis, kad ir Ispaniją. Gal tas nesugebėjimas už atliekamos funkcijos pastebėti žmogų ir sudarė sąlygas nepamatyti cunamio dydžio imigrantų bangos, kuri pakilo tiek, kad lengvai jos nenuslūgdinsi. Bet šitais reikalais tegu domisi politikai, jeigu dar pajėgūs ką nors padaryti.

Mes kiekvienas turime savo patirtį, ir ta patirtis sako, kad Rytų Londone nusėdę lietuviai neišvengiamai tampa priklausomi nuo babajų, kurie čia įsikūrė gerokai anksčiau, turgeliais užvaldydami aikštes ir gatves, šeimų dinastijomis apgyvendami socialinius būstus bei privačius namus. Priklausomybė daug ką erzina, ypač priklausomybė nuo tų, kurių kultūros nesupranti, o gyvenimo būdo negerbi.

Daugelis rytinėje Londono pusėje apsigyvenusių lietuvių būstą nuomoja iš babajų, nes beveik visos Rytų Londone įsikūrusios nuomos agentūros priklauso imigrantams iš Azijos. Pastaruoju metu atsiradusios kelios lietuviškos agentūros rimtos konkurencijos jiems nesudaro, nes ir didžioji dauguma būstų, ypač tų, kurių kainos įkandamos, priklauso pakistaniečiams ar indams. Tie vieno kambario būsteliai, dažnai net oficialiai neįforminti kaip gyvenamosios patalpos, būna įsikūrę virš kebabinių, parduotuvių bei teisines paslaugas teikiančių kontorų.

Tokį butuką virš kebabinės buvau ir aš išsinuomojusi. Atskiro adreso tas kambarėlis neturėjo, visa mano korespondencija, kaip pranešė patalpų šeimininkas, bus pristatyta į jo kebabinę.

Tose patalpose spaudėsi dar trys gyventojai. Maniškis būstas turėjo atskirą virtuvę – tikra prabanga – ir vadinosi „studija", kiti trys buvo *bedsitų* tipo kambariukai, įrengti taip kompaktiškai, kad pravėręs duris iš karto pataikai į lovą, o norėdamas atidaryti spintą, kėdę, jei tokia išvis egzistuoja, turi perkelti į kitą vietą. Didžiąją kambario dalį užima lova, todėl tokią patalpą ir vadina *bedsitu*, lietuviškai „lovasėde". Nuostabu, kaip žmonės, dažnusyk poromis, įsigudrina čia gyventi, juolab kad į tą patį kambarį dar telpa ir virtuvės reikmenys – elektrinė plytelė, spintelė indams, kriauklė ir netgi nedidukas šaldytuvas. O kad būtų dar patogiau, virtuvinė dalis įtaisyta taip arti lovos, jog gali pasigaminti valgį iš jos neišlipdamas. „Lovasėdinės" patalpos nuo „studijos" skiriasi ne tik dydžiu – pastaroji turi tegu ir spintos didumo, bet atskirą dušą ir tualetą, o *bedsitų* gyventojai keliese dalijasi kur nors koridoriaus gale ar laiptinės alkūnėje įgrūstu tualeto reikmėms skirtu kambarėliu.

„Studijos" ir *bedsitai* ypatingo poreikio dalyku tapo pastaruoju dešimtmečiu, į Londoną iš visų kraštų plūstelėjus imigrantams. Spėju, kad tada ir buvo sukrusta kiekvieną palėpę, priestatą, pašiūrę bei sandėliuką paversti gyvenamąja patalpa. Tos patalpos atskiro adreso paprastai neturi ir nėra registruotos kaip gyvenamasis būstas. Išsinuomojęs tokią vietą, joje egzistuoji nebent šaldytuvo, dulkių siurblio ar kokio kito sandėliuojamo daikto teisėmis.

Patalpų virš kebabinės šeimininkas pakistanietis važinėjo dideliu visureigiu, vienu iš tų stambiaračių gremėzdų, kuriuos vidurinės klasės anglai pašaipiai vadina „Čelsio traktoriais". Su tuo „traktoriumi" jis ir atvyko pasiimti manęs į agentūrą.

Maždaug penkiasdešimtmetis, gerokai suapvalėjęs – taip įmitusių žmonių amžius būna paskendęs riebaluose, tad tarp trisdešimties ir šešiasdešimties jų išvaizda bemaž nesikeičia. Kai vėliau sutikau panašaus augumo ir įmitimo jo sūnų, iš pradžių nelabai ir atskyriau, kuris yra kuris.

Kad įsiropščiau vidun, gan siaurą sijoną turėjau gerokai pasikelti aukštyn – šį veiksmą mano šeimininkas stebėjo su neslepiamu pasimėgavimu. Jau mašinoje paklausė, iš kur esu. Bandžiau išsisukti aiškindama, kad iki šiolei gyvenau netoli Liverpulio stoties. Ten nuomotis brangu, ypač kainos pašoko tada, kai Londono Sitis tapo finansininkų Meka. Jie mokėjo daug ir norėjo, kad viskas būtų po ranka – ir prieinamos merginos, ir vaizdas į Temzę. Prieinama mergina nebuvau, ir nesigirsiu, kad dėl moralės ar įsitikinimų, – apie tokias senienas čia geriau net neprabilti, nes lengvai gali būti palaikytas religiniu fanatiku, – tiesiog nebe tie metai. Bankininko algos irgi niekada negavau – ne tas mentalitetas. Tačiau Sičio ribose įsikūrusiuose apartamentuose, na, ne su vaizdu į Temzę, bet į dirbtinį vandens telkinį, teko pagyventi.

Žinia, kad gyvenau Sityje, šeimininko galvoje spustelėjo kažkokį mygtuką, jo smegenys suskubo veikti it elektroninė skaičiuoklė. Koks buvo tų kalkuliacijų rezultatas, jis nepranešė, tačiau jo akys iškart susiaurėjo – supratau, kad mano vertė nustatyta. Mat iš Sičio į Leitoną kraustytis gali nebent tas, kurio verslas sužlugo, arba išlaikoma ir globėjo palankumą praradusi meilužė. Turbūt buvau panaši į pastarąją.

Galiausiai jis iškvotė, kad esu iš Lietuvos.

– O, – apsidžiaugė, – lietuvės „fainos".

– Iš kur žinote? Ar teko sutikti?

– Kaip tik prieš tave čia gyveno lietuvė, bet prarado darbą, tai gavo išsikraustyti... Labai tvarkinga moteris, jokių problemų neturėjau.

– Kur ji galėjo išsikraustyti neturėdama darbo?

– Nežinau, gal pas draugus, pas pažįstamus? Gal į Lietuvą grįžo?

– Bet jei ji dirbo, turbūt būtų gavusi pašalpą ir gal pavėluotai, bet būtų sumokėjusi nuomą?

– Ne ne, pašalpinių nelaikome, – vyras nukirto pašnekesį, bet lietuvaičių temos nepamiršo ir išpylė istoriją apie vieną pažįstamą, kurio parduotuvėje dirbo mano tautietė.

Kol jis pasakojo, kaip parduotuvės savininkas ir mėlynakė geltonplaukė mėgavosi gyvenimu, aš tylėjau ir skaičiavau kiekvieną gatvės posūkį, kaip išganymo laukdama įvažiavimo į Leitoną. Iš vis dažniau mano pusėn mėtomų žvilgsnių, atsispindinčių automobilio lango stikle, nesunkiai supratau, su kuo jam asocijuojasi žodis „lietuvė". Stengiausi nereaguoti, pajutusi, kad pats laikas apsimesti nemokančia angliškai.

Diena buvo šilta. Vyras vilkėjo medvilninėmis, pižamą primenančiomis pilkšvomis juostelėmis dryžuotomis kelnėmis ir dryžuota dukslia palaidine. Tai nacionalinė Azijos vyrų apranga, jeigu lankyčiausi Pakistane ar Indijoje, priimčiau ją kaip nepažįstamos kultūros egzotiką. Perkelti į Londono gatves tie drabužiai man asocijuojasi ne su tolimais kraštais, o su intymia miegamojo aplinka ir bado akis. Vėliau, kiek teko su juo turėti reikalų, tąja pižamine apranga jis nebevilkėjo – gal atsitiktinai taip pasitaikė, o galgi nusprendė derintis prie manųjų europietiškų, jam turbūt irgi gana keistai atrodančių, kultūrinių įpročių.

Už nuomą jam mokėjau grynais pinigais arba čekiais, o jis išrašydavo kažkokius neaiškius kvitus, ir tai ne visuomet.

Kol ten gyvenau, turėjau progos stebėti vyriškų kompanijų naktinius pasisėdėjimus kebabinėse. Kad kebabinė veikia visu pajėgumu, galėdavau suprasti net nežvilgtelėjusi pro langą – apie tai pranešdavo pro pat mano langą pravesto ventiliatoriaus vamzdžio ūžesys bei nosį riečiantys perdegusio aliejaus kvapai. Nors atvykusi į Londoną bent kartą per savaitę mielai pasivaišindavau kebabais, pagyvenusi šalia Rytų Londono kebabinių apetitą jiems praradau, ko gero, visam gyvenimui.

Panašiai nutiko ir su poreikiu išgirtajai kultūrų įvairovei. Kol dar gyvenau Lietuvoje, man tai atrodė kaip trokštama egzotika ir aukščiausia tolerancijos apraiška. Dabar išgirdusi ką nors teigiant, kad Londono trauką lemia daug įvairiausių tautybių, kad čia gali rasti visą pasaulį, bemaž iš karto spėju, jog taip kalbantis asmuo su tąja įvairove susiduria tik Trafalgaro aikštėje vykstančių nacionalinių festivalių metu arba retkarčiais išsiruošęs į Brikleiną, kur indų, pakistaniečių ar Bangladešo virtuvės jau pritaikė savo valgiaraštį europiečių skoniui.

Tie, kam teko gyventi Stratforde ar kelių mylių spinduliu aplinkui – Leitone, Isthame, Plastove ar Ilforde, puikiai įsivaizduoja tuos spalvingus rajonus ir kario kvapų persmelktą kultūrų įvairovę, kurią reprezentuoja į didelį medžiagos gabalą nuo galvos iki kojų susivyniojusios moterys bei palei kioskelius ar kebabinių prieigose per dienas besitrinantys vyrai. Centrinės šių rajonų gatvės primena Vilniaus Kalvarijų turgų. Čia gali nusipirkti net „Louis Vuitton" rankinių ar „Rolex" laikrodžių – visa tai išdriekta ant prekystalių, ir jokiems pareigūnams neįdomu, iš kur toji prabanga atkeliavo ar kokia tų daiktų kokybė. Tuose turgeliuose klesti tikra laisvoji rinka, čia netaikomi jokie kontrolės mechanizmai ar suvaržymai, viską reguliuoja pasiūlos ir paklausos dėsniai. Yra kas perka, bus kas parduoda. Yra prekė, bus ir pirkėjas. Ir bus perkama ne todėl, kad vieno ar kito daikto verktinai reikia – tiesiog pigu, po ranka, gal pravers.

Pamenu vieną bendragyventinę – taip vadinu žmones, kurie nuomojasi kambarį tame pačiame name ar bute. Ji buvo turgelių mėgėja ir kartą parsinešė kelnes, kurios jai buvo dviem dydžiais per mažos.

– Paklausiau, ar man tiks, sako – kaip tik. Pigu, tai ir nusipirkau. Pasimatuoti gi ten nėra kur.

Nesidomėjau, kur ji dėjo tas kelnes, greičiausiai parvežė į Lietuvą dovanų kuriai nors giminaitei. Kitą kartą tame pačiame turgelyje ji nusipirko batus. Tą kartą pirko ne aklai, pasimatavo ir įsitikino, kad dydis kaip tik. Betgi užteko pereiti per lietų, puspadis atsiknojo, o už taisymą būtų tekę pakloti daugiau, nei kainavo patys batai. Kiekvieną kartą po tokių nutikimų moteris keikdavo nesąžiningus pardavėjus ir savo kvailumą, bet turgelis ją veikė kaip kokie narkotikai – vis tikėjosi, kad vieną kartą tikrai pataikys nusipirkti pigiai ir gerai.

Turgeliai ir mane veikia narkotiškai. Ne dėl daiktų, mano silpnybė – vaisiai ir daržovės, o parduotuvėse jie nėra pigūs. Tad turgeliai ar tiesiog gatvėje išdriekti prekystaliai su spalvingomis gėrybių krūvomis, nuo paprasčiausių bulvių iki skaisčiai avietinės spalvos drakono vaisių, viskas už vieną svarą, yra ta vieta, kur galiu vaikštinėti, čiupinėti ir pirkti pirkti pirkti.

Ir prisipirkdavau. Pusę dažnai tekdavo išmesti, nes tie vaisiai ir daržovės, na, išskyrus nebent bulves ar morkas, jau būdavo gerokai palaikyti sandėliuose, per dieną ar dvi jų nesudorojus, dalis pavirsdavo puvėsiais. Nors duodavau sau žodį, kad kitą kartą nebūsiu tokia godi, pamačiusi rytietišką garsių šūksnių ir pertekliaus kupiną turgų, susilaikyti nepajėgdavau.

Priklausomybė nuo turgelių – lengva priklausomybės forma. Užtenka išsikraustyti į kitą rajoną, ir sirgti nesunkiai nustoji. Yra sudėtingesnių atvejų.

* * *

Lina į Londoną atvyko iš Skaudvilės, mažo miestelio Žemaitijos pietuose, paraginta kitos skaudviliškės, jau keletą metų gyvenančios Londone. Jos susipažino kavinėje, kur Lina buvo laikinai įsidarbinusi. Kavinukė, kaip ir daugelis mažų miestelių užeigų, dienų dienas būdavo tuščia, bet vieną popietę čia įgriuvo smagi kompanija, o gėrimus ir užkandžius užsakinėjo kitaip negu vietiniai atrodanti, savo vertę žinanti ir ją demonstruojanti maždaug trisdešimtmetė moteris. Lina nugirdo, kad toji moteris gyvena Londone, jodvi susipažino, ir tą patį vakarą už du šimtus litų Lina nusipirko kontaktinį telefono numerį – numerį žmogaus, su kuriuo atvažiavusi ji turės susisiekti ir kuris jai padės viską susitvarkyti.

Kelionei į Londoną ir gyvenimo pradžiai Lina pasiskolino pinigų, o kontaktiniu numeriu paskambino išsyk, kai autobusiukas įvažiavo į Angliją. Ji elgėsi taip, kaip jai buvo patarusi Skaudvilėje sutikta moteris. Atsiliepęs vyriškis pasakė, kad apie ją jau pranešta – Linai nuo tos žinios širdis ėmė spurdėti džiaugsmu – ir kad jis jau suradęs jai ir darbą, ir gyvenamąją vietą. Tai kainavo šimtą svarų, bet Lina buvo perspėta ir pinigus turėjo pasiruošusi. Viskas vyko sklandžiai, dar tą patį vakarą mergina buvo supažindinta su darbdaviu ir apgyvendinta jo namuose. Šimtas svarų per savaitę už pagalbinį darbą kebabinėje, maistas už dyką, už kambario nuomą mokėti nereikėjo. Lina buvo patenkinta. Šeimininkas jai ne tik mokėjo pinigus, bet ir pirkdavo brangias dovanas. Simpatiška šviesiaplaukė manė, kad ji patraukė šeimininko akį, jai tai patiko. Auksiniai papuošalai, kas antras žodis – širdį glostantis „darling" (brangioji), nuolat ją sekiojantis juodų akių žvilgsnis. To Lina Lietuvoje nė karto nebuvo patyrusi. Ir kai vieną vakarą užrakinęs kebabinės duris savininkas ėmė ją bučiuoti, mergina jo neatstūmė, o nusivedė į kambarį viršuje.

Lina nepastebėjo jokių požymių, kad ją įdarbinęs vyras turėtų šeimą. Tiesa, darbą baigęs jis važiuodavo į namus, kurie buvo kažkur kitur – jų mergina niekada nematė. Iš tų namų niekada niekas neateidavo ir į kebabinę, nei žmona, nei mama ar kokia kita moteris, tuo labiau vaikai. Vestuvinio žiedo ant piršto irgi nesimatė, tad Lina pradėjo vis drąsiau svajoti apie kebabinės šeimininko žmonos ateitį. Po kiek laiko vyras jai pasiūlė tekėti. Lina net sakinio pabaigos nesulaukusi atsakė „taip". Bet kebabinės šeimininkas ne pats piršosi, jis norėjo Liną išleisti už savo vyresnio brolio. Mat pusei metų išduota turistinė viza ėjo į pabaigą, tad vedybos su Europos Sąjungos piliete jam buvo vienintelė galimybė pasilikti Anglijoje. Lina negalėjo patikėti savo ausimis. Juk buvo šventai įsitikinusi, kad šeimininkas ją įsimylėjo – meilūs žodeliai, dovanos, o dabar nori ištekinti už brolio. Bet nedrįso paklausti, o kaipgi judviejų santykiai. Ir pati nebuvo jo įsimylėjusi, tik norėjo įsikibti į gyvenimą Londone, turėti namus, vyrą, vaikų. Kaip ir priklauso kiekvienai moteriai – tuo ji buvo šventai įsitikinusi.

Norėdama laimėti laiko Lina pasakė, kad sutiktų padėti jo broliui, tačiau norėtų daugiau sužinoti apie pačią fiktyvią santuoką – ką jai reikės daryti, ar jos nesuims policija, ar reikės gyventi su peršamu vyru?

– O kaip aš mamai, giminėms paaiškinsiu? Jie to nesupras...

Šeimininkas atsakė, kad Lina gali nesirūpinti, jai niekas negresia, niekas nesužinos, kad ji susituokė, jeigu pati neišplepės.

– Po metų, kai brolis gaus leidimą čia gyventi, suorganizuosime skyrybas, – patikino vyras.

Lina pasakė, kad ji ne prieš, bet turinti pagalvoti. Mergina nusprendė pasitarti su ją kebabinėje įdarbinusiu Kęstu. Tas pasakė, kad čia viskas normalu, visos taip daro. Tik liepė nebūti kvailai ir paprašyti už tai bent poros tūkstančių svarų. Daugiau pažįstamų Londone tuo metu neturėjusi mergina nusprendė pasinaudoti Kęsto patarimu – du tūkstančiai svarų visada praverčia, o jei kažkur Londone gulės popieriukas, kad ji su kažkuo susituokusi, niekas nepatikrins. Kitą dieną kebabinės savininkui Lina pasakė sutinkanti tekėti, bet pridūrė, kad už tai jai turi būti sumokėta.

– Stogą turi? Turi. Darbą turi? Turi. Maisto pilna? Pilna. Nieko tau negailėjau, o kai man padėti reikia – pinigų prašai, – supyko savininkas ir išvadinęs ją šiukšle imigrante pagrasino, kad jeigu Lina nesutiks tekėti už jo brolio, gali tuoj pat keliauti į gatvę.

Mergina išsigando supratusi, kaip smarkiai yra nuo jo priklausoma. Nors ir turėjo susitaupiusi tris šimtus svarų, net kambario už tiek negalėtų išsinuomoti, be to, kas ją priims tiesiai iš gatvės ir be darbo. Darbą susirasti irgi būtų buvę keblu. Socialinio draudimo reikalų darbdavys taip ir nesutvarkė, nors buvo žadėjęs. Sakė nusivešiąs ją į banką, kad atidarytų sąskaitą, bet irgi atidėliojo. Buvo akivaizdu, kad ji, kaip ir prieš tris mėnesius, kai atvažiavo į Londoną, neturi nieko, už ko galėtų užsikabinti, išskyrus pažįstamą Kęstą. Kai Lina jam paskambino klausdama, ką jai dabar daryti, jis pasakė, kad tokie dalykai per vieną naktį nesisprendžia, ir pašmaikštavo:

– Na, tai tekėk, ar toks jau baisus tas babajus. Dar ims ir patiks. Galėsi sau sėdėti ir kebabus visą gyvenimą čiaumoti.

Lina į jokius sandorius su šeimininko šeimyna veltis nenorėjo, bet pamelavo tekėsianti, tikėdamasi laimėti bent keletą savaičių.

Vienintelė vieta, kur ji tikėjosi rasti pagalbą ar bent gauti patarimą, buvo lietuviškų maisto prekių parduotuvė. Ten ji susipažino su mano buvusia bendraklase, įsikalbėjusios jos atrado net bendrų giminaičių, toji moteris apgyvendino Liną viename kambaryje su savo dukra, padėjo rasti darbą ir susitvarkyti dokumentus. Iš babajaus namų mergina pabėgo naktį, per langą išsiropštusi ant ventiliacijos vamzdžio, nuo jo stryktelėjusi ant mašinų plovykla paversto priestato stogo ir galiausiai – ant šiukšlių konteinerio. Su savimi ji pasiėmė tik būtiniausius daiktus, tarp jų ir babajaus dovanotas auksines grandinėles bei apyrankes.

Lina prisipažino, kad ją iki šiol pykina vos užuodus kebabus. Kalba apie kebabus išėjo todėl, kad pakviesta pietų pas buvusią bendraklasę aš pasiguodžiau savo itin jautria uosle, dėl kurios man neišeina atvira širdimi priimti šventos ir neliečiamos kultūrų įvairovės. Tada susipažinau su Lina ir išgirdau, kodėl ji nemėgsta kebabų.

– Mačiau, kaip juos gamina, iki šiol negaliu suprasti, kaip higienos tarnybos tų kebabinių neuždaro...

Ji buvo bepradedanti leistis į kebabų gamybos smulkmenas, bet mes kaip tik valgėme lietuviškai gamintus kotletus, tad susižvalgėme ir paprašėme, kad įspūdžius pasilaikytų sau. Bent kol baigsime pietauti.

Praėjus maždaug metams nuo tų įvykių, Lina apie juos pasakojo su šypsena, bet prisipažino, kad pamačius gatvėje į kebabinės savininką panašų žmogų ją nukrečia šiurpas. Kad išvengtų kebabinės, eidama į metro stotį ji kiekvieną kartą daro didžiulį lankstą. Šiek tiek susitaupiusi planavo keisti gyvenamąjį rajoną.

Ji įsitikinusi, kad lietuvių požiūris į babajais vadinamus imigrantus iš Azijos nėra iš piršto laužtas.

– Jie viską aplink save apšnerkščia, net stogus apkrauna šiukšlėmis. Pro mano kambarėlio langą matėsi plokščiastogis sandėliukas. Ant jo buvo sukrautas gal kelių dešimtmečių šlamštas – supuvę mašinų kėbulai, padangos, vielos ritiniai, kažkokios skardos. Nesupratau, kaip viskas ant to stogo laikėsi, nes kai pūstelėdavo stipresnis vėjas, kildavo garsai kaip pragaro kalvėje, toks džeržgėjimas nuo tų gelžgalių.

Vis dėlto pati Lina, smarkiai aiškinusi, kaip mes skiriamės nuo tų apsileidusių, nesąžiningų, apsimelavusių babajų, iš ją priglaudusios moters namų dingo nesumokėjusi nuomos ir nugvelbusi jos kvepalus.

Daugiau nieko apie ją negirdėjau, tik bendraklasė kartą karčiai pajuokavo, kad Lina turbūt grįžo atgal pas savo babajų, nes vienintelis ją dominęs dalykas buvo pasiturintys vyrai. O Londono rytuose pasiturinčiais galima laikyti nebent turgelių prekeivius ir kebabinių ar kitokių parduotuvikių bei užeigų savininkus.

Istorijų, kai imigrantams iš Lietuvos tenka sprukti nuo imigrantų iš Azijos, ne taip jau reta. Dažniausiai tai nutinka moterims, pasidavusioms gražaus egzotiško gyvenimo apžavams. Viena po skyrybų grįžo į Lietuvą, kad buvęs vyras nepagrobtų ir į Pakistaną neišvežtų sūnaus. Kita jau antrus metus varsto teismų duris, kad galėtų susigrąžinti dukrą iš buvusio vyro, ir nesupranta, kodėl jis nesutinka atiduoti mergaitės, nes su kitomis žmonomis turi dar kelis vaikus, o jai ši dukra vienintelė. Skaudu dėl mamų, Lietuvoje pripratusių, kad po skyrybų vaikai lieka joms, o čia priverstų dėl jų kovoti. Bet tai tik nedidelės, kai kada graudžios, kai kada juokingos pamokos, kurias uždarai augintai ir staiga į pasaulio vandenyną išmestai tautai privalu išmokti. Skaudžiau, kai naivūs susidūrimai perauga į tragedijas.

Tokią tragišką istoriją teko išgirsti iš tėvų, kurių aštuoniolikmetis sūnus už pakistaniečio nužudymą pateko į kalėjimą, o šeima išsigandusi persekiojimų gavo pakeisti gyvenamąją vietą. Šią paprastą, taikią ir ramią keturiasdešimtmečių porą sutikau Ipsviče tą dieną, kai jų sūnui buvo skelbiamas nuosprendis. Kalbėjomės automobilių stovėjimo aikštelėje, nes į posėdžių salę eiti jie bijojo. Pradėjus nagrinėti bylą, tėvai eidavo pasiklausyti. Tačiau kai vieno posėdžio metu gausiai susirinkę pakistaniečiai ėmė rodyti susidorojimo ženklus, advokatas palydėjo juos iki automobilio ir patarė dėl jų pačių saugumo į teismą daugiau nevaikščioti.

– Praleidome jau daug teismo posėdžių, su sūnumi susitinkame tik pasimatymuose. Juk reikės čia gyventi toliau, o jau sulaukėme grasinimų, kad visus mus išpjaus. Ir kiti lietuviai, vieni per kitus išgirdę, kad mūsų ieško pakistaniečiai, mus perspėjo greičiau palikti Piteborą.

Nors vietos policija surengė susitikimą mečetėje su religinės bendruomenės vadovybe ir bandė susitarti, kad teisiamojo šeima būtų palikta ramybėje, grasinimai susidoroti nesiliovė. Teisiamojo artimieji buvo iškeldinti ir apgyvendinti viešbutyje. Jų paprašyta niekur nesirodyti, dukra visą mėnesį negalėjo eiti į mokyklą, nes ten pat mokėsi ir nužudytojo giminaičiai, kurie greitai išsiaiškino, kad ji žudiko sesuo. Galiausiai šeima susirado naują būstą kitame mieste ir net kitoje grafystėje. Bet vis viena jų neapleido baimė, kad bus atpažinti ir susekti.

Kol klausiausi jų pasakojimo, man atrodė – žmonės perdeda. Juk čia Anglija, ne kokia gentinė šalis, kur teisę atstoja kraujo kerštas. Tačiau pamačius būrį pakistaniečių, kurie tiesiog šukavo automobilių stovėjimo aikštelę akylai pasižvalgydami į kiekvienos mašinos vidų, man irgi pasidarė nejauku. Išsigandau, kad esu baltaodė ir blondinė, lengvai atpažįstamas Rytų Europos tipažas. Vienas stabtelėjo prie mūsų mašinos, paskui pasivijo draugus ir kažką pasakė. Tie irgi atsigręžė mūsų pusėn, sustojo, pasiskeryčiojo, kažkam paskambino ir tik tada nužingsniavo teismo pastato link. Aš irgi susiruošiau eiti į posėdį, šeima pasiliko laukti manęs mašinoje.

Įžengiau vidun vos minutę prieš ateinant teisėjui ir nustebau klausytojams skirtą balkoną radusi tuščią. Po kiek laiko gerokai vėluodami į ją triukšmingai sugužėjo gera dešimtis tamsaus gymio vyrų. Dauguma jų vilkėjo ta apranga, kuri verčia mane pasijusti lyg atsidūrus svetimame miegamajame. Jie šurmuliavo trukdydami klausytis ir šiaip ne itin garsiai skambančios teisėjo kalbos, o paskelbus nuosprendį balsiai pasipiktino, kad nuteistasis kalės tik devynerius metus, ir nelaukdami posėdžio pabaigos išsigrūdo į koridorių. Neskubėdama išklausiau visų formalumų ir tikėjausi, kad man išėjus nužudytojo giminaičiai bei draugai jau bus išsiskirstę. Neturėjau jokio ūpo su jais susidurti. Betgi ne, jie būriavosi koridoriuje, į mane susmigo pabrėžtinai nedraugiški žvilgsniai. Jie sukišę galvas šnibždėjosi, kažkur nueidavo ir grįždavo, skambinėjo mobiliaisiais lyg intensyviai planuotų kažin kokią operaciją. Iš paskirų frazių supratau, kad paskirtoji bausmė, jų nuomone, per menka, jie tarėsi paduoti skundą.

O istorija nutiko tokia. Vieną 2008 metų sausio savaitgalį trisdešimt trejų metų Piteboro gyventojas pakistanietis buvo rastas gatvėje sumuštas ir be sąmonės. Ligoninėje atgaivinti jo nepavyko, po savaitės jis mirė. Žmogžudyste buvo apkaltintas tuo metu aštuoniolikos dar neturėjęs lietuvis, kuris prisipažino mušęs ir spardęs penkių vaikų tėvą, tačiau neigė norėjęs jį nužudyti. Teisiamojo advokatas ragino atkreipti dėmesį į tai, kad nusikaltimas nebuvo suplanuotas iš anksto ir lietuvis tą naktį nevaikščiojo gatvėmis ieškodamas bėdos, nesirengė su niekuo muštis, bėda pati atėjo prie jo durų.

Tą naktį lietuvis su drauge grįžo iš svečių ir jau ruošėsi miegoti, kai pasigirdo beldimas į duris. Duris atidarė vaikino draugė ir išsigandusi ėmė šaukti, mat prie durų stovėjo tas pats vyras, kuris prieš Kalėdas kėsinosi ją išprievartauti. Ji tada buvo septintą mėnesį nėščia ir dėl išgąsčio kitą dieną prarado kūdikį. Pamatęs prie durų žmogų, dėl kurio pora neteko kūdikio, vaikinas įtūžo, nustūmė jį nuo laiptų, o parkritusį ant žemės pradėjo spardyti. Paskui išvilko į gatvę ir paliko.

Kodėl jie nesikreipė į policiją dėl pasikėsinimo išprievartauti? Bijojo. Mat priekabiautojas buvo buto šeimininko giminaitis, parašę pareiškimą policijai jie būtų buvę išmesti iš buto.

Nuteistojo tėvai buvo įsitikinę, kad pakistaniečių čia bijo ne tik jie, jų bijo teismai, policija, valdžia, nes jų daug ir jie vieningi.

– O lietuviai ką? Kas mes tokie? Mes tik dirbame, ariame ir dar kalėjimuose turime atsėdėti, nes esame per menki ir per biedni, kad pasiektume teisybę, – po nuosprendžio pasiguodė nuteistojo tėvai.

Ne kartą girdėjau šmaikštaujant, kad lietuviai iš savo kaimų susigrūdo į Stratfordą, Barkingą, Vesthamą ir kitus „hamus", jau anksčiau apgyventus išeivių iš Bangladešo ir Pakistano lūšnynų, vien dėl to, kad tose prišnerkštose gatvėse ir užkandinėse, kur parduodami perdegusiame aliejuje skrudinti viščiukų sparneliai ir kulšelės, randa kažką atpažįstama ir sava. Kad jie, nesvarbu, jog nemėgsta „babajais" vadinamų kaimynų, visgi būtent babajų rajonuose jaučiasi geriau nei kitur.

Tačiau pašmaikštavimai savo ruožtu. Ta kultūrinė Pakistano, Afganistano, Bangladešo ar Indijos terpė, į kurios pačią tirštumą staiga paniro išeiviai iš grynakraujės Lietuvos, yra nelengvas išbandymas. Net man, nors turėjau progos po pasaulį pasiblaškyti ir iki Londono. Ogi didžioji mūsų dalis iki atvykdami į Londoną kitos spalvos žmogų regėjo nebent televizoriaus ekrane, tad sunkiai susidoroja su užduotimi dalytis su jais ta pačia erdve, važinėti tais pačiais autobusais bei kartu apsipirkinėti „asdose" ar „primarkuose".

Mano asmeninės patirties padiktuota išvada, nebūtinai teisinga ir nepagrįsta jokiais moksliniais argumentais, sociologiniais tyrimais ar mąstytojų išvedžiojimais, skambėtų taip: kad kultūrų įvairovę priimtum kaip vertybę, nuo jos gyventi reikia atokiai.

LIETUVIS LIETUVIUI LIETUVIS

Pamažėle kaupiasi ne tik emigrantiška patirtis, bet ir emigrantiškas folkloras. Jis formuojasi perfrazuojant ar kitaip sudėliojant jau žinomus posakius ar situacijas. Posakyje „jei žmogus žmogui žmogus, tai ir žmogus žmogui žmogus" žodį „žmogus" pakeiskime žodžiu „lietuvis" – štai jums gyvas emigrantiško folkloro pavyzdys. Arba kitas populiarus posakis – „aš ne lietuvis, tik taip atrodau". Čia žodį „lietuvis" pakeitus žodžiu „žmogus" ironišką efektą išgauti nesunku. O su karteliu mestelėtą repliką, kad lietuvis ir Londone lietuvis, nugirsti galima bemaž kiekviename Rytų Londono bėgiais kursuojančiame traukinyje.

Smagių posakių ar šmaikščių, iš lūpų į lūpas skrajojančių komentarų galėčiau prirankioti į valias. Tie „mūsų lietuvių" arba „jau tų lietuvių" būdai ir bruožai tarp emigrantų daug labiau nei kur kitur gliaudomi, svarstomi ir aptarinėjami. Kol nepriklausiau emigrantų gretoms, net neįsivaizdavau, kad tai viena iš pagrindinių pokalbių temų susėdus prie stalo, ir nemaniau, kad mūsų tautiečiai saviškių būtų taip smarkiai peikiami ir drauge taip smarkiai jais būtų pasikliaujama.

– Kas galėjo pagalvoti, kad lietuvis gali taip pasielgti. Būtų koks juodis ar babajus, pasvarstytum, ar verta pasitikėti. Bet kai saviškis, tokių minčių nekyla. Kai žmogui bėda, kas kitas padės, jei ne lietuviai, – kartą guodėsi moteris, kuri pagailėjo dviejų esą darbo ir pastogės netekusių lietuvaičių ir priglaudė juos savo namuose, o šie ją apvogė ir dingo.

Moteris sakė tik gerokai vėliau suvokusi, kad tie vyrukai greičiausiai buvo profesionalūs vagišiai, nes vakarais iš miesto grįždavo su išsipūtusiais krepšiais, o kartą jų miegamajame pro pravIras duris ji pastebėjo ant palangės išrikiuotus gal dešimt kvepalų buteliukų. Tada pamanė, kad vaikinai turbūt nori padaryti įspūdį panelėms, bet kai rado išvogtus namus, suprato, kam buvo patikėjusi savo pastogę.

– Mes išeidavome į darbą, mūsų miegamieji nerakinami, ėjo ir ėmė, ką norėjo. Dabar, kai išgirstu lietuviškai šnekant, pereinu į kitą gatvės pusę. Mano šeima, du trys draugai, kuriuos pažįstu iš Lietuvos, ir viskas, visų kitų matyti ir pažinoti nenoriu.

Čia dar nieko. Net tai, kad aš pati kartais pasijuntu mieliau norėjusi gimusi žyde – irgi smulkmena. Yra radikalesnių lietuvybės atsižadėjimo būdų.

Vienoje kompanijoje teko sutikti vaikiną, iš Lietuvos atvykusį vos prieš penketą metų, kuris lietuviškai nebekalbėjo. Ne dėl to, kad būtų pamiršęs. Iš principo. Nes lietuvių kalba jam nebereikalinga. Darbe jis vartoja tik anglų kalbą, o kalbėjimas lietuviškai jam trukdąs išmokti taisyklingos angliškos tarties. Įdomiausia, kad į cepelinų puotą susirinkome vien lietuviai ir bendravome gimtąja kalba. Tiesa, visi neblogai graibėmės angliškai ir be vargo supratome, ką nori pasakyti anglakalbiu tapti spėjęs tautietis. Beje, jis buvo tolerantiškas ir nereikalavo, kad į jį būtų kreipiamasi angliškai, neapsimetinėjo nesuprantąs, bet net po poros skardinių alaus, kai jau, atrodė, galėtų atsipalaiduoti ir pamiršti principus, lietuviškai neprabilo. Buvo visai įdomu pasiklausyti, kaip dviem skirtingomis kalbomis kalbėjomės be vertimo.

Visgi, anglakalbiui tautiečiui išėjus, atsipūtėme ir pasijutome laisviau. Kodėl? Kiekvieno atsakymas turbūt būtų kitoks. Mano galva, tas vaikinas kažkaip sugebėjo priversti mus pasijusti nepatogiai, kad gyvendami Londone vis dar rengiame cepelinų puotas, kepame blynus, bendraujame gimtąja kalba ir laikomės įsikibę vienas kito. Tarsi kokie karklai gimtojo kaimo palaukėje.

Teko matyti ne tik pavienių atsižadėjimo apraiškų. Pasitaikė susidurti ir su alergijos Lietuvai simptomais.

Kažkurį rudenį vienas iš slavų bei Rytų Europos kultūroms iki šiolei ištikimų Londono universitetų surengė paskaitą, kurios tema buvo kažkaip susijusi su Lietuva. Nužingsniavau pasiklausyti. Atėjo ir daugiau mano tautiečių, lifto laukėme jau nemažas tuntas. Prisigrūdome tirštai, nes veikė tik vienas liftas, o paskaita turėjo prasidėti jau greitai.

Žmonių sausakimšas liftas – ne pati maloniausia vieta. Kažkas pajuokavo, kad reikia įtraukti pilvus ir sulaikyti kvapą. Žinojome, kad į trečią aukštą pakilti ilgai netruks, kaip nors ištversime. Bet buvo, kas neištvėrė.

– Siaubas, kiek čia tų lietuvių, – pasigirdo lifto kampe.

Tame kampe stovėjo išlaki lietuvaitė. Jos puskepalio stambumo skruostus nutvieskė raudonis, krūtinė skubiai kilnojosi, o burna gaudė orą lyg ištikus astmos priepuoliui. Pasijutau nejaukiai, lyg būčiau kalta, kad štai mes tarsi urmu tiekiamos prekės grūdamės ten, kur ji teikėsi asmeniškai ateiti.

Kai liftas pasiekė mums reikalingą aukštą, išlipome, skubiai išsiskirstėme, pasklisdami universiteto koridoriais, ir lietuvybės koncentracija viename kvadratiniame centimetre atslūgo. Išlakiąją lietuvaitę po to mačiau dar poroje renginių, bet paskui ji dingo iš Londono lietuvių akiračio. Lietuvos padangėje irgi nebepasirodė – būtų buvusi pastebėta, nes kažkada po vieno realybės šou buvo tapusi žvaigždute, kurių gyvenimų vingiais, ypač jei smarkiai vinguojama, pasidomėti nepamirštama. Ši žvaigždutė pasimetė. Bet jos frazė – siaubas, kiek čia tų lietuvių – tapo mūsų emigrantiškos savimonės dalimi: mes, siaubas, lietuviai, mūsų čia siaubingai daug.

Tikra tiesa, kad į tautiečių veiksmus ir poelgius čia reaguojama daug jautriau nei tėvynėje. Lietuvoje gyvena klasės ar studijų draugai, kaimynai, mokytojai, parduotuvių darbuotojai, policininkai ar užeigų bei kavinių savininkai. Su jais susipažįstama ir susigyvenama palengva – apsikumščiuojant vaikų darželyje ar kieme, konkuruojant dėl klasės šaunuolio ar šaunuolės dėmesio ir nuolat kruopščiai matuojant savo bei aplinkinių turtus ar pasiekimus, tad iliuzijų, kad tie Jonai, Petrai ir Marytės kuo nors ypatingi, nepuoselėjome. Buvo aišku, kad visokių yra – visokių reikia. Nekėlėme uždavinio būti tautos atstovais, vieni į kitus žiūrėjome kaip į žmones su visomis žmogiškosiomis įvairybėmis, kvailybėmis ir keistybėmis.

Ko tikimės iš žmogaus? Visko. Pačių aukščiausių polėkių ir pačių giliausių nuosmukių.

Ko tikimės iš lietuvio?

Pasirodo, tai priklauso nuo to, kur tas lietuvis padėtas. Jei jis tėvynėje – reikalavimai kaip ir visai žmonijai, bet jei jis išdrįso pakrutinti kulnus ir emigruoti – kiekvienas jo nusičiaudėjimas stebimas lyg per padidinamąjį stiklą. Emigrantas lietuvis atrodo lyg kažkoks ypatingas porūšis, keistai evoliucionuojanti tautos atmaina, kurią privalu ištirti, suklasifikuoti ir aprašyti. Mus stebi iš Lietuvos, karštligiškai bandydami nustatyti, į kokią kirminiškumo stadiją toje Anglijoje nusiritome. Anglijoje gyvendami mes irgi liguistai stebime savo tautiečius – kas kokius treningus vilki, kokiomis iš babajų turgelių pirktomis gėrybėmis dabinasi, kaip ant kojų nebesilaikydami „viva Lituania" išrėkti pajėgia. Ištempiame ausis, kad tik nepraleistume nė žodelio, kai tautiečiai pasileidžia keiktis viešajame Londono transporte, vartodami tuos pačius Lietuvoje įprastus, o ir Anglijoje mielus rusiškus kalbos pagražinimus, ir sunkiai dūsaujame, kad lietuvį gal ir galima išrauti iš Kalabibiškių, bet Kalabibiškių iš lietuvio neišrausi.

Atvykę į Angliją bemaž kiekvienas prie žodžio „lietuvis" tampame prikalti kaip prie kryžiaus. Man pačiai apibūdinimą „lietuvis" ar „lietuvė" per penkerius emigracijos metus vartoti teko tiek kartų, kiek geriausiu atveju buvau pavartojusi per visus savo ankstesnius keturiasdešimt metų. Ir lygiai taip, kaip dauguma emigrantų, lietuviškumo pasireiškimams Anglijoje esu labai jautri.

Jautrumą lietuviškumo apraiškoms pirmą kartą užfiksavau pro atdarus automobilio langus išgirdusi visa nustelbiantį šniokštimą – tai buvo Žvagulio balsu traukiamas priedainis „Makaronų man nebekabink ir į dūšią man daugiau nešik", didžiuliu greičiu skriejantis Barkingo keliu Londono lietuvių sostinės Bektono link. Net nustėrau – štai, maniausi pasprukusi iš Lietuvos, o ji ėmė ir pasivijo. Pasivijo tuo itin nemaloniu ir nepriimtinu pavidalu, kuris, kaip spėjau įsitikinti per penkerius emigracijos metus, ir yra paslankiausias. Iki šiolei negaliu atsistebėti tuo neįveikiamu sindromu „lietuvis ir Londone lietuvis", nors, tiesą pasakius, neturėtų stebinti tai, kad į paprastus dalykus paprastai žiūrinti Lietuvos dalis su savo numylėtomis dainomis, savo pomėgiu išgėrus sėsti prie vairo ir lėkti dideliu greičiu vieni pirmųjų įsiveržė į kitų šalių orbitas.

Ir ne tik įsiveržė, jie apsižvalgė ir bemat įsikirto, ką ir kaip čia galima nuveikti.

Kol Lietuva dar nepriklausė Europos Sąjungai, naši veiklos sritis buvo į Angliją besiveržiančių tautiečių aprūpinimas fiktyviomis ar pusiau fiktyviomis studentų bei verslo vizomis. Lygia greta tie patys apsukruoliai įvaldė lietuviškų dokumentų padirbinėjimo amatą, laiku užuodę jų būsimą paklausą tarp nuo Lietuvos tolėliau į rytus esančių kaimynų. Dar kiti įvaldė kontrabandos meną ir daugybę kitokių įstatymo užribiuose ir ekonomikos šešėliuose tobulinamų bei puoselėjamų menų. Tačiau viena iš labiausiai paplitusių meno rūšių, kurių čia imasi BMW su tamsintais langais besipuikuojantys šaunuoliai – apsukti brolį lietuvį.

Apsukinėjimų įvairovė neapsakoma. Kai kurios apgaulės tokios neįtikėtinos, kad keliaudamos iš lūpų į lūpas ir iš užstalės į užstalę įgavo emigrantiškų legendų statusą. Viena tokių legendų teigia, kad anais laikais, kai Lietuva dar nepriklausė Europos Sąjungai, vienas apsukrus lietuvaitis įsigudrino į Londoną atvykstantiems tautiečiams po keturiasdešimt ar penkiasdešimt svarų pardavinėti tai, ką už dyką galima gauti kiekvienoje stotyje – Londono metro žemėlapius.

Tai dėjosi paskutiniais antrojo tūkstantmečio ir pirmaisiais trečiojo tūkstantmečio metais nuo Kristaus gimimo. Vienam sumaniam lietuvaičiui iš Šiaulių krašto, bemaž metus pasitrynusiam pagalbiniu darbininku Londono statybose, kartą visiškai atsitiktinai pavyko parduoti metro žemėlapį kitam tautiečiui. Tiesiog atvykėlis pasiteiravo kelio, gudruolis išsitraukė iš kišenės planelį ir parodė, kur į kokį traukinį persėsti.

– Eik sau, nu, viskas kaip ant delno, blia. Kiek toks kainuoja? – paklausė atvykėlis.

– Dvidešimt svarų, – pajuokavo vyrukas.

– Imu, – rimtai tarė atvykėlis, traukdamas iš piniginės traškią dvidešimtinę.

Sumanusis lietuvis iš karto sumetė, kad paprašė per mažai. Klaida padaryta, jos neištaisysi, tačiau pasimokyti reikia. Vėliau iki dvidešimties jis nenusivertindavo – dvi dvidešimtinės tapo norma.

Nepasakysi, kad apsukruolis pinigus plėšė už nieką – jis įdėdavo pastangų ir žemėlapiais naujuosius atvykėlius aprūpindavo stovėjimo aikštelėje netoli Viktorijos stoties, skirtos užsakomiesiems autobusams. Eilinė pro pasienio kontrolės postus prasprūdusi turistų-emigrantų partija troško tik vieno – kuo greičiau ištirpti miesto gatvių raizgynėje, kol koks nors pareigūnas nepaprašė dokumentų ir nesugalvojo grąžinti jų atgal į tikrovę, tai yra į Lietuvą. Apie Londoną jie žinodavo nebent tiek, kad kažkur Viktorijos stotyje yra stebuklinga lenta su gausybe lietuviškų skelbimų, siūlančių darbus ir kambarius. Tie, kuriuos pasitikdavo pažįstami, pasipūtę nužingsniuodavo gatve vilkdami krepšius, prikrautus muitininkų budrumo išvengti sugebėjusių cigarečių, degtinės ir dešrų. Likusieji lengvai tapdavo lyg atsitiktinai palei autobusą besisukiojančio sumaniojo lietuvio grobiu. Jie susispiesdavo aplink tėvynainį, pasišovusį paaiškinti visas Londono antžeminių ir požeminių traukinių bei *doklandų* įmantrybes. Išsitraukęs planą gudruolis pirštu vedžiodavo mėlynomis, žaliomis, geltonomis ir kitų spalvų linijomis, kuriomis galima lengvai pasiekti bet kurią reikalingą vietą.

– Reikia į Barkingą. Sėdi į žalią liniją ir važiuoji. Persėsti nereikia, visos stotys pažymėtos... Labai aišku. Jei į Stratfordą, jau kitaip, reikės persėdimo. Bet irgi paprasta – sėdi į mėlyną liniją, atvažiuoji iki ten, kur mėlyna kertasi su raudona, ten išlipi, pereini į raudoną ir – štai Stratfordas.

To stebuklingo žemėlapio, turinčio galią atverti ne tik visus kelius, bet, atrodė, ir širdis, kiekvienas geidė ir troško, sutikdamas mokėti tiek, kiek prašomas. Sumanusis lietuvis greitai tapo godžiuoju ir pakėlė kainą iki šimto svarų. Tuos, kurie pasiteiraudavo, kodėl taip brangu, jis įtikindavo, kad šio plano turėtojai viešuoju transportu gali važinėti dykai.

Koks to gudručio likimas, legenda nutyli. Bet emigrantiška realybė byloja, kad šimtas svarų yra riba, į kurią apgautasis dar numos ranka, jeigu buvo apgautas tik jis vienas ir niekas apie tai nežino. Susibūrus didesnei panašiu būdu apmautųjų grupei, pasidalijus savo pykčiu ir taip jį pasidauginus, sučiuptam apsukruoliui būna tikrai riesta. Todėl vienoje srityje tokie gudručiai ilgai neužsižaidžia. Tas, kuris pardavinėjo metro planus, po kiek laiko greičiausiai ėmėsi kitų suktybių, pavyzdžiui, už pusę kainos pardavinėti padirbtus metro bilietus. Dar visai neseniai kažkokiais reikalais lankydamasi Dagenhame, išvydau užrašą, – su „Google" vertimui būdingomis klaidomis, be paukščiukų ir uodegyčių, bet atpažįstamai lietuvišką, – įspėjantį, kad žmonės nepirktų stoties prieigose pardavinėjamų bilietų, nes jie yra padirbti ir už tokio bilieto naudojimą gresia bauda. Tai nebuvo koks ranka pakeverzotas lapukas, o nemenko dydžio plakatas su visais oficialiais transporto policijos ženklais. Nors teko skaityti, kad vienus bilietų pardavinėtojus su lietuviškomis pavardėmis susėmė policija, bet, matyt, atsirado kitų – šventa vieta tuščia nebūna. Ar gal tie patys, keletą mėnesių pasėdėję bei reikiamą kiekį kartų lyg poterius atburbėję „I am sorry, sorry, sorry, I am very sorry", buvo paleisti į laisvę.

Kitos sukčiautojų apsukrumą atskleidžiančios ir netgi jį šlovinančios legendos (nes kiek kartų ją girdėjau, ji nuolat pasakojama su tikru pasimėgavimu) pavadinimas galėtų skambėti išdidžiai: „Kaip lietuviai Londono Tauerį dažė". Ši istorija irgi siekia tuos bemaž priešistorinius, legendomis ir sakmėmis apeiti spėjusius laikus „iki Europos Sąjungos". Kaip ir visos iš lūpų į lūpas keliaujančios legendos, taip ir šioji jau atrodo pusiau neteisybė, tačiau kiekvienas, kuris ją pasakoja, tvirtina, kad taip buvo nutikę jo draugui ar geram pažįstamui.

Šią legendą pirmą kartą išgirdau iš bendradarbės vyro, o jis sakė, kad taip buvo nutikę kažkuriam jo bendradarbiui, kuris atvyko į Londoną ieškodamas bet kokio darbo ir apsistojo pas čia anksčiau apsigyvenusį pusbrolį. Populiariausios darbo paieškų vietos tais laikais buvo lietuviškos ar lenkiškos parduotuvės. Jų vitrinų langai nuo viršaus iki apačios būdavo apklijuoti ranka rašytais lapukais – ieško, siūlo, parduoda, nuomoja ar nori susipažinti. Lietuviškos spaudos, tą informaciją nuo parduotuvių langų vėliau perkėlusios į savo puslapius, tada dar nebuvo.

Vienas iš skelbimų bylojo, kad renkama dažytojų komanda. Visi susidomėję buvo kviečiami su darbiniais drabužiais atvykti nurodytu adresu, kur jie bus aprūpinti įrankiais ir nuvesti į darbo vietą. Kaip įprasta, skelbimo autorius informavo, kad už įdarbinimą reikės mokėti po septyniasdešimt svarų, bet pažadėjo, kad tokią sumą jie galės uždirbti per dieną ir kad darbas ilgalaikis. Buvo nurodytas ir mobiliojo telefono numeris, kuriuo galėjo skambinti turintys papildomų klausimų. Pusbroliai nedelsdami paskambino nurodytu telefonu. Papildomų klausimų jie neturėjo – kokie dar klausimai, jei kas nors siūlo darbą jau rytoj. Jie tik norėjo patvirtinti, kad tikrai ateis.

– Tais laikais juk buvom nelegalai, nei draudimo, nei kitų įsidarbinti reikalingų pažymų neturėjom, o ir niekas nežinojo, ko reikia ir kur gauti. Darbą siūlo – ir eini. Ir bandai, pasiseks nepasiseks, apgaus neapgaus... Žinai, kad rizikuoji, o ką daryti, – teigė kolegės vyras, į Londoną atvykęs irgi panašiu metu, trečiojo tūkstantmečio pradžioje.

Septintą valandą ryto prie Londonbridžo stoties susirinko nemažas būrelis vyrų. Lietuviai ir pora rusų ar baltarusių. Pasirodė ir įdarbintojas. Jis išties atėjo ne tuščiomis, atsinešė kibirų ir teptukų, keletą skardinių baltos spalvos dažų.

Tą istoriją girdėjau iš kelių šaltinių, kaip visos geros legendos, ji keliauja iš vienos draugijos į kitą su savais pagražinimais ir paraitymais, bet visi pasakotojai teigė, kad vyrai tikrai atrodė kaip statybininkų komanda – dažais ar tinku išterliotais drabužiais, storapadžiais, daug mačiusiais batais, kai kas net užsimaukšlinę šalmus. Įdarbintojas gatvelėmis ir tuneliais, guviai kirsdamas transporto užkimštas sankryžas – tai rodė, kad jis čia gerai gaudosi, tad neseniai atvykusiems darė didelį įspūdį – nusivedė vyrus prie Londono Tauerio, būtent garsiojo Tauerio, parodė tūkstantmečio senumo sieną, kurią reikės baltai nudažyti, surinko iš visų po septyniasdešimt svarų ir, liepęs pradėti darbą, nuėjo neva pasikalbėti su darbų vykdytoju, kad parūpintų kopėčias. Apsidžiaugę, kad tikrai gavo darbo, vyrai ėmė uoliai baltais dažais tepti pietinę tvirtovės sieną. Kad ir kaip spėriai darbuodamiesi, nuveikti daug nespėjo, nes nepraėjus nė pusvalandžiui prisistatė policininkas ir pasiteiravo, ką gi jie čia beveikią. Vienas iš būrio šiek tiek graibėsi angliškai ir bandė paaiškinti, kad juos pasamdė Jonas ar Petras, kad jis tuoj grįš, kitas griebėsi mobiliojo, tačiau telefonas buvo išjungtas. Vyrai buvo nuvesti į nuovadą, apklausti ir paleisti.

Šiuolaikinės sukčiavimo istorijos legendomis nevirsta. Gal dėl to, kad laikui bėgant lietuviškos suktybės prarado išmonės dvasią ir tapo versliukais, kuriuose neršia gyva galybė smulkmės. O iš smulkmės, kaip žinia, legendos neišauga, nebent mėlynės ir guzai, kai koks pernelyg įsijautęs gudrutis įviliojamas į spąstus ir paauklėjamas jam suprantamais metodais.

Sritis, kur iki šiolei neršia gudrutiška smulkmė, yra įdarbinimas. Nedaug sutikau žmonių, kurie nebūtų pakliuvę ant to kabliuko. Tiesa, prisipažįstama ir pasakojama apie tai nenoriai. Žmonės gėdijasi ar bijo būti pašiepti, kad yra neišmanėliai kaimiečiai, kurie nieko nesupranta ir leidžiasi vedžiojami už nosies.

Kad kitiems nebūtų gėda, papasakosiu apie save, nes aš irgi ne išimtis.

Atvažiavusi į Londoną ieškojau bet kokio darbo, profesines bei kūrybines ambicijas užmetusi ant lentynos. Kadangi esu pasiutusi – taip mano mieli žemaičiai apibūdina šiek tiek nevaldomas ir savo trūks plyš įrodyti norinčias ypatas, norėjau trenkti į šoną tuos visus kūrybinėms personoms, ypač moteriškos lyties, privalomus jautrumus ir užsiimti bet kuo, teturėdama vieną tikslą – užsidirbti duonos kąsnį.

Kaip ir dauguma ką tik išvykusių iš Lietuvos, su tautiečiais nenorėjau turėti nieko bendra, tačiau, irgi kaip dauguma, netrukus supratau, kad be jų neapsieisiu. Atvykau tada, kai Lietuva jau priklausė Europos Sąjungai, jau buvo apstu emigrantams skirtų internetinių puslapių ir laikraštukų – viename jų radau skelbimą su siūlomais darbais gamykloje. Iš skelbimo atrodė, kad tų darbų gausybė ir kiekvienas norintis laukiamas išskėstomis rankomis. Iš tikrųjų pasirodė, kad laukiami tik darbo ieškotojų svarai, o su darbais... Bet iš eilės. Paskambinau nurodytu telefonu, man pasiūlė atvykti į kontorą Leitonstone. Išlipusi iš metro vėl paskambinau, jauna mergina atėjo manęs pasitikti. Keletą minučių pasitrynėme aplink stotį laukdamos atvažiuojant dar vienos lietuvės, paskui visos trys nužingsniavome į „ofisu" vadinamą nedidelį kambarėlį. Ten popieriais šiuršeno du žmonės, vienas jų pasikvietė mane pokalbio. Pasisiūlė sukurti man gyvenimo aprašymą. Nereikėjo, nes pati jau buvau tai padariusi. Tada sužinojau, kad už šimtą svarų duomenis apie mane jie gali įdėti į savo internetinį puslapį, darbdaviai tą puslapį esą skaito ir dažnai pasiūlo darbų. Kad ir kokia esu patikli, tuo patikėti man nepavyko. Dar pridūriau, kad savo duomenis internete galiu paskelbti ir pati, tai nėra labai sudėtinga. Buvau tikrai bloga klientė – pinigų mokėti nenorėjau ir reikalavau pasakyti, ką už tai gausiu konkrečiai.

– Čia, kaip matau, turime reikalą su protinga moterimi, – atsisuko prie gretimo stalo sėdėjęs vyras su Lenino barzdele, kalbantis rusišku akcentu.

Tačiau šis – nesu tikra, ar komplimentas, manęs nepapirko. Nejaugi jie įpratę prie kvailių – dingtelėjo mintis, bet nutylėjau. Mano šansai gauti darbą dar neatrodė beviltiškai prarasti ir nebuvau nusistačiusi išvis nemokėti, bet norėjau už pinigus iš karto gauti kažką konkretaus, ne vien kalbas apie pernykštį sniegą.

– Mes ne tik paskelbiame žinias apie jus savo tinklalapyje, – vyriškis barkštelėjo pirštu klavišą ir parodė, kaip tas jų puslapis atrodo. Ekrane išsirikiavo gausybė nuotraukų su vardais, pavardėmis, adresais ir telefono numeriais. – Mes patys aktyviai skambiname darbdaviams ir ieškome jums darbo.

– Bet skelbime buvo parašyta, kad siūlote darbą fabrike, – paprieštaravau. – To darbo aš ir atėjau.

Vyriškis žvilgtelėjo į mane atsivedusią merginą, tarsi tikrindamas, ar sakau tiesą.

– Jau užimta, užimta, va prieš pusvalandį vieną išsiunčiau, viskas, – skubiai pabėrė ši.

– Matote, vietos jau užimtos. Bet mes jus įtrauktume į duomenų bazę ir atsiradus naujiems pasiūlymams juos iš karto persiųstume.

Man tai netiko. Bet mačiau, kad kartu atėjusi moteris išsiėmė iš piniginės penkias karalienės galvas su skaičiuku 20 kamputyje ir padėjo ant stalo. Dar kiek palaikė prispaudusi delnu lyg dvejodama, bet greitai atitraukė ranką, gal kad nepersigalvotų, ir krūvelė banknotų liko ant stalo, o moters anketa nugulė ant didžiulės krūvos kitų anketų, jau atnešusių nemažai šimtinių įdarbinimo versliuką sukančiai kontorai.

Su ta pačia įstaiga dar kartą susidūriau maždaug po metų, kai jau dirbau lietuviškame laikraštyje. Pasidomėti įdarbintojais, kurie pinigus paima, bet darbų nesuranda, paragino laikraščio skaitytojai. Netrukau išsiaiškinti, jog tai buvo ta pati Leitonstone įsikūrusi kontora, per kurią darbo bandžiau ieškotis ir aš. Atsiverčiau jų internetinį puslapį – kaip ir prieš metus, ten buvo apstu duomenų apie darbo ieškančius Rytų

europiečius, daugiausia lietuvius. Kadangi ten buvo nurody-
ti ir klientų telefonų numeriai, atlikau nedidelį tyrimą – ne-
patingėjau paskambinti kelioms dešimtims užsiregistravusių
žmonių ir neaptikau nė vieno, kuris būtų gavęs darbą per šitą
įstaigą. Vieni dar laukė, kiti jau buvo įsidarbinę, bet, kaip patys
sakė – kitais būdais. Paskambinau kontoros direktoriui. Kai at-
siliepė rusišku akcentu kalbantis žmogus, iš karto atpažinau tą
patį balsą, kuris prieš metus pripažino, kad turi reikalą su pro-
tinga moterimi. Tačiau į prisiminimus nesileidau – išdėsčiau
žmonių nusiskundimus ir savo išvadas, kurias gavau apklau-
susi per pusšimtį jų duomenų bazėje esančių darbo ieškotojų.
Buvau aprėkta. Vyriškis grasino mane sunaikinti, nušluoti, aiš-
kino, kad žmonės meluoja, kad patys pasiūlytų darbų neima,
nes per prasti, o tikisi galai žino ko.

Dar straipsnis nebuvo išspausdintas, kai pasipylė gąsdi-
nimai teismais. Pasakiau, kad jo atsakymas bus pacituotas,
skaitytojai patys galės nuspręsti, kiek jo žodžiuose tiesos, ir
į kalbas nesileidau. Vėliau išsiaiškinau, ko iki tolei nežino-
jau: jeigu viešai ką nors apkaltini nesąžininga veikla, privalai
kaip koks policininkas būti surinkęs dokumentais pagrįstą
informaciją, kad savo teiginius galėtum įrodyti teisme – kitu
atveju tai laikoma šmeižtu. Mano reikalai nebuvo auksiniai.
Turėjau telefoninio pokalbio su įstaigos savininku įrašą, ta-
čiau bendraudama su darbo ieškojusiais žmonėmis įrašymo
technikos nebuvau įsijungusi. Prašyti kalbintų žmonių paliu-
dyti teisme, kad mano išdėstyti faktai teisingi – dėl to netu-
rėjau daug vilčių.

Teko kirsti tuo pačiu, tad pasakiau, kad tokiu atveju būsiu
priversta pateikti teismui mūsų pokalbio įrašą, kuriame aiškiai
girdisi grasinimai mano gyvybei ir saugumui. Pridūriau, kad

jau konsultavausi su žiniasklaidos teises išmanančiais žmonėmis ir žinau, jog į žurnalistų bauginimą čia žiūrima rimtai.

Šaukimo į teismą nesulaukiau, bet aiškiai supratau, kodėl Anglija yra tapusi sukčių rojumi. Kad ištrauktum sukčių į paviršių, reikia surinkti daug informacijos, bet neaišku, ar teismas tai pripažins kaip pakankamus įrodymus. Tam reikia daug pastangų ir laiko, to imtis gali nebent koks fanatiškas teisybės ieškotojas – daugelis, ypač jei prarado ne daugiau kaip šimtuką, paprastai numoja ranka. Su tokiu praradimu emigrantai dar pajėgia susitaikyti, bet tai paskutinė riba. Didesni pinigai šaukiasi keršto.

Šią taisyklę žino ir apgavikai. Nesvarbu, už kokią paslaugą būtum paprašytas sumokėti, didžiausia suma paprastai yra šimtas svarų. Jie puikiai gaudosi, kad lazdos perlenkti nevalia. Tačiau protingi apskaičiavimai nebūtinai baigiasi sėkmingai.

Nenumatytais atvejais būna, kad tokių po šimtuką sumokėjusių ir žadėtos paslaugos negavusių susimeta nemenkas būrelis. Pasitaiko, kad tie žmonės iš kur nors, per ką nors susipažįsta ir prie degtinės butelio susėdę nuplauti kartėlio išsiaiškina, jog buvo apmauti to paties stambaus plikagalvio languotais marškiniais. Tie praradimai išauga į rimtas pasipiktinimo, nuoskaudų („tai ką, mus durnais laiko") sankaupas, suskaičiuojami ne vien pavieniai praradimai, bet ir tai, kiek tas sukčius susiglemžė iš manęs, tavęs, iš Jono ir Petro. Sumos išauga į tūkstančius, jos tampa tokia neteisybe, kokios nukęsti nebeįmanoma. Būrelis susivienija ir apgavikui suruošiamas savas teismas. Jis vyksta tikrai lietuviškai.

Vienu iš tų tikrai lietuviškų teismų yra laikomas garsusis mūšis Lietuvių sodyboje. Tuo metu Londone dar negyvenau, bet mūšio atgarsiai atsirito iki mano ausų vos atvažiavus ir buvo palydėti perspėjimo niekada nesusidėti su lietuviais.

Sekminių šventimas Lietuvių sodyboje – viena iš tų retų tradicijų, kurias iš ankstesnės emigrantų kartos perima naujieji emigrantai. Senajai kartai nenoriai, bet neišvengiamai traukiantis iš aktyvios veiklos, o palengvėle ir iš gyvenimo, Sodybą perėmė naujieji atvykėliai. Ji tapo jų pasilinksminimų bei sambūrių vieta. Palapinė, laužiukas ir saviškių kompanija, prie ežerėlio susėdus smagu lietuviškai išgerti, užkąsti, o būtinam reikalui atsiradus yra vietos ir pasiskeryčioti bei pasistumdyti. Ir jokių kaimynų, kurių reikėtų baimintis užsimanius pašūkauti ar padainuoti.

Čia erdvu. Nors ne Lietuva, bet, kaip daugelis atsidūsta – kaip Lietuvoje. Bare lietuviškas alus, lietuviška televizijos programa, gali užsisakyti net bulvinių blynų ar kugelio. Aplinkui miškas. Ne pušynas, eglynas ar beržynas, bet vis vien širdžiai miela. Tarp pastato ir miško plyti didelė laukymė, o ežeriukas vasarai įpusėjus per visą plotį pasipuošia vandens lelijų ornamentais ir pakrantės vilkdalgiais, geltonais žiedais it fakelais sau pavakariais pasišviečiančiais kelią.

Per Sekmines, kurios dažniausiai išpuola birželio pradžioje, lietuviškumo ženklus Sodyboje gerokai gadina ryškiai avietiniai ar šaižiai raudoni rododendrai, švytintys nenuslopinamais spalvų gaisais ir didžiulėmis, rėksmingomis, jautrų pavasarinės žalumos skambesį perrėkiančiomis žiedų kekėmis siekiantys užgožti kitus augalus. Šis ryškumas su tuo, kas lietuviška, niekaip nedera, tik dar labiau paryškina tėvynės peizažams būdingą našlaitišką vargą ir nedrąsumą, tą gluosnių svyruonėlių, beželių brolelių ar liepų seselių liūdną rymojimą pakelėse ir palaukėse. Į Anglijos žemę augmenija – net ir ta, kuri panaši į lietuvišką – yra įsikabinusi kiečiau, sukerojusi vešliau, ji labiau gyvastinga ir perteklinė, plačiau pažėrusi lapus ir išbrinkinusi stambius žiedpumpurius. Čia vyrauja godi sklaida, o ne graudulinga pastanga ištverti ir išgyventi.

Kai Lietuvių sodyboje rododendrai nužydi ir tampa panašūs į neišvaizdžius karklų krūmokšnius, į skirtingas puses nukreipti lietuviško ir angliško peizažo vektoriai kažkaip ima ir susiderina. O jeigu kur nors dar lietuviška daina suringuoja, net kieme stypsanti egzotinė palmė neberėžia akies. Visi skirtumai, paveikti lietuviškos dainos, šokio ar alaus, vyno ir degtinės gausos, ištirpsta ir susimaišo.

Kaip pasakojama, toji prieš keletą metų švęstų Sekminių popietė buvo nuostabi. Žmonių suvažiavo kaip niekada daug, šilta, puiki proga ištrūkus iš miesto su šeima, draugais ar tiesiog pažįstamais praleisti naktį palapinėje, užkąsti ant žarijų keptų dešrelių ar šašlykų.

Visa pievelė buvo nuklota staltiesių su užkandžiais ir nusėta palapinių. Bičiuliavosi net nepažįstami, radę bendrų temų, giminių ar priešų. Atrodė, kad toji brolybė, lygybė ir vienybė, kurios nepavyko pasiekti Lietuvoje, nusileido į paežerės lopinėlį pietinėje Anglijoje.

Saulei krypstant į vakarus, tostams „už mus, lietuvius" nesibaigiant, būreliui jaunuolių staiga galvose nušvito – jie praregėjo, kad bičiuliaujasi su nemažai jų pinigų išviliojusiais, bet pažadų netesėjusiais vyrukais. Jie griebė mobiliuosius ir skubiai susiskambino su panašiu būdu nukentėjusiais tautiečiais. Žinia apie sodyboje puotaujančius apgavikus pasklido visais nuskriaustųjų kanalais.

Pamiškę ėmę gaubti šešėliai nuo poilsiautojų akių paslėpė ne vien vešlius krūmokšnius ir žolynus, bet ir ten susislėpusius keršytojus, kurie į pagalbą buvo pasitelkę ir Londono lietuvius terorizavusią reketininkų gaują. Apsiginklavę peiliais ir beisbolo lazdomis jie tūnojo krūmuose, o kai dauguma sulindo miegoti, šoko iš miško ir puolė nusižiūrėtas palapines. Keli buvo persmeigti, kiti skubiai griebė šašlykų iešmus, kirvukus ar kas po ranka pasitaikė ir stojo į kovą. Užvirė kautynės vyras prieš vyrą. Moterys cypė, vaikai spiegė, košmariškas triukšmas pasiekė ir miegojusius pastato viduje.

Kai buvo paskambinta policijai, ši metė tokias pat pajėgas, kokios skiriamos gaujų karams malšinti. Pareigūnai iš visų pusių apsupo sodybą, policijos pajėgų sraigtasparnis suko ratus vos keli metrai virš medžių viršūnių.

Blogi lietuviai užpuolė geresnius – taip buvo teigiama. Tačiau iki šiol netylantys gandai byloja ką kita. Ir ta byla susijusi su pinigais, kurie buvo sumokėti, o pažadai netesėti.

Apie tą „Naujojo Žalgirio" vardą įgavusį mūšį Lietuvių sodyboje skelbė bemaž visa Anglijos žiniasklaida. Ir skaudaus atodūsio, kad tie lietuviai vėl prisidirbo, atgarsiai iki šiolei pasiekia kiekvieno emigranto iš Lietuvos ausis.

Neišeina čia būti tiesiog žmogumi, nors eik ir karkis. Esi lietuvis, nors užsimušk.

MAŽŲ ŽMONIŲ NAKTINIS LONDONAS

Kartą viename skelbimų puslapyje akis užkliuvo už darbo pasiū-
lymo, kuris skambėjo taip: „Ieškau mažų žmonių dirbti naktį".
Ką tai galėtų reikšti? Apsvarsčiau keletą variantų. Nepasa-
kyta – vyras ar moteris, nes jeigu ieškotų mažų moterų, ga-
lėčiau įtarti, kad jų reikia kokius nors ypatingus seksualinius
poreikius turintiems klientams. Bet jeigu rašo „žmonių", vadi-
nasi, reikia vyro, nes vidutinio net Anglijoje atsidūrusio lietu-
vio mąstysenoje formulė „žmogus lygu vyras" nė kiek nepa-
kito. Bet ką maži vyrukai galėtų dirbti naktį – mano fantazija
šiame lauke buvo visiškai bevaisė.

Gerokai pakankinusi savo smegenis ir neatradusi jokios
įmanomos versijos, nusprendžiau paskambinti nurodytu te-
lefonu. Sugalvojau – esą mano vyras, mažas žmogus, neturi
darbo ir gal galėtų būti naudingas.

– Tegu pats paskambina, – išgirdau.

Skubiai sumečiau, kad jis dabar stipriai peršalęs ir ne-
prakalba.

– Tegu paskambina, kai prakalbės.

Buvo aišku, kad į skambutį atsiliepęs žmogus žino, ko nori – tas vyras turi būti ne tik mažas, bet ir kalbantis.

– Bet gal galėtumėte paaiškinti, koks tas darbas mažam žmogui. Ką jam reikėtų daryti ir kiek už tai mokėtumėte? Ar už valandą, ar kokie kiti įkainiai?

– Kas tu būsi? – pasiteiravo sunerimęs, nors pokalbio pradžioje buvau jam minėjusi, kad esu mažo vyro žmona. – Mes jau suradome, nebereikia...

– O tai Jėzau, tai tiek žmonių darbo ieško, – nutaisiau kuo labiau kaimietišką intonaciją, kad pašnekovas neįtartų nieko negero.

– Ieško, ieško, – burbtelėjo, dar kažką sumurmėjo, panašu, kad sakė „durnė", ir pokalbis buvo baigtas.

Mano pastangos išsiaiškinti, kokie tie paslaptingi darbai, kuriuos naktimis turi atlikti maži lietuviai vyrai, buvo bevaisės. Sugaišau net dešimt minučių ir nieko nepešiau, bet tai ne vienintelės dešimt minučių, kurias savo gyvenime bergždžiai praradau. Visa tai nurašiau į žurnalistinio darbo nuostolius ir pamiršau.

Praėjo geras pusmetis, ir paslaptis išaiškėjo. Visiškai netikėtai.

Su Londone taksistu dirbančiu lietuviu susitikome prekybos centro „Lituanica" kavinėje. Keturias dešimtis perkopęs vyras iš karto užsitikrino, kad, jeigu pagal jo pasakojimą rašysiu straipsnį, jame neturės būti nei vardų, nei pavardžių, nei darbovietės ir netgi gatvių, kuriomis jis važinėja, pavadinimų. Žurnalistui be viso to apsieiti sudėtinga, bet ko nepadarysi dėl įdomios istorijos. Net nesiteiravau, kodėl nenori viešinti savo vardo. Per trejetą metų jau spėjau įsitikinti, kad čia gyvenantys lietuviai labai paslaptingi. Vieni dėl įgimto kuklumo ir kitų simpatiškų dorybių, kiti – dėl už nugaros tūnančios praeities, kurios jie nebenori pažadinti ir bijo, kad ji nesujauktų Anglijoje sunkiai susikurtos dabarties. Kokia priežastis galiojo mano pašnekovo atveju, sunku pasakyti. Spėju, kad praeitis, nes jis užsiminė kadaise važinėdavęs į Maskvą, ten sukęs kažkokius reikalus.

– Nustumi į Maskvą mašiną, o kol chebrantai pirkėją suranda, negi dykas sėdėsi, naktį čiumpi vairą ir suki po miestą, keleivių pasiieškai. Va ten tai būdavo visko, – išdidžiai išdrožė jis, paklaustas, ar saugu čia dirbti taksistu.

Anų laikų prisiminimai iš jo burnos išsprūsdavo netyčia, vos apie tai prasitaręs jis tuoj pat užsičiaupdavo, bet ta neaiškių sėbrų ir neaiškių užsiėmimų praeitis kaip garas pro dangtį veržėsi iš jo pamėgtų priežodžių, judesių bei kalbėjimo būdo. Bet tai buvo vėliau. O pokalbis prasidėjo nuo aiškinimosi, ką reiškia žodis „ratavokit" – Simas (tarkim, toks taksisto vardas) pasiteiravo, ar žinau tokį žodį. Žinojau, dar atsiminiau, nors gyvai buvau girdėjusi nebent vaikystėje, gūdžiame kaime, kur gimiau ir augau – jis buvo vartojamas norint pasakyti, kad reikia gelbėti bėdon įkliuvusį žmogų.

Tada išgirdau štai tokią istoriją.

– Sėdim naktį ofise, laukiam klientų, pasakojam, kaip praėjo pamaina, visokių nuotykių pasitaiko. Grįžta užsakymą atlikęs anglas, jau šešiolika metų dirbantis taksistu, ir pasakoja, kad netoli Silverstono stoties prie „Clothing bank" kažkas vyksta. Jis vis „Eastern European, Eastern European" kaip poterius kartoja. Su mumis dar lenkas dirba, jis nesuprato, kas tas „Clothing bank". Paaiškinau, kad tai konteineris, kur žmonės nereikalingus drabužius sumeta, o jis man sako – a, žinau, ten tavo zemliakai darbuojasi, lietuviai. Kaip tik man baigėsi pamaina, ir nors nelabai pakeliui, bet, manau, prasuksiu pro šalį, pažiūrėsiu. Stabteliu prie to konteinerio ir girdžiu – viduje kažkas baladojasi ir šaukia: „Ratavokit, ratavokit!" Už kelių metrų stoviniuoja žmogus, rūko, iš karto matyti, kad kailis lietuviškas. Buvo antra valanda nakties. Simas prisiminė, kad prieš gerą valandą šioje vietoje sukdamas ratus jis šalikelėje pastebėjo dengtą sunkvežimiuką, prikrautą juodų šiukšlėms naudojamų maišų. Jau tada jis pamanė, kad turbūt lietuviai drabužius vagia, nes šnekų apie lietuvių vykdomas padėvėtų drabužių vagystes jis buvo prisiklausęs iš kolegų taksistų.

Pravėręs mašinos langą Simas pašaukė cigaretę traukusį vaikinuką ir paklausė, kas atsitiko. Tas paaiškino, kad draugas įkrito į drabužių konteinerį.

– Įdomiai, sakau, čia nutiko. Kaip į tą konteinerį pavyko įkristi?

Pasirodo, konteineryje šūkaujantis vyras buvo įkištas vidun „šmutkių" vogti. Jis visus maišus iškaišiojo pro skylę bendrininkui ir nepasiliko sau nė vieno, ant kurio pasilipęs galėtų išlįsti atgal.

– Sakau, įmesk keletą maišų atgal, tas nelaimėlis ant jų užsilips ir išlįs. Bet kad maišų jau nebėr, sako, mašina nuvažiavo. Primesk maišų su šiukšlėm, pasiūliau. Supratau, kad neseniai iš Lietuvos, nes nežinojo, kur tų maišų su šiukšlėmis galėtų rasti. Parodžiau į gyvenamųjų namų kvartalą, sakau, eik ir žvalgykis, prie kiekvieno namo rasi po maišą, nešk juos čionai ir kišk į konteinerį.

Pats Simas iš mašinos nelipo – įstaigos taisyklės draudžia taksistams veltis į gatvės įvykius dėl jų pačių ir automobilių saugumo. Visa, ką jis galėjo padaryti, tai pamokyti, kaip suktis iš bėdos. Simo nuovokumas vaduojant tautietį iš padėvėtų drabužių konteinerio man darė įspūdį – pati niekada nebūčiau taip sugalvojusi, būčiau siūliusi kviesti policiją arba gaisrininkus. Gaisrininkus gal pravarčiau, nes jie vyksta gelbėti net į medį įsikorusių kačiukų, tad gabalais supjaustyti konteinerį ir ištraukti lietuvį tikrai nebūtų atsisakę. Bet Simas puikiai numatė, kad sąmyšio kelti neverta, galima puikiausiai apsieiti ir be gaisrininkų, kurie turėtų registruoti įvykį, iškviesti policiją, iš gardaus sapno prikelti įmigusį kvartalą ir sugadinti konteinerį. Tam, kuris įstrigo, Simas patarė nerėkauti, o jo bendrininkas iš aplinkinių gatvelių klusniai tempė šiukšlių maišus ir kimšo į vidų. Kai sumetė gerą tuziną, įkalintas vyrukas galiausiai išsikapstė į laisvę. Simas sužinojo, kad jiems, neseniai čia atvažiavusiems, kažkas iš lietuvių pasiūlė darbą – rinkti padėvėtus drabužius.

Va tada man akys atsivėrė ir atsiskleidė itin paslaptingas kadaise matyto skelbimo apie darbus mažiems žmonėms turinys. Bet kad galutinai įsitikinčiau, pasiteiravau Simo, kaip tas konteineryje lindėjęs vaikinukas atrodė.

– Koks vaikinukas? Suaugęs žmogus, kokių keturiasdešimt penkerių metų, bet pažiūrėti – menkas, čiuplus.

Tie „Clothing bank" vadinami konteineriai maždaug dviejų metrų aukščio ir tiek pat pločio, išsitekti ten galėtų ne vien mažas žmogus, rimtesnių apimčių vyras irgi tilptų. Tačiau anga, pro kurią drabužiai sumetami vidun, nėra didelė, pro ją įlįstų toli gražu ne kiekvienas. Pirmiausia, toli gražu ne kiekvienas tai sugalvotų daryti, o jei ir sugalvotų, ne kiekvienas tam ryžtųsi. Naiviai maniau, kad tie, kas verčiasi skuduriniu verslu, skudurus iš konteinerių kažkaip išsižvejoja patys. Pasirodo, ne – tokiam darbui atlikti mažų žmonių iš Lietuvos atvyksta tiek daug, kad susirinkus drabužius to žmogučio galima nė nesivarginti traukti iš konteinerio, nes kitą konteinerį ištuštins kitas mažas žmogus. Be to, jei ištrauksi, dar pinigų už darbą paprašys, o viduje paliktas apie pinigus nė negalvos, tik džiaugsis iš konteinerio ištrūkęs. Neblogas verslo planas, tokį ir parduoti būtų galima, tik bėda, kad verslas nelegalus.

Rytų Londone vakarais ir naktimis važinėdamas Simas sakė lietuviško gyvenimo prisižiūrįs tirštai. Kaip kiekvienas save gerbiantis taksi vairuotojas, jis buvo gerai išanalizavęs savo klientūrą, žinojo, ko kokiomis aplinkybėmis tikėtis, ko pasisaugoti, o jo nuomonė apie tautiečius buvo ne kaži kokia. Lietuviai esą žiūri ne kaip greičiau ir saugiau pasiekti namus, o kaip sutaupyti penkis svarus.

– Lietuviai taksi nekviečia. Jei iš lietuvių gavai iškvietimą, žinok, kažkas atsitiko.

Vieną kartą jam paskambino pervežimo paslaugas teikiantis lietuvis vairuotojas, vežęs moterį iš Getviko oro uosto. Jam sugedusi mašina, gal Simas galėtų paimti ir į namus nuvežti jo klientę. Simas pasiteiravęs, kurioje gi vietoje automobilis sugedo, ir išgirdo, kad Leiksaide. Toji vieta – net ne miestukas, o nežmoniško didumo prekybos centras – yra gerokai į šoną nuo Getviką ir Londoną jungiančio greitkelio. Simui pasiteiravus, kodėl jis atsidūrė Leiksaide, vairuotojas prisipažino pasukęs ne tuo keliu. Bet iš ankstesnės patirties žinodamas, kad pagėrę lietuviai mėgsta pajuokauti ir iškviesti taksi svetimu adresu, Simas į Leiksaidą važiuoti atsisakė. Po kiek laiko – vėl skambutis, bet jau skambino ne vairuotojas, o keleivės vyras – reikia paimti Leiksaide įstrigusią žmoną. Bet ir tuomet Simas neskubėjo patikėti, kad važiuojant iš Getviko į Londoną galima taip smarkiai nuklysti į šoną. Pats ne kartą važiavęs į oro uostą ir atgal, jis nė neįsivaizdavo, kaip tame rodyklių prikaišiotame greitkelyje galima pasukti ne ta linkme. Važiuoti į Leiksaidą jis ryžosi tik tada, kai taksi užsakęs vyras pats įsėdo į mašiną ir išvyko kartu.

– Nuvažiavom, įsisodinom tą žmoną, o vairuotojas manęs dar prašo, kad pavežčiau iki degalinės. Kai skambino, sakė, kad variklis sugedo, o paaiškėjo, kad benzinas pasibaigė... Pamėtėjau aš jį iki artimiausios degalinės, išleidau... Paskui savo keleivių klausiu, kiek mokėjo tam vežėjui. Sako – keturiasdešimt svarų. Klausiu, ko taksi nekvietėt. Pasakė, kad per brangu. Nežinau, iš kur jie tas kainas traukia, nes mūsų kainyne iki Getviko keturiasdešimt penki svarai. Nu jo, penkiais daugiau...

Simas prisipažino, kad seniai nustojo tikėti lietuvių iškvietimais, nes ne kartą pasitaikė, kad penktadienį vakare kompanija išsikviečia taksi, kad nuvežtų į klubą, o kai po penkiolikos ar dvidešimt minučių nuvyksta jų paimti, šie nebepaeina, tiek būna prigėrę. Ir susimokėti už iškvietimą nenori, esą taksistas kaltas, nes per vėlai atvažiavo. Bet yra viena patikima paslauga, kuria lietuviai mėgsta naudotis.

Vyras patylėjo laukdamas, kad pabandyčiau atspėti, kokia ta paslauga. Bet spėlioti nesiryžau. Ir nebūčiau atspėjusi, nes nė neįtariau, kad Londone, kaip ir Šiauliuose, – užsisakai butelį, ir taksistas jį atveža.

– Negali būti, – stebėjausi.

Pasirodo, gėrimų į namus užsisako ne vien lietuviai – anglai daro tą patį. Tačiau anglai tą daro šiek tiek subtiliau – tokį užsakymą jie patiki ne bet kam, o tik savam taksistui, kuris jau keletą kartų parvežė jį girtą iš aludės ir tokiu būdu įgijo visišką pasitikėjimą.

– Pavyzdžiui, pritrūko alaus, skambina į kontorą ir sako – man tą ir tą numerį atsiųsk, tegu alaus atveža.

Simas prisipažįsta, kad su girtais anglais kyla ne mažiau keblumų nei su girtais lietuviais. Pirmiausia dėl kalbos, ypač kai nuo gimimo čia gyvenantis vietinis prabyla kokniškai, žodžius kąsdamas per pusę, ties „t" ir „d" pupsėdamas kaip garvežys, o kai kada pažerdamas ir saują nesuprantamų rimuotų frazių. Apie tuos koknius man teko ne tik girdėti, jų nesuprantamos tarsenos prisiklausau Rytų Londono viešajame transporte bei seriale „EastEnders" ir dažnai pasijuntu kaip tas prancūzas, kuris gerai išmokęs bendrinę lietuvių kalbą staiga atsiduria Žemaitijos kaime. Ką jis sako, žemaičiai supranta, bet ką jie jam atsako – prancūzui tiesiog neįkandama. Su kokniais Rytų Londone panašiai – angliškai kalbančius Rytų europiečius jie supranta, bet Rytų europiečiai nesupras, ką sako koknis. Man pačiai su kokniškai kalbančiais londoniečiais bendrauti progų nepasitaikė. Bet Simui tai darbo dalis, nes jis aptarnauja kokniakalbių rajoną. Jo ausis ilgainiui jau priprato prie tarsenos ypatumų, tačiau būna atvejų, kurie tampa tiesiog anekdotais. Ypač kai kokniška kalbėseną sustiprina nuo girtumo besipinantis liežuvis – tai derinys, kurį net tikri anglakalbiai ne visada sugeba įkirsti, o ką jau kalbėti apie šią kalbą pramokusį lietuvį. Vieną naktį toks derinys pasitaikė ir Simui. Nors jis yra sutaręs su operatoriumi, kad tokiu atveju, jei klientas labai girtas ir kalba tarmiškai, geriau siųstų kitą vairuotoją, bet tą naktį jis vienintelis buvo laisvas, tad užsakymas parvežti kažkokį Bilį iš alinės jam ir atiteko.

– Nuvažiuoju prie *pabo*, išneša tą Bilį, įkiša man į mašiną. Bili, sakau, labas, kur važiuojam. Sako – *šoua vuoua*. Nuvažiuojame į parduotuvę prie degalinės, jis nusiperka vandens, išgeria, vos vos atsigaivelėja. Buvo rugsėjis, kaip tik ramadano metas, musulmonai, per dieną pasninkavę, ėmė plūsti į kebabines ir „čikinines". Palaukiu, kol Bilis atsigers, ir vėl klausiu – tai kur dabar važiuojam? Sako – *fa'ing rama'a*. Sakau, žinau žinau, daug čia tų musulmonų, bet kur važiuosime? Pamojo ranka – tiesiai. Pavažiavau nemažą gabalą, vis tiek man reikia tikslaus adreso, kur jį nuvežti. Vėl klausiu, tai kur važiuojam, o jis tą patį *fa'ing rama'a* kartoja. Sakau, taip, Bili, suprantu, aš ne musulmonas ir tu turbūt ne musulmonas, bet koks tavo adresas. O jis tą patį. Nežinau, kur jį vežti, ką daryti, taip dar nebuvo pasitaikę. Sustoju pakely ir skambinu į kontorą, sakau, mano klientas nežino, kur važiuoti. Dispečeris mane užjaučia, sako – na, tau ir pasisekė, bet nieko padėti negali. Žiūriu, Bilis turi telefoną. Sakau, Bili, gal gali kam nors paskambinti, gal žmoną turi ar pažįstamų, pasakys, kur važiuoti. O jis žagsi ir kartoja – *fa'ing rama'a*. Galiausiai sako – galiu paskambinti žmonai. Paskambina, paimu iš jo telefoną ir aiškinu – vežu tavo vyrelį, bet jis padaugino ir nežino, kur važiuoti, gal pasakysi adresą. Ji sako – „Ramada hotel". Taigi gerai žinau tą vietą, netoli Bektono. Jis tą viešbutį ir turėjo galvoj, o aš maniau, kad ramadaną keikia.

Istorija skambėjo kaip tikras anekdotas, nepatikėjau, kad taip tikrai galėjo būti, bet kai vėliau paieškojau „Google", įsitikinau, kad toks viešbutis pakeliui į Bektoną tikrai egzistuoja.

Kol Simas nepradėjo dirbti taksi vairuotoju, niekada nesigėdijo esąs lietuvis, bet dabar jau neskuba atskleisti savo tautybės, nes lietuviai labai jau „nuskambėję".

Kad garsas apie lietuvius eina plačiai, jokia ne naujiena, laikraščiuose apie tai pasiskaitome. Bet laikraštinės istorijos viena, kitas dalykas, kai negerų žodžių apie tautiečius tenka išgirsti iš bendradarbių, pažįstamų ar klientų.

– Nemalonu tai girdėti, – sako Simas.

Kartą jis vežė dvi šešiasdešimtmetes. Jos buvo vietinės anglės, turbūt nuo gimimo gyvenančios Bektone, nors tokių egzempliorių ten likę mažai – dauguma atvykėliai, kurių didžioji dalis lietuviai. Buvo šeštadienis, į gyvenamųjų namų kvartalą vedanti siaura gatvelė buvo prigrūsta mašinų. Simas jau ruošėsi iš tos gatvelės išsukti, o kita mašina taikėsi į ją įvažiuoti. Abi mašinos sustojo viena prieš kitą. Simas aiškino, kad jam būtų reikėję toli trauktis atbulam, o kitai mašinai užteko vos kelis metrus atgal pavažiuoti. Tas kitas automobilis buvęs didelis kaip tankas, bet Simo mašina irgi ne iš mažųjų, tad nusileisti neketino nė vienas. Iš mašinos priešais išlipo vairuotojas ir angliškai pagrasino iškviesiąs policiją. Simas atrėžė, kad tegu kviečia. Iš akcento supratęs, kad susidūrė su imigrantu iš Rytų Europos, ir užuodęs iš jo burnos sklindančią alkoholio smarvę, dėl tokių grasinimų visiškai nesijaudino. Jį nuoširdžiai siutino tie, kurie ne tik girti važinėja, o dar ir savo tvarką keliuose nori įvesti. Kurį laiką abu spoksojo žvilgsnius it durklus vienas į kitą surėmę, paskui Simo priešininkas, pasisukęs į savo mašiną, kur sėdėjo dar pora keleivių, lietuviškai riktelėjo: „Kviesk šitam b... policiją!" Ir tada viena Simo keleivė pareiškė kitai – a, žinau, čia lietuvis, jų daug čia gyvena, šalia manęs irgi lietuviai, kai penktadienis ar kokia šventė, visus pasienius apšlapina. Simui beliko džiaugtis, kad moterys nepasiteiravo, kokia jo tautybė, bet prisipažino, kad jeigu būtų klaususios, būtų atsakęs esąs estas.

– Kodėl estas?

– Estų mažiau ir jie nėra tiek prisidirbę.

Kitą kartą jam pasitaikė vėlai naktį pasibaigus pamainai į namus vežti policininkę. Sužinojusi, kad vairuotojas lietuvis, ji pasakė mokėjusi keletą žodžių lietuviškai, bet dabar nebeprisimenanti. Paskui pasiteiravo, ar Kaunas milijoninis miestas. Simas atsakė, kad ne, gal koks ketvirtis milijono, ne daugiau. O ji nustebo – labai daug nusikaltimų lietuviai Londone padaro, ir visi jie iš Kauno, tai jai atrodė, kad ten turėtų būti labai daug gyventojų.

Narkotikų platintojai ir prostitutės – Simui įprastas vaizdas. Būna adresų, kur keletą kartų per naktį reikia vežti vis kitą klientą, o tie moterims skambina telefonais, pamini vardus. Simas įsidėmėjo nemažai vietų, kur gyvena vyriškius aptarnaujančios lietuvės. Jis vadino jas pigiomis ir piktinosi ne tiek tuo, kad jos parsidavinėja – jam buvo bjauru, kad lietuvės aptarnauja ne tik baltuosius anglus, bet ir juodžius bei babajus. Apie lietuvaites iš jo neišgirdau nė vieno gero žodžio, bet jis ne vienintelis lietuvis, kuriam nepatinka čia gyvenančių tautiečių moterų elgesys.

Narkotikų platinimo vietos taksistui irgi nėra paslaptis. Jis pamini tarp Rytų europiečių populiaraus klubo Barkingo kelyje pavadinimą. Man jis nieko nesako – į klubus, juo labiau Rytų Londone, nevaikštau. Bet Simas pusiau rimtai, pusiau juokais pasiūlo man tą adresą įsidėmėti – jeigu prireiktų miltelių.

– Ar žinai, kas yra milteliai?

Nujaučiau, kad kalbama ne apie skalbimo ar kepimo miltelius, kokainas juk irgi milteliai, bet spėlioti nesiėmiau. Kita vertus, kas žino, gal šitas ilgas ir smagus pokalbis buvo tik įvadas į tam tikrą verslą, gal tas Simas, kurį sutikau atsitiktinai ir apie jį visiškai nieko nežinau, tiesiog tyrinėja, ar leisčiausi įtraukiama į verslą, gerokai pelningesnį nei straipsnių rašymas. Nesu perdėtai įtari, bet budrumo neprarasti išmokau – žurnalistinį darbą dirbantis žmogus ilgainiui užmezga daug ryšių, o kontaktai yra vertybė ne tik tiems, kurie renka informaciją, bet ir tiems, kas ieško vienokių ar kitokių platinimo kanalų. Naujųjų atvykėlių širdis, sielas, namus ir ypač pinigines pasiekti trokšta ne vien ypatingų išgijimo, meilės reikalų sprendimo, praturtėjimo būdų skleidėjai, bet ir stebuklinių galių turinčių tablečių, žolelių, balzamų ar miltelių platintojai.

– Tai kas tie milteliai? – klausiu.

– Iš pradžių aš irgi nežinojau, – paaiškino Simas. – Stoviu kartą gatvėje, laukiu, kol išeis taksi užsisakę klientai. Prie manęs prieina keli vyrukai, klausia, kur toks ir toks klubas. Iš snukučių supratau, kad lietuviai, pasilabinau, sakau, tiesiai, tiesiai ir nueisit. Klausia, ar toli, sakau – gabalas. Paskui klausia – o gal žinai, kur čia arčiau miltelių gauti. Pamaniau, neseniai atvykę vyrukai, nesusigaudo, kur skalbimo miltelių nusipirkti. Žinau, sakau – va, parduotuvė ant kampo dar dirba. O tie tik nusijuokė, ne tokių, sako... Tik tada man nušvito, apie kokius miltelius jie kalbėjo.

– Jeigu galima užsakyti, kad atvežtų degtinės, tai gal ir narkotikų tokiu pačiu būdu galima užsisakyti? Paskambini, paprašai atsiųsti tokį ir tokį numerį, tegu miltelių atveža... – tariau.

Pasakiau tarsi juokais, bet, prisipažįstu, kvepėjo provokacija. Simas nepasidavė, tačiau šiek tiek praskleidė narkotikų platinimo paslaptį. Kita vertus, tai jokia ne paslaptis, visi tą žino, net policija.

– Kartą išsikviečia mane juodukų porelė. Vežu, girdžiu, ant galinės sėdynės kažkoks „šmugelis" vyksta, į maišiukus kažką pilsto, maišo... Pasiteiravo manęs, iš kur, pasakiau, kad iš Lietuvos, o, sako, kaip tik pas lietuvius klientus važiuojam. Sustojam gatvėj, prieina keli lietuviai, aš jiems lietuviškai ir sakau – turėkit proto, čia velniai žino ko primaišyta, pats mačiau, kaip mašinoj pilstė ir maišė, o jie vis vien nusipirko, kur dėsis, jei „neužsimetę" jau nebegali.

Šiaip jau apie tokią veiklą kiekvienas doras pilietis turėtų nedelsdamas pranešti policijai, bet Simas, vos apie tai užsiminiau, tik dirstelėjo į mane, lyg būčiau dangaus žvaigždė, staiga iš aukštybių nukritusi į Bektoną. Noriai atsakinėjęs į kvailiausius mano klausimus ir aiškinęs net smulkiausias detales, repliką apie būtinumą pranešti policijai taksistas nuleido negirdomis.

Kad lietuviai nuo tvarką palaikančių tarnybų laikosi atokiai ir net nukentėjusieji ne itin noriai duoda parodymus, jau nekalbant apie liudytojus, kuriuos ir sugaudyti sunku, Londono policininkai seniai suprato. Nelabai suvokia tik vieno – kodėl. Kiek yra tekę bendrauti su Londono policija, nuolat girdėdavau klausimą, kas lemia, kad į policininkus lietuviai žiūri kreivai.

Ką aš jiems galėjau pasakyti? Pati niekada nebuvau apie tai susimąsčiusi. Kad vengia policijos, pastebėjau. Kaip tėvynėje Lietuvoje, taip ir netėvynėje Anglijoje. Tačiau – kodėl? Normaliam Lietuvos piliečiui, net jeigu jis gyvena Anglijoje, toks klausimas nekyla. Policininkas yra policininkas, žmogus yra žmogus, ir nieko bendro tarp jų nėra, nebuvo ir negali būti. Tą tiesiog pačios gamtos nustatytą perskyrą tarp žmogaus ir policininko lietuviai puikiai supranta, tačiau anglams tai neįsivaizduojama keistenybė. Bet šiek tiek pasukusi galvą radau, kaip tai paaiškinti.

Visos lietuvių vidinės problemos ir psichologiniai kompleksai yra susiję su komplikuota istorine praeitimi. Toji praeitis, lemianti daugumos Anglijos lietuvaičių elgesį, yra sovietiniai laikai, kai policija (anuomet vadinama milicija) buvo ne kas kita, o Lietuvai priešiškos politinės jėgos, sovietinių okupantų įrankis. Su milicija bendradarbiauti buvo gėda ir negarbė – net vaikystėje žinojau, kad milicininkai yra blogi dėdės, kuriems nereikia nieko pasakoti. Kiek prisimenu, nieko tokio, ką būtų reikėję slėpti nuo milicijos, nei mačiau, nei girdėjau, bet tokia buvo mano tėvo, nusiteikusio prieš sovietus, taisyklė, ir ji buvo perduodama vaikams.

Isthamo nuovados policininkai, kurie, ieškodami būdų užmegzti ryšius su lietuvių bendruomene, buvo pasikvietę mane kaip lietuviško laikraščio redaktorę, į aukščiau išdėstytą mano paaiškinimą pasižiūrėjo labai pagarbiai. Supratę, kad tų istoriškai susiformavusių santykių pakeisti jie nepajėgūs, tik pasidomėjo, ar lietuviai turi kokių pašaipių žodžių policininkams pravardžiuoti. Išvardijau visą litaniją, atpažinę pravardes „mentai" ir „farai", jie ėmė smagiai šypsotis – tuos jau buvo ne kartą girdėję. Bet, kaip ir priklauso Anglijos policininkams, jie nuoširdžiai tikėjo švietimo ir informacijos sklaidos galia, todėl per mane lietuvių bendruomenei norėjo perduoti žinią, kad jie ne sovietinių laikų milicininkai, kad jie siekia padėti įvairiatautėms bendruomenėms, kurias dažniausiai terorizuoja kaip tik tos šalies, iš kurios žmonės išvyko, nusikaltėliai. Tą žinią perdaviau, bet labai abejoju, ar ji pasiekė mano tautiečių ausis. Nes jie mėgsta girdėti tik tai, kas jiems patinka. Matyt, tą savybę irgi galima paaiškinti kokiu nors sovietmečio palikimu, bet man nebesinori gilintis į tai, kas buvo prieš dvidešimt metų. Tenka pripažinti – praeitis nyksta, tačiau įdiegti papročiai ir mąstymo būdai jau spėjo įaugti į genotipą ir beveik nesiduoda išraunami.

Simo santykis su policija vienareikšmiškas – kuo mažiau turėti reikalų, kad neprisikabintų ir neatimtų licencijos. O ir nusikaltėlių prisibijo – naktį sudaužys mašiną, net nesužinosi, kas. Dar ir pats gali gauti į kailį, todėl tenka su visais elgtis draugiškai, sugyventi, o su kai kuo ir pelnu pasidalyti. Jis prisipažino, kad po kiekvienos pamainos kartais penkis, o kartais ir dešimt svarų palieka operatoriui, nes visi taip daro – jei nepaliksi, gausi vien blogus užsakymus.

– Kokius blogus?

– Na, tokiu laiku ir į tas vietas, kur baisios spūstys. Kartais dvi valandas jose prasėdi, o uždarbis – dvidešimt svarų.

– Tai visi operatoriui kyšius duodat?

– Kokie čia kyšiai... Uždarbiu pasidalijam. Geresnė diena – ir dvidešimties svarų negaila, blogesnė – penkis duodi...

Pasiteiravau, kiek taksistų dirba toje įstaigoje. Pasirodo, beveik trisdešimt. Netrukau suskaičiuoti operatoriaus pajamas per vieną pamainą, net jeigu tik varganus penkis svarus nuo kiekvieno taksisto tegauna. Jei po dešimt – jau visi trys šimtai. O po dvidešimt? Pasakiau, kad ir man patiktų taksistams skirstyti užsakymus, bet Simas atkirto, kad ne kiekvienas tokį darbą gauna.

– Čia toks rajonas, – išmintingai paaiškino mano tautietis.

Man tokios išminties visada trūko. Arba Dievas man davė dvigubą porciją naivumo, arba prisiskaičiau per daug knygų apie priešo pabūklų ambrazūras savo krūtinėmis uždengiančius komjaunuolius, bet ilgai buvau įsitikinusi, kad tai, kas sąžininga ir teisinga, turi būti apginta. Bet gal sąžinė ir teisingumas įmanomi tik nedidelėse ir glaudžiose bendruomenėse? Gal išėjus į globalizacijos greitkelius, tas kaimuose ir miesteliuose išpuoselėtas vertybes reikia tiesiog pamiršti?

NAMAI BE NAMŲ IR KITOS EMIGRANTIŠKOS BUITIES YPATYBĖS

Pramerkiu akis, ir pro plonas užuolaidas besiskverbiančių gatvės šviesų užlieta erdvė atrodo panaši į drumzliną akvariumą. Kur aš?

Nakties vidury šis klausimas trenkia it elektros srovė, miegai išlaksto, aš skubomis apsidairau. Dešinėje pilkai gelsvos spalvos dvejų durų „Ikea" spinta su kabykla ir dviem dideliais stalčiais. Ši spinta – neabejotinai iš serijos tų „Ikea" baldų, kuriuos galima laikyti tikra baldų dizaino nelaime ir kurie jau visiems laikams įsikūrė nukainotų prekių skyriuose. Kabyklinė dalis tokia trumpa, kad telpa tik švarkai bei puspalčiai. Sijoną irgi dar pavyksta įtalpinti, bet kelius siekiančios suknelės ar normalaus drabužio mano amžiaus ir padėties moteriai nebeįsprausi, nebent būtum pusantro metro nesiekianti atvykėlė iš tolimosios Azijos. Galbūt tos spintos ir buvo gaminamos tam, kad patenkintų iš Kinijos, Japonijos ar Korėjos užplūdusių studentų poreikius?

Kitoje kambario pusėje kaimiško stiliaus komoda su užstringančiu apatiniu stalčiumi, kuriam atidaryti reikia mažiausiai trijų arklio jėgų. Ji pirkta iš sendaikčių turgaus, kaip ir staliukas prie lovos – už abu mokėta turbūt ne daugiau kaip dvidešimt penki svarai. Ant staliuko – rūpintojėlis. Prieš penketą metų atsivežiau jį iš Lietuvos ir tampau per visus Londono būstus, kur randu vietą galvai priglausti.

Tada prisimenu, kad vakar persikrausčiau. Per tą laiką, kiek gyvenu Londone, tai jau dešimtas persikraustymas.

Klausimas „kur aš?" mane užklumpa kiekvieną kartą persikėlus į naują vietą. Kiekvieną kartą žvilgsniu tyrinėju erdvę ieškodama kažko atpažįstama, už ko užsikabinčiau žvilgsniu ir suprasčiau – dabar šią vietą turiu vadinti namais. Minkšto liepos medžio skulptūrėlė – nugludinto kaulo baltumu boluojantis mano brolio drožtas rūpintojėlis – yra vienintelis dalykas, kurį iš karto atpažįstu, kurį galiu pavadinti savu, mielu ir kuris padeda man apsiprasti su nauja vieta. Regis, bus nutikę taip, kad netyčiomis, nevalingai, nepuoselėdama jokių užkariautojos užmojų, šitą taikų ir ramų Lietuvos laukų ir pakelių dievuką paverčiau okupantu, padedančiu man užkariauti vis naujus Londono rajonus.

Kai mažiausiai porą kartų per metus tenka kraustytis iš vietos į vietą, visiškai natūralu save vadinti nuolatine persikraustytoja. Su tokia savo kraustynių istorija galėčiau teikti konsultacijas, kaip tai padaryti greitai ir be didelių sąnaudų. Mokamas, žinoma, nes nemokamų ar, kitaip tariant, draugiškų patarimų, kaip supratau, nebėra, mat emigrantiška patirtis Londone labai greitai paverčiama verslu. Prisimenu, kaip galuodavausi, kol drabužius nukabindavau nuo pakabų, sulankstydavau, supakuodavau, o nuvažiavus į naują vietą vėl viskas tas pat, tik nuo antro galo – išpakuoti, išlankstyti, sukabinti. Per laiką įsigudrinau drabužius, mažiausiai po penkis vienetus, išsyk su visomis pakabomis pusiau perlenktus sudėti į didžiulius languotus, Kinijoje gamintus, Rytų Londono krautuvėlėse po svarą ar du kainuojančius, „turgaus tašėmis" vadinamus krepšius, o naujoje vietoje ištraukti, pakratyti ir vėl sukabinti spinton.

Truputį nusuksiu į šalį, bet keli žodžiai toms „turgaus tašėms", be kurių emigrantiška egzistencija būtų nepakankamai pilnatviška, privalo būti tarti. Nežinau, ar daug čia gyvena lietuvių, kurie ranką prie širdies pridėję galėtų pasakyti – tokio daikto neturiu. Aš pati turiu bent keturias, skirtingų dydžių ir nevienodo languotumo. Tie, kas jas išrado, pagalvojo apie viską – kad būtų talpios sugrūsti nesunkiems, bet vietą užimantiems daiktams, tokiems kaip drabužiai ir patalynė, kad medžiaga, iš kurios krepšys pagamintas, būtų nekieta ir susilankstytų, kai krepšys tuščias, tačiau būtų pakankamai stangri, kad į vidų sudėtas turinys neišsklistų į visus šonus. Kasdien naudoti toks krepšys nelabai tinka, nes stinga patvarumo, bet mantai sudėti kraustantis iš vienos vietos į kitą – pats tas. Ir ne vien kraustantis. Tie krepšiai atlieka dar vieną bemaž gyvybinę funkciją – į juos pakuojamos Lietuvon siunčiamos dovanos ar kokios kitos čia nebereikalingos, o saviškiams gimtinėje galbūt praversiančios gėrybės. Tokių „tašių" pritutinti baltos spalvos vanai siuva Europos keliais iš Anglijos į Lietuvą ir atgal. Beje, tie languoti krepšiai yra tapę ir matavimo bei įkainio vienetais. Kaina, kurią moki vežėjui už pergabenimo paslaugą, priklauso nuo to, kiek ir kokio dydžio „tašių" siunti. O dydžiai yra trys – maža, vidutinė ir didelė. Patogu ir paprasta.

Taigi, tas krepšys yra sukurtas gerai pažįstant emigrantiškos būties savitumus ir yra pats tikriausias emigracijos simbolis. Bet pastebėjau, kad pačių emigrantų jis nepelnytai niekinamas. Kartą po trumpo apsilankymo Lietuvoje grįžau į Londoną. Taip susiklostė, kad draugė, kuri vasarą svečiavosi pas mane Londone, buvo palikusi savo lagaminėlį, ir aš jai pažadėjau jį nugabenti. Taip ir padariau – skrisdama į Lietuvą viską susipakavau į tą lagaminėlį. Įsimečiau ir „turgaus tašę", kad grįždama į Londoną turėčiau kur susimesti savo daiktus. Tad skrydžio rytą su tąja „taše", prikimšta gėrybių iš gimtojo krašto, atsidūriau Kauno oro uoste. Kaip Dievą myliu, į Londoną tuo pačiu reisu skrendančių savo tautiečių žvilgsnius traukiau ne mažiau nei kokia pusnuogė gražuolė, tik tie žvilgsniai buvo kupini ne pavydaus ar geidulingo susidomėjimo, o neslepiamos paniekos. Kad į mane kreivai pažvilgčioja – ne pirmas kartas, per daug nepaisau, bet mano vargšė „tašė" to tikrai nenusipelnė. Nesupratau, kodėl šis neatskiriamas emigrantiškos buities elementas buvo plakamas pašaipiais ir niekinamais žvilgsniais. Juk nebuvo blogesnė už kitas pigiai ir su nauda pagamintas savo seses – kukliai languota pilkais ir mėlynais kvadratėliais, neužimanti daug vietos, klusniai pasiduodanti įminkoma ten, kur netelpa storaodžiai lagaminai. Ji neturėjo jokių ydų, o talpos efektyvumo požiūriu – tikra dorybė. Panieka ne dėl jos savybių, o dėl to, kad ji atsidūrė ne vietoj. Į viešumą „turgaus tašei" išeiti negalima, ji privalo glūdėti emigrantiško gyvenimo slaptavietėje. O aš, kaip kokia išdavikė, ištempiau ją į oro uosto laukiamąjį – tą parodinę emigrantų erdvę.

Man liūdna, kai taip didžiai naudingi dalykai būna taip baisiai negerbiami. Jei turėčiau pinigų, šiai nuolatinei emigrantinio gyvenimo palydovei pastatyčiau paminklą. Panašiai kaip

Liverpulyje, kur viename iš dokų rajonų yra paminklas lagaminui, tiksliau – lagaminų krūvai. Paminklas „turgaus tašei" prasmingai praturtintų Kauno oro uostą.

Įvairaus didumo „tašėmis" prieš persikraustymą reikia būti apsirūpinus. Kitas svarbus dalykas, kurį supratau įsikinkiusi sukti nuolatinių persikraustymų ratą – susirasti nuolatinį perkraustytoją. Tos tiesos mane išmokė vienas nutikimas. Ištikus eiliniam persikraustymui, laikraštyje radau skelbimą apie pervežimo paslaugas. Pasiskambinau, nebrangiai susitariau, kaip tik gali šeštadienį. Anksti kėlusi visas dėžes, krepšius prikimšau daiktų ir drabužių, supakuotų pagal anksčiau skelbtą metodiką, surikiavau juos koridoriaus gale prie durų, kad vairuotojui atvykus nereikėtų gaišti. Sutartas laikas atėjo, vairuotojas – ne. Praslinko dešimt, dvidešimt minučių... Gal įstrigo spūstyje? Nes transporto spūstys Londono gatvėse gali užklupti net šeštadienio naktį. Paskambinu – telefonas išjungtas. Pazirzinusi tuo numeriu dar kelis kartus ir palikusi atsakiklyje žinutę, skubomis kuriu planą, kur rasti kitą vairuotoją. Galiausiai per draugus ir pažįstamus gaunu dar vieno vežėjo numerį. Bet jis galėtų tik vakare. Man nesvarbu, kad ir naktį. Dar skimbtelėjau draugams, kurie kaip tyčia išvykę prie jūros ir grįš tik rytoj. Nusiteikiau laukti vakaro ir prarasti gerą pusdienį. Po kiek laiko skambina mano užsakytas vežėjas. Sumurmlenęs „degalai-tepalai" ir išvardijęs aibę automobilio viduriuose nesigaudančiam žmogui nesuprantamų problemų, jis taria:

– Po pusvalandžio mašina bus sutaisyta, man netoli, tai iš karto ir atvažiuosiu.

Atsiranda po valandos. Ir ne vienas, su draugu. Iš jų veidų suprantu, kad degalų-tepalų ir kitos laiku iš vietos pajudėti sutrukdžiusios bėdos kamavo ne automobilį, o vyrukų skrandžius. Su pagiringa skuba ir perdėtu entuziazmu jie griebė dėžes, krepšius ir ryšulius, sumetė juos į dengtą sunkvežimiuką it kokias skiedras ir, sodriai juokaudami apie Londone užgyventus mano turtus, nubirbino mane maždaug porą mylių iki kitos gyvenamosios vietos. Griebdami po du ar net tris nešulius, iškraustė viską dar sparčiau, nei pakrovė, ir – lapatai laiptais, palikę mane išsigandusią stebėti, kaip mano turtai trankosi čia į laiptų pakopas, čia į turėklus, viliantis, kad stiklinės, taurės ar kiti dužūs daiktai nepažirs šukėmis. Bet kokie mano prašymai pasaugoti krepšius vyrukams kėlė tik smagų juoką – nei naujausios vaizdo bei garso technikos, nei brangių baldų neturėjau, o visa kita jie vertino ne daugiau nei skudurus ar šiukšles. Galiausiai įstūmus paskutinį ryšulį į koridorių, vežėjų akyse suspindo džiugi nuojauta, kad tuoj įvyks tai, dėl ko jie taip stengėsi, ko taip laukė ir troško. Gavę porą dešimtinių sušoko į mašiną ir nurūko nesunkiai nuspėjamos svajonės išsipildymo link.

Tada supratau, kad patikimas nuolatinis perkraustytojas tokiai nuolatinei keliauninkei kaip aš yra būtinas. Jis ne tik atvyksta laiku ir visada randa nurodytą adresą, jis kiekvienam, kurį jau ne pirmą kartą permeta iš vienos vietos į kitą, taiko nuolaidą ir kaip tikras verslininkas rūpinasi, kad klientūra augtų, o lietuviai, pagrindiniai jo paslaugų vartotojai, nenustotų cirkuliavę trečiąja, ketvirtąja ir penktąja Rytų Londono zonomis.

Jei Lietuvoje būčiau išgirdusi klausimą, kokioje zonoje gyvenu, būčiau didžiai pasipiktinusi, nes lietuviškas žargonas zoną tapatina su kalėjimu. Londone į tam tikras zonas mus išskirsto ne teisėjų nuosprendžiai, o transporto schema, negailestingai brėžianti netolygaus storumo netaisyklingas žiedines figūras aplink numanomą centrą. Kitaip nei žiedai ar lankai, jos nesudaro tobulo apskritimo. Vakarų ir šiaurės kryptimis šios zonos yra pasistūmėjusios labiau į pakraščius. Rytinėje ir pietinėje pusėse priartėja prie pat centro, čia jau antroji zona dvelkia mišria ir marga tautų maišalyne su vyraujančiu kario kvapu. Prikūpėjusios visokiausio imigrantiško margumyno, pradedant apdarų ir baigiant kvapų bei garsų įvairove, tos zonos tarsi lankai statinę ar žiedai įvorę iš visų pusių supa centrinį Londoną. Jų funkcija panaši – apgaubti ir suveržti šį didžiulį iškrikusį miestą, išlaikyti suspaustą jo chaotiškai putojantį tirštą turinį. Tos Londono pakraščius rėminančios zonos ir yra mūsų, iš visų pasaulio kraštų atvykusių čia įsikibti į svajonę, į gyvenimą, į atsitiktinę sėkmę ar į kieno nors jau užgyventą turtą, erdvė.

Tose zonose sukasi ir mano gyvenimas.

Kartą kaip tikra persikraustymų spartuolė iš vienos vietos į kitą kėliausi vos po pusantro mėnesio. Įsėdusi į tą patį sunkvežimiuką, kuris buvo mane čia atgabenęs, pajuokavau, kad jeigu į 2012 metų olimpines žaidynes būtų įtraukta tokia sporto šaka kaip kraustymosi rungtis, tikrai patekčiau į pirmąjį trejetuką, o gal net būčiau pirmoji. Vairuotojas nusijuokė ir tarė:

– Konkurencija būtų rimta. Turiu klientę, kuri į naują vietą persikelia maždaug kas porą mėnesių.

– Kas porą mėnesių?!

– Su visais susipyksta. Išsikraustydama net nebesirodo tuose namuose, kur gyveno. Supakuoja daiktus, įduoda man raktą ir paprašo, kad paimčiau juos ir atvežčiau nurodytu adresu.

– Su visais susipyksta!?

– Nežinau, kaip ten yra, maždaug visi blogi – vieni geria, kiti triukšmauja, kiti dar kažkuo neįtinka. Nors ką gali žinoti, gal tik kitų kaltes mato, bet pati yra nesugyvenama. Ne man spręsti.

Vairuotojas užsičiaupė tarsi išsigandęs, kad per daug pasakė. Nes ką gali žinoti? Lietuvių gyvenimai Rytų Londone taip susipynę, kad sunku susigaudyti, kas su kuo viename name yra kaimynavęsi, toje pačioje statybų aikštelėje trynęsi, viešbučius kartu valę, prie vieno konvejerio vištas arba žuvį pakavę ar iš to paties kaimo kilę. Bet kad vieni apie kitus daug žino, vieni kitų gyvenimo vingius stebi ir seka, kasdien po vieną ar du lietuvius perkraustantis vežėjas jau nutuokė.

Kad vežėjo minėtos merginos nuolatinių persikraustymų priežastis buvo nesantaika su kitais namo ar buto gyventojais, jokia ne išimtis. Nesusipykti su bendragyventiniais beveik neįmanoma. Kas bus tie, su kuriais teks dalytis bendra virtuve ir vonia, nežinai, kol su jais nesusiduri. Kambarius nuomojantys žmonės namo bendragyventinius piešia kaip angeliukus ir cherubinus, kurie net nevaikšto, o sklandyte sklando, ir nuo jų sklinda vien rožių dvelksmas. Tačiau pradėjus gyventi kartu su aštuoniais ar dešimčia svetimų žmonių viename name, net svetimi rožių dvelksmai, – kaip teko įsitikinti, tie dvelksmai toli gražu ne tie, kuriais kvepia rožės, – ima įkyrėti. Nekalbant jau apie kitus bendragyventinių savitumus, kurie tik palaipsniui atsiskleidžia visu gražumu.

Tipiškai gyvenama taip – vyrai dirba statybose, moterys su vaikais sėdi namuose. Kad užsidirbtų papildomai, pasiskelbia auklėmis. Kadangi atskiro kambario vaikams žaisti neturi, nes visi paversti miegamaisiais ar išnuomoti, vienintelė vieta atžaloms būti ir dūkti lieka koridorius bei laiptinė. Jei kitiems namo gyventojams tai kliudo, gali pasiieškoti kitos vietos.

Itin didelės įtampos zona yra virtuvė, toji bendra patalpa, kuri visiems reikalinga beveik vienu metu: iš ryto išeinant į darbą ir vakare iš jo grįžus. Dažniausiai tai moteriškų nesantaikų ir konfliktų zona.

– Ji neturi dubenėlių sriubai, tai naudoja mano ir nė neatsiklausia. Kartą buvau žuvį pasisūdžiusi, pasidėjau šaldytuve, grįžtu po darbo, mano žuvis išimta, ji savo mėsą į mano dubenėlį susidėjo marinuoti. Kitą kartą aš užsikaičiau vandenį kavai, ji atlėkė, pagriebė virdulį, šliukšt vandens ant viršaus, nes mat jai neužteks. Mano draugas į virtuvę jau kojos nebekelia, taip jos nekenčia, bet kažkas turi valgį gaminti. Šeštadienį ruošiu pusryčius virtuvėje, bendranuomininkė ir sako, ai, nėra ką veikti. Aš, sakau, važiuosiu į miestą. Tai ką, babkių negaila, klausia. Sakau, o tau į orą penkis svarus kasdien išleisti negaila, nes ji rūko. O aš už tuos pinigus Londono pasižiūrėti nuvažiuoju. Kiek metų gyvena Londone, o miesto centre nebuvę. Jei kur ir nuvažiuoja, tai į artimiausią „Primarką". Penktadienį vakare prisiperka gėrimų, štai ir savaitgalis – televizorius įjungtas, *pleisteišinas* įjungtas, butelis ant stalo, ir taip dvi dienas, – kartą skundėsi neseniai į Londoną atvykusi ir prie čionykščio gyvenimo savitumų dar neįpratusi moteris.

Jeigu namas draugiškas, į tokį savaitgalių leidimo būdą įtraukiami visi gyventojai. Jeigu nedraugiškas, tada kiekviename kambaryje savaitgaliais – po savą televizorių, savą *pleisteišiną* ir savą butelį. Kartą pasitaikė, kad mano ir kaimyno nuomojamų kambarių durys buvo greta. Jis buvo kokių keturiasdešimties metų tylus vyriškis, į savo statybas išeidavo anksti ryte, o kai aš grįždavau, jis jau miegodavo, apie jo egzistenciją bylodavo tik slogus degtinės tvaikas, kurį užuosdavau savaitgaliais, jeigu jo kambario durys kartais likdavo praviros. Tam tvaikui antrindavo televizoriaus garsai – penkias minutes ištisinis šaudymas, du trys rusiški keiksmažodžiai, įsprausti į trumpą pauzę, ir vėl ginklų tratėjimas, sprogdinimai ar gaudynėse užspeistų automobilių stabdžių žviegimas.

Toji draugiška lietuvių apgyventų namų atmosfera tokia užkrečianti, kad gyvenimas, nesvarbu, kur jis būtų kuriamas, Lietuvos ar Londono kaime, ima suktis vienu ritmu – penkios ar šešios juodo arimo dienos statybose ir juodo girtavimo savaitgalis. Jei prie tokio gyvenimo būdo nepritampi, esi svetimas. Svetimas ne šiaip, paprastąja šio žodžio reikšme, svetimas kvadratu ar net kubu, nes lieki svetimas vietiniams, kurie vadina save anglais, svetimas pusiau vietiniams, kurie vadina save britais ir dažniausiai nepriklauso baltųjų rasei, svetimas tam, kas čia vadinama tikru lietuvišku gyvenimu, ir jau tapęs svetimas ar sparčiai svetimėjantis likusiems Lietuvoje.

Man asmeniškai susipykti su bendragyventiniais neteko. Greičiausiai todėl, kad išsinuomoto kambario bemaž nenaudodavau kaip namų – tai būdavo tik vieta pernakvoti. Ryte išeidavau į darbą, vakare traukdavau į kokį nors renginį arba užsisėdėdavau darbovietėje, savaitgaliais – pas draugus ar į muziejų, jeigu pristigdavo lietuviškų renginių.

Neturėti savo erdvės ir grįžus po darbo su savo antrąja puse, o kai kada ir su vaiku, spaustis nedideliame kambaryje yra vienas didžiausių emigrantinio gyvenimo išbandymų. Kartais atrodo, kas čia tokio, kad su svetimais, svarbu, kad galvą nakčiai būtų kur priglausti, bet ilgainiui smulkmenos kaupiasi, auga ir tampa nepakeliama trintimi.

* * *

Gyvenamojo būsto paieškos paprastai prasideda nuo lietuviškų skelbimų puslapių. Nuomojančių kambarius gausu, bet normalų būstą rasti nelengva. Patyriau tai savo kailiu, nes, kaip minėjau, gyvenamąją vietą keičiau bent dešimt kartų, tad turėjau progų į valias prisižiūrėti emigrantiško gyvenimo įvairovės.

Išranki niekada nebuvau, man reikia labai nedaug. Kad būtų šviesu. Kad atidarius langą iš gatvės nesklistų pridegintų kebabų smarvė. Kad tarp lovos ir spintos būtų bent truputį erdvės, kur galėčiau pasitiesti jogos kilimėlį ir patampyti sustingusius raumenis. Kad tilptų rašomasis stalas su kėde, virš jo – pora lentynų knygoms ir vieta televizoriui. Kad drabužių spinta būtų erdvi ir su dėže batams. Praverstų ir komoda patalynei bei staliukas prie lovos.

Buvau įsitikinusi, kad tai gyvenamosios aplinkos minimumas, nes apie tokią prabangą kaip muzikos centras, be kurio kiti neapsieina, net neužsimenu, man gana ir to, kas sklinda iš nešiojamojo kompiuterio. O kad mano londonietiškoje buityje galėtų dalyvauti foteliai, net į galvą niekada neatėjo. Akivaizdu, kad tos bent kiek malonesnės buities tiesiog nenusipelniau. O apie staliuką su veidrodžiu, prie kurio galėčiau pasigražinti eidama į viešumą, net svajoti nedrįstu. Tokie dalykai skirti tik ypatingais talentais ir aukšta morale pasižymintiems asmenims. Kaip ir didelio formato veidrodis, kuriame galėtum pamatyti save visu ūgiu.

Stebėdama emigrantišką buitį ir gyvenseną, atradau vieną įdomų dalyką. Aišku, iš moteriškos perspektyvos, bet vis viena įdomu – visuose dešimtyje būstų, kuriuose teko gyventi, tik viename buvo normalus didelis veidrodis. Ir tas būstas buvo išskirtinis vieno miegamojo butas Barbikane, absoliučiai atitikęs mano skonį, puikiausiai tinkamas gyventi vienam žmogui, bet visiškai ne mano kišenei. Gyvenau ten todėl, kad jį nuomojusi draugė išvyko į Niujorką ir leido man juo naudotis, kol grįš arba negrįš. Negrįžo, bet jos nuomos sutartis baigėsi, ir teko išsikraustyti. Tačiau galiu nesunkiai įsivaizduoti tai, kas yra normalus gyvenimas Londone ir kas ne vien man, bet ir didžiajai daliai mano tautiečių šiame mieste yra visiškai nepasiekiama.

Ten gyvendama, be gausos kitų malonumų, prieš išeidama į gatvę visą pusmetį turėjau galimybę nužvelgti save nuo galvos iki kojų, ir ta galimybė – nežinau, kaip vyrams – moteriai yra labai svarbi. Atspindys visu ūgiu yra tarsi ta riba tarp buvimo privačiai, buvimo tik sau ir išėjimo į viešumą – ne šiaip sau tie veidrodžiai dažniausiai kabinami prieškambariuose prie lauko durų.

Visur kitur, kur gyvenau, geriausiu atveju tekdavo tenkintis veidrodžiu iki juosmens, tad jeigu norėdavau pamatyti, kaip man guli sijonas ar kelnės, turėdavau pasilypėti ant kėdės. O panorėjus įsitikinti, ar tarpusavyje dera sijonas, palaidinė ir švarkas, tą lipimo ant kėdės procedūrą tekdavo kartoti kelis kartus, kol dviejų dalių kūno atvaizdas galiausiai sulipdavo į visumą ir galiausiai pajėgdavau apsispręsti, ar tas paveikslas tinkamas viešumai. Problemos čia kaip ir nėra – veidrodžių gausu ir jie nėra brangūs. Tačiau problema ne veidrodis, o vietos stoka, tad su tuo, ką pavadinčiau atvaizdo visu ūgiu nepakankamumo sindromu, susitaikiau. Paprasčiausiai nustojau domėtis, kaip atrodau. Ir pastebėjau, kad tokių nustojusių domėtis išvaizda šiame mieste daug. Ir apskritai, kam to veidrodinio atvaizdo visu ūgiu reikia?

Bet girdėjau beveik anekdotu virtusį pasakojimą apie vieną tautietę – ji nuomojosi *bedsitinį* kambariuką, kuriame, aišku, didelis veidrodis netilpo. Tačiau visiškai netoli namų buvo veidrodžių parduotuvė, tad pakeliui į darbą kiekvieną rytą ji užsukdavo į tą parduotuvę ir nuodugniai nuo galvos iki kojų save apžiūrėdavo. Jeigu būdavo itin nepatenkinta savo atvaizdu, nepatingėdavo grįžti namo ir persirengti. Po kiek laiko parduotuvės savininkas neištvėrė nepasišaipęs, kad turbūt ji pati sau labai patinka, kad nepasižiūrėjusi į veidrodį negali praeiti pro šalį. Išgirdęs tikrąją priežastį savininkas pasiūlęs jai ką nors įsigyti iš jo parduotuvės ir pažadėjęs nuleisti kainą, tačiau ji nepirkusi, nes į jos *bedsitą* veidrodis vis viena nebūtų tilpęs.

Tad, išsiruošusi ieškoti gyvenamojo ploto, tokią prabangą kaip veidrodžiai ir lentyna knygoms iš savo reikalavimų sąrašo išbraukiau. Bet išbraukiau per mažai. Pasirodo, tai, ką aš vadinu minimaliais poreikiais, galima dar labiau minimalizuoti ir nuomojamame kambaryje nesitikėti nieko daugiau išskyrus lovą, dvejų durų spintą ir komodą. Retais atvejais kai kam pasiseka rasti dar ir spintelę prie lovos – man toks atvejis pasitaikė du sykius (neskaitant to karto, kai gyvenau į Niujorką išvykusios draugės bute). Dažnai nei stalinės lempos, nei televizoriaus, nekalbant apie mano vargšą rūpintojėlį, neturėdavau kur pastatyti.

Nors niekada nebuvau lepinta, grūdintis teko iš naujo. Turėjau kaip kokioje pionierių stovykloje ar studentų bendrabutyje iš naujo mokytis šlapius rankšluosčius neštis į savo kambarį, nes vonios kambaryje, kuriuo naudodavosi septyni ar aštuoni žmonės, jie tiesiog netilpdavo. Miegamajame vietos rankšluosčiams irgi nenumatyta, bet – tikras stebuklas – tam puikiausiai tinka durų rankena. Rečiau naudojamus daiktus laikydavau dėžėse ir išmokau be daug ko apsieiti. Po kelių persikraustymų įgudau įsikurti ankštai – televizorių pastatydavau ant kampe įsprausto lagamino, o stalinę lempą – ant stirtos plastikinių dėžių su knygomis ir kitais apyvokos daiktais. Nesunku atspėti, kad taip apstatyta, tiksliau, visko prikimšta erdvė net nereikliausiu žvilgsniu žiūrint nė iš tolo nepriminė kambario, greičiau sandėliuką, kuriame dar ir miegama.

Tokiais miegamųjų sandėliukų kompleksais virtę ištisi Rytų Londono kvartalai. Mat tie, kas Londone gyvena seniau, kas susitaupė užstatui ir jau gali pateikti dokumentus apie pakankamas darbines pajamas bei atitinka visus kitus reikalavimus, kad namą ar butą išsinuomotų savo vardu, greit suprato, kad, pernuomojant atskirus kambarius, savo nuomos išlaidas galima gerokai susimažinti ar net jų išvengti. Taip gyvenimą pasigerinti panūdusių emigrantų tikrai nemažai, o pagerėjimo šaltinis – naujai atvykę tautiečiai, neturintys nei įgūdžių, nei galimybių ką nors išsinuomoti savo vardu. Kai ilgainiui įgyja tokių įgūdžių ir galimybių, patys tampa pernuomotojais.

Pažįstu šeimą, kuri vertėsi vien iš pernuomojimo. Savo vardu skirtinguose rajonuose iš skirtingų agentūrų išsinuomodavo keturis penkis namus ir juos pernuomodavo išskirstę kambariais. Didelių matematinių ar verslinių gebėjimų čia nereikia, tik šiokio tokio pirminio kapitalo – depozitui ir išankstinei nuomai sumokėti. Ir gerai sutvarkytų popierių. Milijonų čia neužkalsi, bet gyventi įmanoma. Pavyzdžiui, Londono rytuose, Barkingo ar Dagenhamo rajonuose, trijų miegamųjų namo nuoma siekia maždaug tūkstantį šimtą svarų per mėnesį. Tą angliško standarto namą visiškai nesunku paversti lietuviško standarto penkių kambarių namu, miegui skiriant ne tik miegamuosius viršuje, bet ir apatiniame aukšte esančius bendro naudojimo kambarius – svetainę ir valgomąjį.

Nors kambarių kaina priklauso nuo jų dydžio, apytikriai vienas kambarys kainuos apie keturis šimtus svarų per mėnesį. Penki kambariai – du tūkstančiai svarų per mėnesį. Atskaičiavus tūkstantį šimtą svarų už nuomą ir dar kokius tris šimtus mokesčiams, visa kita nusėda į pernuomotojo kišenę. Tuos šešis šimtus likusių svarų padauginus iš keturių namų – štai ir daugiau kaip du tūkstantukai per mėnesį. Dirbdami už minimumą uždirbtų mažiau ir kasdien vargtų mažiausiai po aštuonias valandas. Užsiimdami pernuomojimu tikrai nevargsta. Rizikuoja? Taip, bet be rizikos neapsieisi jokiame versle. Nežinai, ar užteks klientų, gali tekti kambarį kurį laiką palaikyti tuščią, nežinai, kokie tie atvykstantys žmonės – gali sulaukti bėdos, tačiau net ir tokiu atveju pernuomojimas apsimoka. Ir nors yra pavojus, kad agentūra, patikrinusi ir radusi, jog name gyvena ne tie žmonės, kurie įrašyti nuomos sutartyje, tą sutartį gali nutraukti, tokių dalykų pasitaiko retai. Nes kaip jie sužinos, kas gyvena? Pagal įstatymą be nuomininko sutikimo ir išankstinio susitarimo į išnuomotą būstą nei namo šeimininkas, nei agentūros darbuotojai neturi teisės įkelti kojos. Bet jie tai daro. Kartais paslapčiomis, o kai kada net nesislapsto, manydami, kad iš svetimos šalies atvykę nuomininkai nežino savo teisių. Bet ką jau ką, o savo teises čia greitai perprantame. Gal ne visi, gal ne iš karto, bet apsukresniems užtenka pagyventi metus, kad išsiaiškintų savo teises ir jomis abiem rankom naudotųsi.

Viena dvidešimt dvejų metų mama kartą pasigyrė prisiteisusi iš nuomos agentūros šešis tūkstančius svarų už materialinius nuostolius bei moralinę žalą. Man tai skamba kaip pasaka, nes girdėjau daugiau atvejų, kai nuo agentūrų nukenčia nuomininkai, o ne atvirkščiai. Net pavydu pasidarė. Jeigu aš pati pradedu ieškoti teisybės, tai man iš to vieni nuostoliai. O čia – ir teisybė, ir pinigai vienu kirčiu.

Istorija tokia: vieniša mama išsinuomojo trijų kambarių butą sau ir sūnui. Pati gyveno viename kambaryje, į kitus du įsileido subnuomininkus. Vasaros atostogų išvyko į Lietuvą, o grįžusi sužinojo, kad agentūra panaikino jos sutartį ir iškraustė ją iš buto. Agentūros darbuotojai taip pasielgė todėl, kad bute rado vieno iš subnuomininkų čekių knygelę, kurioje šis butas buvo nurodytas kaip jo gyvenamasis adresas. Ir nors įsileisdama subnuomininkus jauna mama pati pažeidė taisykles, ji padavė agentūrą į teismą. Pirma, agentūra neatsiuntė jai iš-ankstinio raštiško įspėjimo apie nuomos sutarties nutraukimą, kaip numatyta įstatymuose. Antra, agentūros darbuotojai, net ir turėdami jos leidimą užeiti į nuomojamą butą, neturėjo teisės raustis po gyventojų daiktus – o kaip kitaip jie būtų atradę tą čekių knygelę, dėl kurios moteris ir buvo iškraustyta.

Kadangi čia visi turi teisių ir visas jas gina įstatymai, tai ginčas vyksta ne tarp turinčiojo teisę ir jos neturinčiojo, bet dėl to, kieno teisė viršesnė. Arba kieno teisei įrodyti susiklostė palankesnės aplinkybės. Šį kartą tos aplinkybės buvo palankesnės jaunai mamai, nes agentūra, regis, buvo pernelyg įsitikinusi savo galia ir nepasirūpino, kad iškeldinimo procedūra būtų atlikta pagal nustatytą tvarką. Ir pralaimėjo.

Būsto nuomos, kaip ir įdarbinimo, sferoje knibžda apgavikų. Ir tos apgaulės, į kurių pinkles pakliuvęs vėliau galvoji, kaip galėjai leistis taip kvailai apmulkinamas, sugeba užburti net apdairius žmones, netikinčius tuo, kas čia vadinama „elgetos svajone".

Jaunai porai skubiai teko išsikraustyti iš nuomojamo būsto, kuriam buvo paskelbtos varžytinės. Butą apleisti reikėjo per dvidešimt dienų, tad pora apsidžiaugė laikraštyje radusi skelbimą apie netoliese nuomojamą namą. Jo kaina buvo šiek tiek mažesnė nei panašaus didumo per agentūras nuomojamų namų, ir jie nieko nelaukdami susisiekė su skelbimo autoriumi. Apžiūrėjo, patiko, susitarė, kad per savaitę bus atvežti baldai. Londone būstai už prieinamą kainą medžiote medžiojami, tad aptikus ką nors tinkamą reikia griebti tuoj pat, jei delsi ir dairysies, pagriebs kitas. Jaunoji pora nenorėjo praleisti pasitaikiusios progos, bet kvailai įkliūti irgi bijojo – paprašė, kad namą nuomojantis vyriškis pateiktų tapatybę įrodančius dokumentus. Kitą dieną vyras pristatė lietuvišką asmens tapatybės kortelę, vairuotojo teises, net banko sąskaitos išrašą, kurioje buvo nurodytas jo gyvenamosios vietos Anglijoje adresas. Pasidarę šių dokumentų kopijas būsimi nuomininkai ramia širdimi pasirašė nuomos sutartį ir sumokėjo vieno mėnesio dydžio užstatą bei įmoką už pirmąjį mėnesį, iš viso du tūkstančius svarų. Gavo raktus ir susitarė, kad į namą persikels po savaitės, kai bus atvežti baldai.

Artėjant persikraustymo dienai pora nuvyko pasižiūrėti, kaip apstatytas tas jau svajone tapęs namas su dideliu vidiniu kiemu ir erdvia svetaine. Bet rado jį tuščią. Paskambino namą išnuomojusiam vyriškiui pasiteirauti, kada galės įsikraustyti. Telefonas išjungtas. Jų žvilgsniai ėmė kliūti už įtartinų ženklų ir detalių, kurių anksčiau nebuvo pastebėję. Pavyzdžiui, lentelė su užrašu „Parduodama" prie kiemo vartų stovėjo ir tuo metu, kai pirmą kartą atvažiavo apžiūrėti namo. Tada jie patikėjo nuomotojo žodžiais, kad tai tipiška nekilnojamojo turto agentūrų reklama. Bet dabar jie nusprendė pasitikrinti, ar tai tiesa.

Paskambinę ant plakato nurodytu numeriu sužinojo, kad namas parduotas. Kam parduotas ir kaip tą pirkėją surasti, agentūros darbuotojas neatskleidė. Įtarimams augant, pagal banko sąskaitos išraše nurodytą adresą pora pabandė surasti namą jiems išnuomojusį vyriškį. Nuvažiavę pamatė, kad tuo adresu niekas negyvena, ten telefonų parduotuvė. Vėl grįžę į išnuomotą pastatą ir atidžiai apžiūrėję duris, galiausiai suprato, kad į namą įeita su laužtuvu, o durų spynos pakeistos. Nedelsdami nukeliavo į nuovadą, bet policininkai, perskaitę tvarkingai surašytą nuomos sutartį ir išsiaiškinę, kad sutartį pasirašiusio asmens ieškomų nusikaltėlių sąrašuose nėra, nieko blogo šioje situacijoje neįžvelgė. Raktus jie turi? Turi. Sutartį turi? Turi. Tad kokia problema – jie gali keltis į tą namą ir gyventi.

Apie tai, kas Anglijoje vadinama „skvoto teise", trejetą metų Londone gyvenę lietuvaičiai jau buvo girdėję – jeigu randi negyvenamą namą ir sugebi įeiti į vidų, pasikeisk spyną ir gyvenk, nes iškeldinti gali tik teismas. Kūdikio besilaukianti pora tokios galimybės niekada nesvarstė, tačiau šia teise jiems teko pasinaudoti. Kai atėjo laikas išsikraustyti iš varžytinėms atiduodamo būsto, jiems beliko pasielgti taip, kaip buvo patarę Barkingo policininkai – įsikraustyti į neteisėtai užgrobtą namą. Saugumo sumetimais pasikeitė spynas ir prieš savo valią tapo skvoteriais.

Bet jie nebuvo vieninteliai. Nepraėjus nė porai dienų, į duris pasibeldė dar viena jauna šeima. Jie irgi turėjo nuomos sutartį, irgi buvo sumokėję du tūkstančius svarų, turėjo raktus. Išsiaiškinę, kad abi poros sutartį sudarė su tuo pačiu asmeniu, visi vėl kreipėsi į policiją. Byla buvo pradėta, bet po kiek laiko, taip nieko ir neištyrus, nutraukta. O nukentėjusiems neliko nieko kito, kaip susitaikyti su nuostoliais ir guostis, kad tai buvo brangi pamoka. Pamoka, kurią privalu išmokti kiekvienam emigrantui – nepuoselėti elgetos svajonių, nepasiduoti iliuzijai, kad tau netikėtai ir nežinia kodėl pasisekė.

Mintimis perkračiusi savo pažįstamų ar atsitiktinai sutiktų žmonių patirtis ir girdėtus pasakojimus, nedaug randu tokių atvejų, kad čia atvykęs emigrantas iš Lietuvos nebūtų apgautas, iš jo nebūtų išviliota pinigų. Ir pradedu tikėti, kad patirti apgaulę, tapti prakutusio sukčiaus ar atsitiktinio apsukruolio auka išvykus į svečią šalį yra tiesiog privalu. Tai ne kas kita, o emigranto krikštas – tikrasis įšventinimas į vilionių, apgavysčių, išnaudojimo ir įsivaizduojamos sėkmės burbulų zoną.

NESIBAIGIANTYS KARAI
IR ELGETOS SVAJONĖ

Galiausiai supratusi, kad gyvenimo su kitais lietuviais patirties prisisėmiau su kaupu, sumaniau išsinuomoti atskirą butuką. Tegu ir patį mažiausią, bet atskirą su man vienai priklausančiais kvapais ir garsais.

Susirasti ką nors ne per daug brangaus ir padoraus – nemenka užduotis. Būsto ieškojimo Londone stresas turint ribotą biudžetą psichologijos vadovėliuose turėtų būti išskirtas kaip atskira ir organizmą itin alinanti streso rūšis. Jei ieškai gyvenamosios vietos už mažiau kaip septynis šimtus svarų per mėnesį, keliauk į Londono pakraščius arba būk pasiruošęs ištverti būstą nuomojančių agentūrų darbuotojų panieką ir pažeminimą. Nes esi niekas, smulkmė, kuri neįstengia uždirbti tiek, kad galėtų išsinuomoti jų pasiūlos skyriuje užsigulėjusius tūkstančius svarų kainuojančius butus.

Agentūra, per kurią nuomojausi būstą, atrodė labai rimta. Rajonas, kur pavyko rasti butuką už prieinamą kainą, priskiriamas prie geresnių. Gausa anketų, kurias privalėjau užpildyti, ne mažiau kaip dvi privalomos rekomendacijos, uždarbio patvirtinimo bei banko sąskaitų duomenys ir dar galybė dalykų, kurie įrodytų mano mokumą ir patikimumą, irgi kvepėjo nepaprastu rimtumu. Net pasijutau it pavojinga nusikaltėlė, tiesiog teroristė, kuri ne tik apdergs sienas, sunaikins baldus, išdaužys langus ar nuniokos neliečiamąją *landlordo* nuosavybę, bet ir išsprogdins aplinkinius taikius gyventojus su jų namais ir sodeliais. Tokie griežti reikalavimai turbūt nekeliami net tiems, kas siekia įsidarbinti slaptojoje tarnyboje.

Viską įvykdžiau, į griežtus patikimo nuomininko kriterijus šiaip taip įtilpau ir galiausiai galėjau įsikraustyti į palėpėje esantį ir todėl pigesnį nei kiti to rajono būstai vieno kambario butuką. Pagal angliškąjį gyvenamųjų būstų rūšiavimą – tai vadinamoji „studija", tai yra vienas kambarys be atskiro miegamojo.

Įsikrausčiau. Viskas labai puiku, tik vienas raktas nerakina. Tą pastebėjau jau persikraustymo dieną ir pranešiau agentūrai. Pažadėjo sutaisyti. Vėliau paaiškėjo, kad vanduo tualete nusileidžia tik gerokai papumpavus rankenėlę. Pranešiau agentūrai. Pažadėjo sutaisyti. Visi pažadai buvo duoti su krūva mandagybių, palydėti kreipiniais „mieloji" bei „brangioji". Susidariau įspūdį, kad mano gerovės užtikrinimas yra jų gyvenimo tikslas.

Sutartu laiku buvo atsiųstas meistras, jaunas vyrukas, ne lenkas, ne lietuvis, ne ukrainietis ar imigrantas iš kurios nors kitos Rytų Europos šalies, o anglas, kuris sutvarkė tualeto bakelį. To „sutvarkymo" užteko vos kelioms dienoms, ir rankenėlė vėl pradėjo strigti, nes vandens nuleidimo įrenginys buvo tiesiog pasenęs. Reikėtų jį išmesti ir įtaisyti naują.

Bet tai išlaidos. O juk tiek namo šeimininkas, tiek agentūra, tiek remonto paslaugas teikianti firma – visi turi teisę į kuo didesnį šventąjį pelną, o šis iš Šventosios Dvasios negimsta, atsiranda ir auga tik tada, kai kuo daugiau gaunama ir kuo mažiau išleidžiama. Tad bakelio remontas baigėsi rankenėlės pakrapštymu. Po to tas pats vyrukas pakrapštė spyną. Viską išsuko, vėl susuko, pakraipė galvą – tiesą sakant, aš ir pati būčiau tiek sugebėjusi – ir tarė:

– Su spyna viskas gerai, bet raktas netinka, jo nosis per trumpa.

– Tai raktas, kurį man davė agentūra, – paaiškinau.

– Jis netinka. Sugadintas.

– Keista, – šyptelėjau. – Įsikeliu gyventi ir gaunu sugadintą raktą.

Dabar žinau, kad jau tada mano galvoje turėjo pradėti kaukti aliarmo signalas. Bet nekaukė. Buvau įsitikinusi, kad agentūra, taip tikrinusi mano patikimumą, pati sau irgi taiko tuos pačius kriterijus. Nieko neįtariau dar ir dėl to, kad apačioje į bendrą laiptinę vedė net dvejos savaime užsitrenkiančios durys, kurias atidaryti galima tik turint elektroninį raktą. Atrodė, saugiau negali būti.

Tai, kad įsikėliau į „gerą" rajoną, kad nuomos reikalus tvarkiausi per „gerą" vardą turinčią agentūrą ir susidariau gerą įspūdį, mane ir prigavo. Kai Londono rytuose nuomojausi „studiją" (tiesa, tik tris mėnesius, nes socialinį būstą pernuomojusį bangladešietį, įtarusios nelegalia veikla, pradėjo tikrinti atitinkamos tarnybos, ir turėjau iš ten dingti), iškart pareikalavau, kad įdėtų naują spyną. Tai buvo Londono rytai, nuomojau per internete surastą skelbimą, būstas socialinių namų rajone, tad visiškai akivaizdu, kad saugumu privalai pasirūpinti pats.

Bet įsitikinau, kad nei Vakarų Londono rajonai, nei gero vardo agentūros nėra nė per trupinį patikimesnės negu socialinius būstus pernuomojantys atvykėliai iš tolimosios Azijos. Tie, kas turi „gerą vardą", visas pastangas deda vardui kurti, o jei tam vardui iškyla grėsmė, visos pajėgos metamos jo prestižui ginti. Gerą vardą vis dažniau tenka suvokti ne kaip patikimumo ženklą, o kaip aliarmo signalą, nes geras vardas ilgainiui virsta blogos kokybės priedanga.

Bet šios išminties įgijau jau po laiko. O tada taip džiaugiausi, kad išsipildė mano „elgetos svajonė" ir galiausiai turiu atskirą butuką, savo vienos erdvę. Ir visi žurnalistinio darbo metu girdėti pasakojimai, esą nepasikeitęs išsinuomoto buto užraktų gali jame sulaukti nekviestų svečių, tiesiog išgaravo.

Kita vertus, nesėdėjau rankų sudėjusi – apie užrakto problemas informavau agentūrą. Jie mane patikino, kad viską sutvarkys. Jų atsiųstas meistras pažadėjo paimti iš agentūros atsarginį raktą, patikrinti, ar jis tinka spynai, ir, jeigu tinka, pagaminti dublikatą. Logiška. Kantriai laukiau, kol tai bus padaryta. Dešimt dienų, jokių žinių. Bet nepanikavau. Durys į laiptinę, patikrinau, nuolat būdavo užrakintos, tad dėl saugumo neabejojau.

Savaitės viduryje buvau pakviesta į vakarėlį. Pasipuošiau ir įsispyriau į aukštakulnius. Pastaruosius, kad būtų patogiau įveikti nemenkus Londono atstumus, pakeliui planavau pakeisti į aulinukus, vakar atiduotus į taisyklą prie stoties, o bateliais ketinau persiauti prieš pat vakarėlį, aulinukus palikusi pas draugą, kuris mane ir pakvietė į renginį. Viskas suplanuota taip, kad nuveikčiau kuo daugiau su mažiausiom laiko sąnaudom.

Londone išmoksti taupyti du dalykus – laiką ir pinigus. Tiesa, pinigų taupymas ne visiems yra aktualus, tačiau laikas, ta ypatingos rūšies valiuta, kuria mus gamta ar Dievas aprūpino gimstant – jo taupymas ar, tiksliau, efektyvus naudojimas, lieka vienodos svarbos dalykas bemaž visiems.

Iš namų išbėgau vėluodama penkiomis minutėmis, jas atėmė telefono skambutis, o paskutinės minutės skambučiai kažkodėl būna būtent tie, kurių laukei visą dieną. Išgirstą informaciją norėjau užsirašyti, tad dar kiek pasėdėjau prie kompiuterio, o paskui jau pustekine reikėjo lėkti pro duris.

Diena buvo apniukusi, bet man ji atrodė nuostabi. Viskas klostėsi sklandžiai, regėjos, kad visi dalykai, kurių man reikia, yra pakeliui ir po ranka. Tokių akimirkų pasitaiko retai. Mano gyvenime gal ir buvo koks vienas kartas, kai buvau reikiamoje vietoje tinkamu metu, bet tai supratau tik tada, kai ta akimirka buvo praėjusi. Paprastai nutikdavo, kad jeigu tinkamu metu, tai netinkamoje vietoje, arba tinkamoje vietoje, bet netinkamu metu, arba ir netinkamu metu, ir netinkamoje vietoje. Pastarasis derinys dažniausiai. Bet toji vasario pabaigos popietė atrodė išskirtinai džiugi. Žingsniavau per Hamersmito tiltą, nudažytą su pakrančių atspalviais susiliejančia spalva, tarsi kažkuris iš karų dar būtų nesibaigęs ir tiltas kaip strateginis taikinys tebebūtų užmaskuotas. Bet, nepaisant užuominos į nesibaigiančius karus, buvau apimta nepakartojamo jausmo, kad esu tinkamu laiku ir tinkamoje vietoje.

Taisykla „Great Scotts" pakeliui, atrodė, užšoksiu, pagriebsiu savo pusbačius ir dumsiu toliau, mat prieš vakarėlį dar buvau suplanavusi vieną interviu. Tačiau didieji Skotai tikrai nebuvo greitieji Skotai. Eilėje prieš mane stovėjo du žmonės, o taisyklos darbuotojas vargo su rakto dublikatu, kurio jam niekaip nepavyko tinkamai nušlifuoti. Jis išties kamavosi – sprandą pylė tirštas raudonis, o neapykanta jį supančiam pasauliui arba bent jau mums trims, išsirikiavusiems už jo nugaros, veržėsi pro visas languotų marškinių siūles. Mes trys – tai už mane kokia dešimčia metų vyresnė, bet jaunatviškai apsirengusi moteriškaitė raudonais plaukais ir žalia beisbolo kepuraite. Aprangos stilių, ko gero, buvo nusižiūrėjusi nuo Vivienne'os Westwood, tačiau pinigų tokiam stiliui puoselėti turėjo gerokai mažiau nei garsioji anglų stiliaus ikona, tad visas jos raudonas ir žalias ekscentriškumas atrodė tiesiog kvailai. Gal ir negerai taip galvoti, bet man atrodo, kad skirtumas tarp ekscentriškai ir idiotiškai atrodančio žmogaus yra vienintelis – piniginės storis. Ryškiai rengtis ir netipiškai elgtis yra turtingųjų privilegija, visi kiti vilki juodai arba pilkai. Tačiau rakto laukianti moteriškė jau artėjo prie tokio amžiaus, kai nebeturėjo rūpėti, kaip ji atrodo ir ką apie ją galvoja trečias žmogus eilėje prie batų ir raktų dirbtuvės.

Už jos – vyrukas tamsiai mėlynu klerko kostiumu. Greičiausiai jis visą dieną spoksojo į kompiuterio ekraną – žvilgsnis nejudrus, įbestas į plačią raktų meistro nugarą, tarsi ten mėlynais ir pilkais kvadratėliais mirgėtų informacija apie naftos kainos pakilimus ir nuopuolius biržoje. Dviem pirštais suspaudęs laikė raudoną talonėlį laukdamas savo eilės. Trečia buvau aš.

Kantrybė nėra mano didžioji dorybė. Lėtapėdžių nemėgstu, tačiau anglas lėtapėdis yra gryna, absoliuti, neištveriama kankynė. Man patinka, kai žmonės būna atsipalaidavę ir tvarko reikalus be įtampos. Bet kai tas atsipalaidavimas įgauna perdėto pasitenkinimo savo atsipalaidavimu skonį ir kvapą, susierzinu. Tiksliai nepasakysiu, kurioje mano kūno vietoje, bet maždaug tarp krūtinės ir bambos tarsi užvirė, užburbuliavo katiliukas, įkaito kaip reikiant, bet dangtį laikiau stipriai užspaustą, tyliai kunkuliuodama lyg šutinys ant lėtos ugnies. Su stipriu kažkurio Anglijos pakraščio akcentu moteriškei paaiškinęs, kad jei ir šį kartą raktas netiks, jis padarys naują formą už dyką, kas keli žodžiai įterpdamas „atsiprašau" ir „apgailestauju", nors jo širdis, tą aiškiai girdėjau, kaip koks metronomas klaksėjo tikrai ne „sorry-sorry", o „fuck-fuck" ritmu, jis pasisuko į kitą klientą. Sukosi lėtai ir nerangiai, mano tautiečiai sakytų: kaip apatinė girna. Kokį posakį lėtapėdžiams pritaiko vietiniai anglai, neturiu supratimo. Gal jie visi tokie pat atsipūtę ir lėti, kad to lėtumo net nebepastebi. Tiesa, „Didžiųjų Skotų" taisyklos darbuotojas jau irgi ėmė pastebimai nervintis, bet tai jo nepaskubino, atvirkščiai, jis darėsi dar nerangesnis. Jau nebe kaip viena, o dvi apatinės girnos. Beje, atrodė kaip tik taip. Bent jau toji kūno dalis, kuri pasidalijusi į dvi rinkes – viena virš kelnių diržo, kita žemiau jo. Kaklą juosė rumbas, panašus į susigarankščiavusį ir liulantį vėdarą.

Kai galiausiai atėjo mano eilė, buvau spėjusi apžiūrėti ir kritiškai įvertinti visus darbuotojo kūno parametrus. Jis, matyt, tą pajuto, nes, kryptelėjęs į mano pusę, didžiulėmis plaštakomis įsispyrė į prekystalio briauną ir įrėmė į mane žvilgsnį, plieniniu šalčiu besiskverbiantį pro trumpus, dygius blakstienų šeriukus. Tarsi sakytų – nagi, nagi, pažiūrėsime, kieno čia galia ir valia. Nors vakar, kai atidaviau batus, jis su manimi kalbėjo labai maloniai, jeigu teisingai supratau, ką jis sakė. Mat žodžius vyras, atrodė, ne taria, o tartum sprogdina po liežuviu lyg kramtomosios gumos burbulus. Bet vakar jis šypsojosi. Dabar gi nė vienas veido riebaliukas nesiformavo į jokią šypseną, o žodžių burbulai po liežuviu įgavo dar daugiau sprogstamosios galios.

Vakar gautus talonėlius (kažkodėl davė du, bet nesiaiškinau – iš kur man žinoti kiekvienos batų ir raktų taisyklos etikos kodą, gyvenimo filosofiją ar vidaus taisykles) buvau išsiėmusi iš piniginės ir padėjusi ant prekystalio dar stovėdama eilėje. Tiesiog iš anksto pasiruošiau atgauti savo aulinukus ir bėgti į traukinį, kurie vienas po kito gundomai dundėjo netoliese esančiame perone. Didysis Skotas akimis nudelbė mano kvitukus, vieną didesnį, kitą mažesnį, bet abu su tuo pačiu numeriu, ir tarė:

– Aš negaliu šitų batų surasti.

– Kaip? – nustėrau. – Vakar juos atidaviau taisyti, sakėt, kad šiandien galiu pasiimti bet kuriuo metu.

– Jie jau paimti, – atsakė.

– Kaip paimti? Štai mano kvitas.

Vėliau gerai apžiūrėjusi kvitus įsitikinau, kad tai tik du raudoni popieriukai, ant kurių nebuvo net taisyklos pavadinimo, tik kažką reiškiantys numeriai.

– Tie talonėliai gulėjo ant prekystalio, – rėžė jis.

– Taip, tai aš juos padėjau ant prekystalio, – paaiškinau.

– O kodėl jie du?

– Todėl, kad jūs man vakar davėte du.

– Kokie ten buvo batai, kiek porų?

Pasakau batų spalvą, paminiu, kad neilgi aulai, kad reikėjo pakalti pakulnes. Per visą savo ne tokį jau trumpą gyvenimą pirmą kartą kaip mokinukė gavau aiškinti, kad mano batai buvo du, ir dar angliškai.

– Batai buvo du, o pora viena, – pridūriau, kad būtų aiškiau.

Bet aiškiau nepasidarė, kaip tik atvirkščiai.

– Tai kiek buvo porų?

– Viena, – aiškinu.

– Tai kodėl du talonėliai?

– Todėl, kad du davėte.

– Tai kodėl sakėte, kad du.

– Todėl, kad du batai – kairysis ir dešinysis.

Ginčas klimpo į nesąmonių liūną, mudviejų balsai darėsi vis garsesni. Mano aulinukų ieškoti jis nė neketino, į susitikimą jau vėlavau ir didžiosios dalies tarmiškų malonybių pradėjau visiškai nebesuprasti. Dar buvau apkaltinta šiurkštumu, nors tenorėjau tik vieno – atgauti savo pusbačius. Galiausiai didysis Skotas griebė ant prekystalio tebegulinčius mano talonėlius, pažiūrėjo ir pranešė:

– Ateikit už dvidešimties minučių.

– Už dvidešimties negaliu, skubu, ateisiu rytoj, grąžinkit talonėlį.

O jis man sako:

– Neduosiu.

Ir suspaudžia juos kumštyje kaip koks penkerių metų vaikas, žinantis, jog jau turi pakankamai jėgų, kad išlaikytų, ką nutvėrė, bet dar nesuvokiantis, ką jis nutvėrė iš tiesų.

– Neduosiu. Tu paėmei juos nuo prekystalio, jie ne tavo...

Tie batai kainavo septyniasdešimt svarų, dar už pakalimą dešimt svarų, kuriuos kaip kvailė sumokėjau iš anksto, nuostolis ne toks jau mažas, tačiau su tuo galima susitaikyti. Nepakenčiamiausia buvo beteisiškumo ir bejėgiškumo būklė, nesimatė net visaregių CCTV kamerų, kurių filmuota medžiaga galėtų tapti įrodymu, kad vakar čia buvau ir palikau savo pusbačius. Visos mano teisės, kuriomis tariausi esanti aprūpinta šioje gilių demokratiškų tradicijų šalyje, sutilpo į taisyklos savininko ar dalininko, o gal tiesiog samdomo darbuotojo gniaužtus.

Į to didelio ginčo dėl talonėlių ir pusbačių intarpus dar tilpo mano prašymai pakartoti, kokius žodžius jis sprogdina po liežuviu, ir pastabos dėl to, kad jeigu aš jo nesuprantu, tai gal jis malonėtų kalbėti mano kalba.

– Gal turėčiau kalbėti lietuviškai, – pasiteiravo šaipydamasis man tiesiai į akis. Kiek ankstėliau buvau minėjusi, kad esu iš Lietuvos.

– Gera mintis, bet tikriausiai nemoki. O aš angliškai kalbu, tik ne visų kaimų akcentais.

Norėjau jį įžeisti ir įžeidžiau. Visiška anomalija virtęs ginčas kilo į stoties pastato palubes ir jau traukė praeivių žvilgsnius. Bet tada iš kažkur grįžo kitas taisyklos darbuotojas, kaip supratau, viršesnis, ir rado mus susikibusius aršioje dvikovoje. Taikiu balsu paaiškinau, kad susikivirčijome dėl mano pusbačių, kurių jo kolega nenori grąžinti. Mano priešininkas anapus barjero irgi nuleido garą, jo rankos nusviro, abu talonėliai išslydo iš jo kumščių ir nusklendė ant prekystalio. Pajutusi, kad tiksi mano paskutinės sekundės, ir jeigu viesulu lėksiu, dar pagausiu savo pašnekovę, griebiau talonėlius nuo prekystalio ir nulėkiau į stotį. Teko kaukšėti aukštakulniais, apie savo emigrantišką egzistenciją garsiai skelbiant metro stotis jungiančiuose tuneliuose bei gatvėse.

Nors ir vėluojant, bet viskas vyko pagal planą. Londono centre turėjau susitikti su modeliu dirbančia lietuvaite, o nuo ten iki draugo namų – maždaug penkiolika minučių pėsčiomis. Ir nors ne kartą tuo keliu eita, per skubėjimą pasukau ne ta gatvele ir gavau apsukti nemažą lankstą. Galiausiai atpažinusi aplinkinius pastatus stryktelėjau per gatvę, dar kelios minutės, ir jau būsiu vietoje. Vos išvengiau susidūrimo su juodu kebu, buvau pilna energijos, atrodė, kad visi turi trauktis man iš kelio. Bet traukėsi ne visi. Peršokusi gatvę bemaž kaktomuša susidūriau su vyriškiu, kurio anksčiau nebuvau pastebėjusi, jis atsirado staiga ir iš niekur. Šviesiu lietpalčiu, su portfeliu rankoje, panašus į ką tik iš įstaigos išėjusį darbuotoją.

– Aš čia stoviu, ir mano galvoje vyksta debatai, – be jokios įžangos tarė jis.

Apsidairiau, nė vieno žmogaus daugiau nesimatė, vadinasi, jis kreipėsi į mane.

– Ką? Atsiprašau? Nesupratau. Kas yra? – sutrikau.

– Galvoje, – parodė pirštu į kaktą. – Debatai.

– Na, ir apie ką tie debatai? – nusijuokiau. Nesu girdėjusi, kad savo vidinius svarstymus kas nors vadintų debatais, lyg tai būtų parlamentarų, akademikų ar kitų garbių asmenų posėdis.

– Išgerti man stiklą vyno ar ne? – tarė jis.

– Būta čia ką svarstyti, – pasakiau. – Aišku, išgerkit. Jums šiandien kaip tik reikia stiklo gero raudono vyno.

Supratau, kad gaištu, bet man tas pokalbis patiko.

– Taip ir padarysiu, – sutiko jis ir pasiteiravo, ar nepalaikyčiau jam kompanijos.

Pasakiau, kad mielai, bet esu susitarusi. Tada jis pasiteiravo, iš kur aš.

– Iš Lietuvos, – atsakiau.

Nors Londone mane ne kartą yra užklupęs pojūtis, kad geriau nebūčiau lietuvė, bet savo kilmės šalies neslepiu. Nors neturėčiau tuo stebėtis, bet kažkodėl nustebau, kai vyriškis pasakė, kad pažįsta lietuvaitę, dirbančią „Harrods" parduotuvėje. Mane pagavo žurnalistinis smalsumas. Jis pažadėjo mane su ja supažindinti. Palikau jam telefono numerį ir nuskubėjau savo keliais.

* * *

Namo grįžau tik kitą dieną. Pakeliui be vargo atgavau savo pusbačius, tarsi jokių problemų su jais nebuvo ir neturėjo kilti. Atsirakinau buto duris ir prieškambaryje kabindama paltą pastebėjau, kad kažkas ne taip. Rašomojo stalo ir komodos stalčiai ištraukti, popieriai mėtosi ant grindų, kelios dešimtys svarų, kuriuos išeidama buvau įmetusi stalčiun, dingę. Tada pastebėjau, kad mano nešiojamojo kompiuterio irgi nebėra, papuošalų dėžutė iškraustyta, spintos durys atlapotos, rūbai išversti. Kažkieno čia būta. Skubiai surinkau pagalbos numerį 999 ir pranešiau apie vagystę. Kol laukiau policininko, apžiūrėjau duris – jokių pėdsakų, kad būtų įsilaužta. Tada prisiminiau iš pažįstamų girdėjusi, kad jie buvo apvogti netrukus po to, kai atsikraustė į naują vietą. Viskas lygiai taip pat – jokių įsilaužimo pėdsakų, įeita atsirakinus duris. Paskambinusi į agentūrą ir pranešusi, kad buvau apvogta, o ant durų nėra įsilaužimo pėdsakų, paklausiau, ar jie prieš man įsikeliant pakeitė spyną.

– Ne, nepakeitėme. Nesame įpareigoti tai daryti, – su aiškia teisumo intonacija atsakė agentūros darbuotoja.

– Tada kaip jūs užtikrinate, kad mano buto raktų neturi pašaliniai asmenys?

– Kiek buvome davę raktų ankstesniems nuomininkams, tiek jie ir grąžino.

– Nejaugi jūs nežinote, kad pagaminti rakto dublikatą – vienas juokas, ir tų dublikatų galima turėti kiek tik nori?

– Jūs kaltinate buvusį nuomininką apvogus jūsų butą? – rėžė ji. – Tai rimti kaltinimai.

– Aš nežinau, kas konkrečiai tai padarė, tik noriu pasakyti, kad jūs nežinote ir nekontroliuojate, kiek ir kieno rankose yra atsidūrę raktų, ir kad tai yra jūsų atsakomybė.

Ji pažadėjo rytoj viską išsiaiškinti. Liepė nesinervinti ir net užrėkė – nekelkite balso, aš stengiuosi jums padėti. Pastangų padėti nepastebėjau, darbuotoja net nepasidomėjo, ar iškviečiau policiją, nė neužsiminė, kad iškviesčiau. Tikėjosi, kad esu nieko nesusigaudanti imigrantė ir kad agentūros pažadais išsiaiškinti viskas ir pasibaigs.

Kitą dieną agentūros darbuotoja patikslino, kad įstaigoje esantys atsarginiai mano buto raktai buvę paimti, juos paėmė spyną sutaisyti žadėjęs meistras. Bet jis neturėjęs elektroninio rakto nuo laiptinės, tad tą pačią dieną raktus grąžinęs agentūrai.

Tą dieną aš kaip tyčia buvau namuose, bet niekas prie lauko durų neskambino. Nei telefono skambučio, nei elektroninio laiško su klausimu, kada būsiu namuose ir galėsiu įleisti jų meistrą, irgi nesulaukiau.

– Įdomu, kodėl reikėjo imti mano buto raktus neturint rakto nuo laiptinės ir nesusitarus, kad aš būsiu namie ir įleisiu jūsų meistrą?

Šis naivus klausimas agentę visiškai supykdė. Ji pareiškė, kad savo turtą, kurio, tiesą sakant, neturiu (vienintelis daiktas, kuris man šiek tiek reiškė, buvo kompiuteris), apdrausti privalėjau pati, o su juos aptarnaujančia meistrų firma jie dirba seniai ir niekas niekuo nesiskundė.

Jeigu tai būtų buvęs tik kompiuteris, – nesvarbu, kad tikrai geras, pirkdama jį negailėjau pinigų, – būčiau numojusi ranka. Prie daiktų neprisirišu. Bet su juo praradau dalį jau parašytos knygos ir nemažai surinktos medžiagos. Be to, kompiuterio atmintyje buvo sudėtos ir asmeninės mano gyvenimo Londone akimirkos – išsaugoti elektroniniai laiškai, nuotraukos, dokumentų kopijos. Pasijutau, lyg penkeri mano gyvenimo metai šioje šalyje būtų iš manęs pavogti.

Skaudu buvo ir dėl to, kad butą išnuomojusia agentūra visiškai pasitikėjau. Tiesa, keistoka pasirodė tai, kad mano reikalus tvarkantys žmonės nuolat keisdavosi: vienas parodė man butą, dingo, jo darbą perėmė kita moteris, bet greit viską perdavė trečiai, po to atsirado dar vienas žmogus... Kartą neištvėrusi parašiau laiškelį, kad nebesusigaudau, kas iš tikrųjų tvarko mano nuomos reikalus. Labai apgailestaudama dėl to, kad nesusigaudau, viena iš agentūros darbuotojų paaiškino, kad jie dirba kaip komanda ir todėl nesvarbu, kas su manimi susisiekia. Skamba gražiai, bet man nepatiko – komandinių darbų ir komandinės neatsakomybės buvau prisižiūrėjusi ir Lietuvoje. Bet kai nuomojiesi butą, kainuojantį mažiau nei porą šimtų svarų per savaitę, esi, tiesą sakant, net ne klientas, o išmaldos prašytojas, ir turi priimti tokias sąlygas, kokios tau primetamos.

Kadangi kalbėdama tiek su policininkais, tiek su agentūra leidau suprasti, kad, mano galva, agentūra kalta visą mėnesį mane palikusi nesaugią, nors apie neveikiančią spyną juos informavau, agentūros darbuotojai metė visas pajėgas, kad mane nuslopintų. Jie labai apgailestavo, labai mane užjautė ir patarinėjo nusiraminti.

– Bet klausykit, – pasakiau vienai agentūros ramintojai. – Jeigu aš kaip privatus asmuo būčiau pasiskolinusi kieno nors buto raktą, o po poros dienų tas butas būtų buvęs apvogtas be įsilaužimo žymių, policija mane laikytų pagrindine įtariamąja. O jei taip pasielgia įstaigos darbuotojas, jūsų manymu, ant jo neturi kristi nė šešėlis įtarimo?

Ji pareiškė, kad tai yra šmeižtas, ir pasiūlė man pasiieškoti advokato. Toks siūlymas nuskambėjo kaip patyčia – ji puikiai suprato, kad Londono advokatų kainos man neįkandamos.

Moteris tiesiog provokavo mane primygtinai klausdama, ar aš kaltinu buvusius nuomininkus. O gal aš kaltinu spynos taisytoją? O gal kaltinu ją? Tokiais atvejais, kai mane priverčia pasijusti visiškai beteise ir dar bando įpiršti kaltės jausmą, neva problema ne ta, kad mane apvogė, o ta, kad aš nenusiraminu, galvoje ima knibždėti teroristinės mintys – viską išsprogdinti. Nes tokia sistema, kai visi įgunda problemas mandagiai apeiti, o ne jas spręsti, tegu ir šiurkščiai, vis vien yra pasmerkta.

Vėlai vakare radau dvi balso pašto žinutes. Abi nuo mano naujojo pažįstamo. Pirmojoje jis sakė, kad pasikalbėjo su „Harrods" dirbančia lietuvaite, ji sutikusi pasimatyti su manimi, ir jis suorganizuotų mūsų susitikimą. Antroji žinutė labai trumpa – kai gausi šį balso pranešimą, paskambink. Paskambinau, atsiprašiau, kad negalėjau atsiliepti, ir papasakojau, kas nutiko. Jis pareiškė apgailestaująs ir pasiteiravo, ar visgi vakare negalėtume susitikti, norįs mane supažindinti su ta lietuvaite. Žurnalisto gyvenimas toks – gaudyk vėją, kol pučia, nes jis tuoj gali pakeisti kryptį. Sutariam, susitinkam, nueinam į artimiausią barą. Lietuvaitės, su kuria turėjo supažindinti, nėra, neva kažkur užtrukusi, tad pradėjome kalbėtis apie mano buto apiplėšimą.

Papasakojau viską – nuo abejonės dėl raktų iki vagystės. Naujasis pažįstamas tarė:

– Čia agentūros kaltė, jie neužtikrino tavo saugumo.

– Bet jie aiškina esą niekuo dėti, kad kažkas mane apvogė...

– Aš žinau įstatymus, – pareiškė jis ir paprašė, kad pasakyčiau savo adresą, kriminalinės bylos numerį policijoje bei agentūros pavadinimą ir grįžusi jam paskambinčiau. – Palik tai man, aš su jais pasikalbėsiu.

Be to, pažadėjo padėti nusipirkti naują kompiuterį, nes turįs draugą, gerai išmanantį techniką ir galintį patarti. Ir nors ta lietuvaitė, su kuria turėjau susipažinti, taip ir nepasirodė, man tai neberūpėjo – buvau dėkinga likimui, kad įsigijau gelbėtoją. Esu pripratusi, kad mano problemos niekam nerūpi, tad nelabai jomis ir dalinuosi – jei pavyksta, išsprendžiu pati, jei nepavyksta, tylomis paverkiu, po to keletą dienų atrodau žiauriai likimo nuskriausta, bet greitai vėl atsigaunu. Bet šį kartą išdygo Viljamas Gelbėtojas. Ir kaip tik tada, kai to labiausiai reikėjo.

Kitą dieną kompiuteris buvo nupirktas, mano naujasis draugas padėjo išvengti visokių spąstų, nes pardavėjai vis siūlė į daugybę kategorijų išskirstytų ir niekam nereikalingų draudimų – vienas nuo to, jei kompiuterio ekranas bus sudaužytas ar kitaip sužalotas, kitas nuo to, jei klaviatūra bus apvemta ar kuo nors aplieta, ir taip toliau. Neturintys ką veikti du pardavėjai vienas kitam antrindami sklandžiu duetu aiškino, kokie tie draudimai naudingi, nors jie man būtų papildomai kainavę pusantro šimto per metus.

Be to, mano gelbėtojas informavo, kad jau kalbėjo su agentūra, šie pažadėję po savaitgalio sutvarkyti spyną ir netgi atlyginti nuostolius už prarastą kompiuterį. Dėl dingusių tekstų apmaudu, tačiau atsiimsiu bent už kompiuterį, nes savo išlaidas artimiausiam laikui buvau apskaičiavusi svaras į svarą. Išgėrėm arbatos ir atsisveikinom. Jis prašėsi į svečius, bet pasakiau – ne. Jis teigė, kad mane supranta.

– Labiausiai nekenčiu melo, – kalbėjo jis.

Žodžiai „nekenčiu melo" man primena ginkluotę, kuri pasitelkiama žengiant į priešo teritoriją. Ir tą frazę iš Londone sutiktų vyriškių lūpų girdėjau ne vieną kartą. Iš lietuvių vyrų to girdėti nėra tekę. Ir tai įdomu. Klausimų čia virtinės.

Vienas jų – nejaugi nemažai anglų vyrukų augo ir brendo ypatingo nepasitikėjimo ir melo aplinkoje, todėl tiesa jiems atrodo ypatingos svarbos vertybė? O gal jie patys taip persunkti įtarumo, kad melas jiems vaidenasi visur, tad sakydami nekenčiantys melo jie ginasi nuo juos persekiojančių šmėklų? Arba neapykanta melui apsiriboja tik tuo melu, kurį sukuria moterys? Galbūt jie neapykantos melui neskelbia savo tautietėms ar čia gimusioms ir augusioms moterims, kurios, savaime suprantama, yra bendros tarpusavio pasitikėjimo zonos dalyvės. Gal šios frazės adresatas esame mes, Rytų europietės, apie kurių moralę ir papročius Anglijoje sklinda ne pats geriausias garsas?

Savaitgalį praleidau bandydama įdarbinti nusipirktą kompiuterį. Tai ne tik programos ir kiti dalykai, kurie sulig kiekvienu nauju modeliu yra keičiami, ir reikia iš naujo priprasti. Nežinau, kaip kitiems, bet man su asmeniniu kompiuteriu išsirutulioja kažkoks labai emocionalus, gal net intymus santykis. Kartais juokauju, kad galų gale tai daikčiukas, kurį kartais pasiimu su savimi į lovą. Mano nešiojamasis kompiuteris tam tikru požiūriu buvo mano mylimukas, jam buvo patikėtos visos mano paslaptys, net porą manęs nuogos nuotraukų jis buvo įsidėjęs savo atmintin. Ir staiga jis dingo. Iš tavo gyvenimo lauko pasitraukęs mylimasis išsineša tam tikrą tavo gyvenimo dalį, taip pat jaučiausi ir dingus mano „kompiukui". Turėjau išgyventi praradimą ir su juo susitaikyti, o tam visada reikia laiko.

Tiesa, į tąją pokyčių dinamiką, bent mano atveju, visada įsitraukia pastanga susigrąžinti tai, kas prarasta. Susigrąžinimo planai paprastai būna labai kvaili, bet tuo metu jie atrodo reikalingi ir tinkami vykdyti. Man rūpėjo išsiaiškinti, kas, be manęs, dar turėjo mano buto raktą ar kas turėjo progą jį pasigaminti. Kelis kartus mintyse perverčiau visas galimybes, aišku, pati save labiausiai keikdama už tai, kad patingėjau „kompiuką" tempti su savimi, ir radau tik vieną logišką išvadą – tai vidinio vagies darbas. Kažkas, kas žinojo, kad apatinė spyna neveikia, o viršutinė užkabinama tik liežuvėliu, ir kas turėjo priėjimą prie agentūroje saugomų raktų. Tą popietę, kai iš agentūros paėmė raktus, o manęs neva nerado namuose, ir buvo pagamintas mano rakto dublikatas. Tereikėjo tik palaukti, kada aš būsiu išėjusi.

Tačiau kas iš tų mano išvedžiojimų, jeigu įstatymų nežinau, pinigų advokatui neturiu, o policijai mano atvejis – vienas iš daugybės, be to, jų akimis, mano nuostolis niekinis. Pasijutau tokia absoliučiai beteisė ir bejėgė kaip tada, kai iš didžiojo Skoto gniaužtų negalėjau atgauti savo pusbačių. Tik nuostolis daug didesnis.

Ir ne tik nuostolis. Abu šie per vieną parą įvykę dalykai naikinamai smogė į tai, dėl ko visą laiką gyvenimas man atrodė blogiausiu atveju pakenčiamas, tai yra į pasitikėjimą žmonėmis ir institucijomis. Nėra taip, kad tikėčiau viskuo, visais ir aklai – dirbdamas žurnalistinį darbą tokio absoliutaus tikėjimo, net jei ir atsinešei jį iš gimtojo kaimo, ilgai neišlaikysi, tuo labiau neišplėtosi ir neišpuoselėsi. Tačiau, kad ir kaip būtų, pasitikėjimas ir tikėjimas buvo mano gyvenimo pagrindų pagrindas. Pasaulis man niekada neatrodė kovos laukas, kai į kiekvieną turi žiūrėti kaip į priešą, potencialų apgaviką ar naudos sunkėją.

Vaikystėje turėjau keistą svajonę, galgi greičiau troškimą nei svajonę. Žiūrėdama filmus ir matydama, kas vyksta, ir aiškiai žinodama, kad vienas asmuo ar grupė yra blogieji, jie rezga pinkles, kad pakenktų geriesiems, aš norėdavau turėti lanką su stebuklingomis strėlėmis, kuriomis šaučiau į ekraną ir sunaikinčiau tuos blogiukus. Gerieji džiaugtųsi, bet nesuprastų, kas nutiko, kodėl jų priešai negyvi, iš kur tos strėlės ir kas jas paleido. Tiesa, tada nesupratau, kad taip sunaikinčiau ir filmo siužetą. Tai buvo vaikiška aistra ir nuoširdus vaikiškas noras, kad pasaulis būtų tobulas.

Šį kartą jaučiausi panašiai. Viljamas Gelbėtojas turėjo būti ta strėlė, kuri sunaikins visus bloguosius. Juolab kad jis tikino negalįs pakęsti, kai jo tėvynainiai šitaip neteisingai elgiasi. Be to, supažindino ir su žadėta lietuvaite, kuri teigė pažįstanti jį jau treji metai ir sulaukusi iš jo nemažai pagalbos. Ji buvo graži, jauna, jis penkiasdešimtmetis, kiek supratau, gana turtingas, ir jų draugystės pamatai man atrodė nesunkiai nuspėjami.

Iš agentūros, žadėjusios viską išsiaiškinti ir man paskambinti po savaitgalio, jokių žinių. Tarsi nieko ir neįvyko. Tiesa, buvo atsiųstas tas pats spynos reikalais užsiimantis vaikinukas, jis atrodė gerokai susigūžęs, lyg bijotų būti pačiuptas už pakarpos. Atsineštą raktą jis pasukiojo spynoje, pasakė, kad ir šitas raktas netinka, matyt, reikės gaminti naują, ir greitai dingo prieš tai burbtelėjęs įprastinį „sorry". Jam išėjus labai aiškiai supratau – prieš mane stovėjo vagis. Per vėlai susigaudžiau, kad galbūt reikėjo bandyti jį įtikinti, jog pavogtą kompiuterį parduotų man, nes mokėčiau brangiau nei vogtų daiktų supirkėjai. Jis išėjo – jokių žinių, kada baigs darbą, toliau turėjau gyventi su spyna, kurią paprasta atrakinti ir dantų krapštuku, kaip manė policininkai, arba nuo kurios raktą turi kažkas pašalinis, kaip buvau įsitikinusi aš.

Vakare paskambino Viljamas Gelbėtojas ir pasidomėjo, ar spyna, kaip žadėjo agentūra, sutaisyta. Pasakiau, kad ne, neįsivaizduoju, kada tai atsitiks, ir jaučiuosi nesaugi. Kitą dieną agentūros darbuotojai sukruto kaip bitės. Moteris, kuri neseniai siūlė nusiraminti, tikindama, kad jie niekuo dėti, staiga ėmė suokti švelniausiu balsu ir pažadėjo, kad man paskambins ir atsiprašys nuomininkus aptarnaujanti bei meistrą siuntusi įstaiga. Ir dar labiau paploninusi liežuvį pasiteiravo, ar tikrai toks ir toks asmuo įgaliotas kalbėti mano vardu.

– Taip, – pasakiau, – jis kalba už mane.

Iš jos burnos vėl ėmė byrėti krūvos „sorry", buvo aišku, kad mano paslaptingasis gelbėtojas prispaudė jiems uodegą. Ji dar bandė vingrauti, esą jie kaip agentūra daro ar padarė viską mano labui, iš naujo stengdamasi sukurti įspūdį, kad mano gerovė yra jos gyvenimo tikslas. Bet aš nebepatikėjau.

Meistrų įmonės vadybininkas paskambino iškart, kai atsisveikinau su agentūros darbuotoja. Jis įtikinėjo mane, kad visi jų darbuotojai bemaž šventieji. Atsiprašinėjo daugybę kartų, bet taip ir nesupratau, kam atsiprašinėti, jei jie nekalti. Tarsi aš būčiau įkyri, priekabi, nesveika paranoikė, kurią nuraminti galima tik kaip psichinę ligonę nuolat įtikinėjant, kad viskas labai gerai ir mes visi labai apgailestaujame. Pavartojau politiniame anglų gyvenime labai pamėgtą frazę – „too little too late" (per mažai ir per vėlai) – ir pasakiau, kad atsiprašymas nepriimamas. Žinau, kad jo neišgąsdinau, nes čia teisus ne tas, kuris nukentėjo, o tas, kuris atsiprašė. Tokia „sorių" kultūra, ir nieko nepadarysi. Bet man tų atsiprašinėjimų buvo iki kaklo, čia jau irgi nieko nebepadarysi. Prasideda natūrali atmetimo reakcija. Tuomet jis pranešė, kad jų įmonė atsisako mane aptarnauti.

– Gerai, – pasakiau. – Fain.

Bet tas mano „fain" agentūros darbuotojų ausyse, matyt, nuskambėjo gana grėsmingai. Skambučio sulaukiau vos už poros minučių – paklausė, ar būsiu rytoj iš ryto, nes užsakytas spynų meistras ir spyna man bus pakeista. Fantastika! Pasirodo, jie gali pakrutėti, nors maniau, kad yra nepajudinami kaip Stonhendžo akmenys.

Kitą dieną jau kitas meistras išardė spyną ir greitai nustatė, kad ne raktas kaltas, o spyna neapsakomo senumo, ji užstringa, reikia keisti. Papasakojau apie vagystę, jis apžiūrėjo viršutinę spynelę ir patvirtino mano spėliones, kad įeita su raktu, nes jokių pažeidimų spynos mechanizme nesą.

– Aišku, kažkur plaukioja raktas, spyną reikia būtinai pakeisti.

Per pusdienį buvau aprūpinta net dviem naujomis spynomis. Parašiau agentūrai elektroninį laišką prašydama paaiškinti, kokį raktą neveikiančiai spynai planavo gaminti jų anksčiau atsiųstas meistras. Atsakymo negavau.

Kompensacijos už pavogtą kompiuterį irgi nesulaukiau. Reikėjo kvito, jį suradau, tada prireikė policijos raporto, kurį gauti ne taip paprasta. Mat pagal įstatymą policija privalo supažindinti nusikaltėlius su raportais ir kitomis bylą liečiančiomis detalėmis, o nusikaltimo auka raportą apie prieš ją įvykdytą nusikaltimą turi nusipirkti. Nes tai mokama paslauga. Viljamo Gelbėtojo paraginta padariau ir tai – užpildytą anketą, paso kopiją ir dešimties svarų čekį nusiunčiau į policiją. Gavau atsakymą, kad mano prašymas gautas ir kad raportas bus atsiųstas ne anksčiau kaip po keturiasdešimties dienų. Nusiteikiau laukti. Praėjo beveik du mėnesiai – jokios žinios. Paskambinusi išsiaiškinau, kad, negavusi raporto po keturiasdešimties dienų, privalėjau apie tai jiems pranešti ne vėliau kaip per dvi savaites, o jos jau buvo praėjusios. Tik tada atidžiai nuo pradžios iki galo perskaičiau policijos atsiųstą atsakymą, kuriame tarp daugybės bereikšmių sakinių buvo įrašyta ir informacija apie tas dvi savaites. Paprastai taip daro bankai, spendžia visokius terminų spąstus vildamiesi, kad užsimiršęs praleisi ir jie galės nuskaičiuoti baudą. Bet policija!? Supratau dar kartą tapusi savo pasitikėjimo visuomenės struktūromis ir institucijomis auka.

Ir dar. Viljamas Gelbėtojas vieną dieną paskambinęs pasiskundė, kad sukčiai įsilaužė į jo internetinį banką ir ištuštino sąskaitas. Paprašė, kad keletui dienų paskolinčiau septyniasdešimt svarų. Paskolinau. Pinigų negrąžino, nors vis paskambindavo pasiteirauti, kaip sekasi. Priminus skolą pažadėdavo tuoj pat išsiųsti čekį.

Su kompensacija už pavogtą kompiuterį atsisveikinau, su dešimčia svarų už policijos raportą, kurio taip ir negavau, atsisveikinau, su gelbėtojui paskolintais septyniasdešimt svarų atsisveikinau. Su kuo nenoriu ir nepajėgiu atsisveikinti – tai pasitikėjimas žmonėmis ir šio pasaulio tvarka, kuri, nepaisant egzistuojančio blogio, iš esmės man visada atrodė teisinga ir pagrįsta.

Ar pavyks tą pasitikėjimą atgauti? Kadangi be jo gyventi neišeina, turbūt atgausiu. Atgausiu be kokių nors papildomų pastangų, taip pat paslaptingai ir nepaaiškinamai, kaip žmonės, nepajėgiantys gyventi be iliuzijų, vienoms žlugus susikuria kitas.

EMIGRANTIŠKOS RIZIKOS ZONA

Emigrantams skirtame laikraštyje, kurį redagavau trejetą metų, buvome įsivedę skyrelį „Ar gerai pažįsti Londoną?" Ten dėdavome įvairių Londono vietų nuotraukas su atsakymų variantais ir ragindavome spėti, kuris teisingas. Lengviausiai būdavo atpažįstamos Rytų Londono metro stotys bei turistinės įžymybės. Kitas vietas, kurios skirtos ne turistams, bet kurias ilgėliau vienoje vietoje pagyvenęs žmogus įsidėmi kaip savo aplinką, – kad ir lietuviškas kapines Leitone, – atpažindavo nedaugelis. Sunku pasakyti kodėl, bet dalykai, susiję su lietuviškumu, kurie, regis, ir galėtų būti orientaciniai ženklai, pastarojo dešimtmečio emigrantams iš Lietuvos neatrodo reikšmingi ar svarbūs.

Keista buvo ir tai, kad, išspausdinus vieno Oldbeilio gatvėje esančio pastato nuotrauką ir klausimą, kokios paskirties statinys Londone vadinamas Oldbeiliu, nebuvo nė vieno teisingo atsakymo. Daug kam atrodė, kad taip vadinasi aludė. O maniau, kad kriminalais ir nusikaltėliais besidomintys lietuviai tikrai bus išsiaiškinę, jog tai neoficialus Centrinių teismo rūmų pavadinimas.

Seniai turėjau nutuokti, kad domėtis nusikaltimais nėra tas pat, kas domėtis teisine sistema. Išskyrus nebent tuos atvejus, kai būni priverstas savo kailiu patirti, kaip toji sistema veikia.

Nesiimčiau skaičiuoti, kiek iš viso lietuvių varstė seniausio ir garsiausio Anglijos teismo duris kaip kaltinamieji ar liudytojai (nukentėjusieji čia paprastai nesilanko, jie jau kapuose, nes į šio teismo akiratį dažniausiai pakliūva žmogžudysčių bylos) ir kiek kartų čia lietuviškai skambėjo priesaika sakyti tiesą ir tik tiesą. Iš tų atvejų, apie kuriuos man teko girdėti, galėčiau suskaičiuoti mažiausiai dvidešimt vienokiu ar kitokiu statusu Oldbeilio teismo procese dalyvavusių lietuvių. Beje, gal kokį pusmetį beveik kasdien peržiūrėdavau visų Anglijos kriminalines bylas nagrinėjančių teismų tvarkaraščius, smalsaudama, kaip dažnai čia sumirga lietuviškos pavardės, ir kas savaitę surasdavau bent po vieną.

Tiesa, į nacionalinių laikraščių antraštes ar juolab pirmuosius puslapius lietuvių nusikaltimai patenka ne taip jau dažnai. Žurnalistiniu požiūriu jie neįdomūs, per blankūs, be užmojo. Vienas lietuvis nudūrė, nušovė ar kitaip atėmė gyvybę kitam lietuviui. Dažniausiai dėl smulkmenos – nedidelės pinigų sumos, tarpusavio rietynių išgėrus ar susikibus dėl moters. Apie tai praneša nebent vietiniai, savivaldybių finansuojami *rekorderiai* ar bet kokią žinią apie lietuvius Anglijoje sugraibanti lietuviška spauda.

Tačiau kai paiešką skelbia BBC ir už informaciją siūloma dvidešimt tūkstančių svarų, skamba labai rimtai. Matyt, tą dvidešimt tūkstančių kažkas išties gavo, o metus slapstęsis, nužudymu kaltinamas buvęs kaunietis atsidūrė Oldbeilio teismo posėdžių salėje.

Į Oldbeilį, kaip ir į bet kurį kitą teismo pastatą Anglijoje, gali užeiti bet kas. Niekas neklausia nei vardo, nei pavardės, nei kodėl domina toji ar kita byla – užtenka pasakyti teismo salės numerį bei teisiamojo pavardę, ir būni įleistas. Visgi Oldbeilyje reikalavimai griežtesni nei kitur – smalsuoliai čia įleidžiami pro kitas duris nei teismo proceso dalyviai, o visur iškabinti užrašai perspėja, kad teismo prieigose draudžiama aptarinėti nagrinėjamą bylą. Į vidų negalima įsinešti ne tik fotoaparatų, vaizdo ar garso įrašymo įrangos, bet ir mobiliųjų telefonų. Ir ne tik – užkandžiai ir gėrimai, jei kas tuo pasirūpino iš anksto, turi būti sunaikinti prie įėjimo.

Kol prieš mane stovintys vyrukai, kaip iš kalbos supratau, lenkai, garsiai juokdamiesi į burnas kimšo užkandžiui atsineštus šokoladukus, aš dairiausi, kur galėčiau palikti savo mobilųjį. Kad fotoaparato ar įrašymo įrangos įsinešti į teismo rūmus neleidžiama, tą žinojau, bet mobilieji telefonai kituose teismuose, kiek teko lankytis, nekliūdavo. Kelionėje sugaišus beveik valandą, grįžti namo nesinorėjo. Teismo pastate, kaip skelbė informacija prie durų, daiktų saugyklos nebuvo. Pasiguodžiau kartu laukiantiems žmonėms nežinanti, kur dėti savo telefoną. Man parodė kavinukę kitoje gatvės pusėje, kur sumokėjus porą svarų darbuotojai pasaugo telefonus ir kitus į teismo salę įsinešti draudžiamus daiktus.

Padėkojau ir pasukau nurodytos kavinės link. Tačiau praėjus vos dviem savaitėms po mano buto vagystės, kai dingo kompiuteris, – o dar prieš tai taisyklos darbuotojas nenorėjo atiduoti batų, – mano pasitikėjimas viskuo ir visais buvo labai susvyravęs, tad savo telefoną išmainyti į geltoną lapuką su numeriu, kokį man parodė apie minėtą paslaugą informavęs vyrukas, aš nenorėjau. Kadangi nužiūrėjau, jog rankinuką įsinešti leidžiama, skubomis ėmiau svarstyti, į kurią kišenėlę mano telefonas galėtų įslysti taip, kad tikrintojai jo nepastebėtų. Suradau. Tai ne kišenėlė, ne kosmetinė ir ne piniginė – spėjau, kad tos talpos bus patikrintos, taip ir buvo. Ir ne kišenė apsiauste, nes jis irgi buvo apgraibytas. Nekišau ir už liemenėlės, nes būtų cypęs einant pro metalo detektorių. Kur padėjau, paslaptis, tačiau tikrintojai nerado.

Tai buvo mano mažutė pergalė, pirmoji per tas porą sunkių savaičių, kai jaučiausi atakuojama nesuvokiamų, bet akivaizdžiai man priešiškų jėgų ir nepajėgi apsiginti. Lipdama laiptais į ketvirtame aukšte esančią žiūrovų galeriją, pati save pasveikinau. Tikrintojams vis rodžiau šypseną iki ausų ir nuolat kartojau „prašau atsiprašau", todėl jie nesuvokė, o ir aš pati nesijaučiau daranti kažką neleistina. Niekada nebuvau apsimetinėjimo specialistė, ir tai man nuolat kišdavo koją, nes šiandienos visuomenėje žmogus pajėgus išlikti tik tiek, kiek sugeba rasti ir išlaikyti melo-tiesos, apsimetinėjimo-nuoširdumo balansą. Be to, mano nuoširdumu niekas nepatikėdavo. Mat tiems, kas įgudę apsimetinėti – o dauguma įvairaus rango veikėjų tokie ir yra, nes žaisdamas atviromis kortomis „veikėju" netapsi, nuoširdumas neegzistuoja, tai tik dar viena apsimetinėjimo forma. Jie būdavo įsitikinę, kad aš esu tiesiog tobula apsimetinėtoja. Tad bene pirmą kartą pajutusi apsimetinėjimo skonį ir džiaugdamasi, kad tai įkandama ir man, su nuslėptu mobiliuoju rankinėje kilau laiptais į ketvirtą teismo rūmų aukštą.

„Lankytojų balkonu" (*Public gallery*) vadinamos patalpos buvo įrengtos teismo salės palubėje. Pasijutau lyg teatro ložėje – vyksmą stebėjau iš viršaus, viską gerai girdėjau, tačiau mačiau tik pusę salės, tą jos dalį, kur sėdi teisėjas, kaltintojas, advokatai ir jų padėjėjai. Kita salės dalis slėpėsi po balkonu, tad teisiamojo, liudytojų ir prisiekusiųjų nesimatė. Pastaruosius apžiūrėti galėdavau tik tada, kai jie prieš posėdį vorele sugužėdavo į salę, o posėdžiui pasibaigus tokia pačia vorele iškeliaudavo atgal. Teisiamasis mano apžvalgos rate irgi sušmėžuodavo tik tuomet, kai pakviestas duoti parodymų pakildavo iš suolo ir gaudavo apsukti ratą, kad pasiektų tam skirtą pakylą.

Tad pagrindinis mano stebėjimų objektas buvo aukštesniojo teisėjų luomo perukuoti viršugalviai, ir tie per tūkstantį svarų kainuojantys perukai atrodė įstabiai. Per pertraukėles, kai advokatai ir jų padėjėjai kažką patykiukais aptarinėdavo, o teisėjas kantriai laukdavo, kol jie baigs savo šnabždesius, galėjau atsiduoti apmąstymams apie tai, ką buvau mačiusi tik filmuose ar skaičiusi knygose. Vienas dalykas mane tikrai glumino – kodėl tieji teisingumo tarnų perukai buvo sumanyti taip, kad be jokių papildomų išraitymų ir iškraipymų, tiesiog tokius, kokie yra iš tikrųjų, juos būtų galima perkelti į karikatūrinius piešinius? Gal tai mano problema, nes tuos perukus pirmiausia išvydau karikatūrose – tikrovėje mačiau vos antrą kartą, ir toji juokingų paveiksliukų dvasia mano sąmonę užvaldė taip, kad, pamačiusi perukuotą asmenį, nebepajėgiu rimtai į jį žiūrėti. Rimto žanro įspūdį dar labiau gadino vienas iš proceso dalyvių, kaip vėliau supratau – kaltintojas, kuris dešreles primenančias, taisyklingu pusračiu ant pakaušio išdėliotas garbanas ir viršun užsirietusią į šeriuotą kiaulės uodegėlę panašią kasytę buvo užsimaukšlinęs kreivai.

* * *

Teatrą priminė ne tik perukai ir plačios juodos mantijos – klausimai ir teiginiai kaltinamajam buvo formuluojami artistiškai įtaigiai, žvelgiant tiesiai į auditoriją, tai yra į priešais sėdinčius prisiekusiuosius, kurie turėjo nuspręsti kaltinamojo likimą. Buvo teisiamas kaunietis, kaltinamas peiliu nudūręs vilnietį. 2009 metų rugpjūčio pabaigoje į Vakarų Londono rajoną trečią valandą nakties iškviesta policija rado negyvą dvidešimt vienerių metų vyrą su durtine žaizda širdyje. Tą pačią naktį buvo paskelbta į Škotiją skubiai išvykusio vieno to namo gyventojo paieška. Išvykta paskubomis, be daiktų, be pinigų, net be paso. Duomenys apie ieškomą svarbų nusikaltimo liudytoją buvo paskelbti ir angliškuose, ir lietuviškuose laikraščiuose. Bėglio rasti nepavyko. Praėjus metams paieška paskelbta dar kartą. Šį sykį vertingą informaciją suteikusiam asmeniui pažadėta dvidešimt tūkstančių svarų. Įtariamasis buvo įtrauktas į ieškomiausių nusikaltėlių dešimtuką, skelbiamą kriminaliniams nusikaltimams skirtoje BBC laidoje.

Regis, atlygis kažką sugundė, ir Prancūzijos pietų kurorte daugiau kaip pusmetį praleidęs vaikinas buvo netrukus sulaikytas ir atgabentas į Londoną. Kaltės jis nepripažino, o Oldbeilio sienos proceso metu girdėjo lietuviškai tariamas priesaikas sakyti tiesą ir tik tiesą.

Kažkas iš istorikų yra minėję, kad tolimos praeities teismų bylos yra neišsemiamas žinių šaltinis apie užmaršin nugrimzdusių, paslapties skraiste apgaubtų epochų gyvenseną, pažiūras, elgesį ir papročius. Tokiu šaltiniu Anglijos teismų bylos bei policijos nuovadų raportai gali tapti nagrinėjant slaptuosius lietuvių emigrantų gyvenimus. Nes čia atsiskleidžia tie buities aspektai, kuriais nesipuikuojama, nesigiriama draugams ir kaimynams, kurie nutylimi arba pagražinami.

Daugiau kaip porą savaičių bylą nagrinėję advokatai, teisėjai, jų padėjėjai ir prisiekusieji turėjo progos susipažinti ne tik su lietuvių gyvenimo būdu Londone, bet ir su kai kuriais iš Lietuvos atsivežtais įpročiais, požiūriais ar įsitikinimais.

Oldbeilio teismas pirmą sykį išgirdo žodį „kavianskas" ir sužinojo, ką jis reiškia. Nemanau, kad anglams buvo lengva suprasti Kauno miesto pavadinimo ir apibūdinimo „kavianskas" ryšį – tam reikėtų išsamios paskaitos apie lenkų kultūros įtaką lietuviškam žargonui, tačiau teisėjas paprašė, kad tas žodis būtų padiktuotas paraidžiui, ir atidžiai jį užsirašė. Teismas išgirdo ir dar vieną lietuvišką paslaptį – apie tarp Vilniaus ir Kauno gyventojų tvyrančią tokią didelę trintį, kad, net jiems persikėlus į Londoną ir netyčia susidūrus, toji įtampa skelia kibirkštis ir verčia griebtis peilio. Nenuostabu, kad po tokių teismuose išgirstų istorijų Londono policijos pareigūnai nuoširdžiai teiraujasi, ar Lietuvoje gaujų kultūra yra plačiai paplitusi ir ar badytis peiliais yra kasdienio gyvenimo norma.

Kaltinamasis savo versiją grindė tuo, kad gynėsi nuo stambesnio, stipresnio, kikbokso sportu užsiimančio tame pačiame name gyvenusio vilniečio jaunuolio, kuris nekentė žmonių iš Kauno.

Stebėjau kryžminę apklausą, kai gynybos versija buvo atakuojama remiantis liudytojų parodymais.

Teisiamojo advokatė teiravosi apie jo praeitį.

– Gimėte Lietuvoje?

– Taip.

– Mieste, kuris vadinasi Kaunas?

– Taip.

– Kiek suprantu, Kaunas – ne kaimiško tipo miestelis?

Teisiamasis paaiškino, kad tai antras pagal dydį Lietuvos miestas.

– Ar yra kokia konkurencija tarp Kauno ir Vilniaus? – teiravosi advokatė.

– Taip, kai kurie taip galvoja, – atsakė teisiamasis.

Teismas išgirdo, kad abu teisiamojo tėvai mirę, kad brolis ir sesuo gyvena Lietuvoje, kad mokyklą jis baigė aštuoniolikos metų, po to dirbo automobilių dažytoju, pusę metų darbavosi Švedijoje. Grįžo į Lietuvą, bet ten neradęs darbo 2007 metais atvyko į Angliją. Čia įsidarbino statybose.

– Kokius darbus atlikdavote?

– Dažydavau, tinkuodavau, dirbau pagalbiniu.

Vėlesnės apklausos metu paaiškėjo, kad toje statybų aikštelėje dirbo ir kiti tame pačiame name gyvenę vyriškiai iš Lietuvos. Visi tilpo trijų miegamųjų name, kurį buvo išsinuomojusi lietuvių šeima: tėvas, motina, jų suaugęs sūnus ir dukra su sugyventiniu. Į tą namą kaip subnuomininkai buvo priimti dar trys asmenys – teisiamasis, pusantrų metų pragyvenęs mažučiame viengungio kambarėlyje, nužudytasis ir nužudytojo draugas. Pastarieji įsikraustė prieš tris mėnesius iki žmogžudystės ir dalijosi vienu miegamuoju.

Kad prisiekusiesiems būtų aišku, kaip trijų miegamųjų namas galėjo sutalpinti tiek gyventojų, jiems buvo pateiktas namo planas – kurį kambarį kuris iš byloje minimų asmenų buvo užėmęs.

– Štai vienvietis kambarys viršutiniame aukšte kairėje, ar šiame kambaryje jūs gyvenote?

– Taip.

Tada prisiekusiesiems buvo pateikta nuotrauka, kurioje matyti to kambario vidus.

– Tai jūsų miegamasis? – pasiteiravo advokatė.

– Taip.

– Ar patalynė ant lovos yra jūsų?

– Ne. Ji mano draugo, kuris gyveno tame pačiame name.

– Ar jūsų kambarys buvo rakinamas?

– Ne.

– Ar kiti kambariai buvo rakinami?

Teisiamasis atsakė nežinąs.

Kur, kas ir su kuo miegojo, kiek žmonių ten gyveno ir kas ką veikė žmogžudystės vakarą teismui išsiaiškinti buvo nelengva. Policijos duomenimis, įvykio metu name buvo devyni asmenys. Du gyventojai buvo išvykę, o trys svečiavosi. Vadinasi, nuolat gyveno aštuoniese. Po ilgos apklausos, vis raginant teisiamąjį patvirtinti ar paneigti faktus, paaiškėjo tai, kas čia gyvenantiems lietuviams yra gerai pažįstama kasdienybė, tačiau anglams vis dar nesuvokiama paslaptis – kad bendrąsias namo patalpas, tokias kaip svetainė ir valgomasis, nesunkiai galima paversti dviviečiais miegamaisiais. Teisėjams toks trijų miegamųjų namo naudojimas atrodė gana neįprastas ir komplikuotas.

Vėliau pradėjo aiškėti ir kitos komplikacijos, susijusios su gyventojų tarpusavio santykiais. Pasirodo, kad teisiamasis nužudytojo draugą pažinojo dar prieš jam atsikraustant į tą patį namą, nes abu dirbo vienoje statybų aikštelėje. Su nužudytuoju irgi turėjo progos ne tik susipažinti, bet ir susikivirčyti dar prieš šiam atsikraustant gyventi į tą patį namą.

2009 metų pavasarį namuose, kur gyveno teisiamasis, buvo švenčiamos Velykos. Į svečius atvažiavo Didysis Tomas –

tas, kuris vėliau buvo nužudytas. Vyrai nusprendė, kad reikia daugiau alkoholio. Į parduotuvę susiruošė trise – teisiamasis, Didysis Tomas ir jo draugas, kuris vairavo automobilį. Pakeliui užsuko į namus, kur tuo metu gyveno Didysis Tomas. Namo kieme teisiamasis buvo išvadintas „kaviansku" ir sumuštas – prakirstas antakis, sužalotas smakras, pamušta akis. Ar pranešė policijai? Ne. Kodėl? Bijojo, nes žinojo, kad Didysis Tomas agresyvus ir gali pulti muštis be priežasties. Be to, jis buvęs stambus, stiprus ir lankė kikbokso treniruotes. Jau pirmą dieną nuėjęs į darbą, į tą statybų aikštelę, kur dirbo teisiamasis, Didysis Tomas nokautavo ten vieną darbuotoją.

– Jis pats man gyrėsi. Dar gyrėsi, kad ten, kur gyveno anksčiau, buvo kažką suspardęs, didžiavosi susimušęs bare ir turėjęs aiškintis nuovadoje. Jis girdavosi, kai ką nors tokio padarydavo, – teismo pareigūnams pasakojo nužudymu kaltinamas lietuvis.

Jis stengėsi įrodyti, koks buvo baisus tas Didysis Tomas, kuris ir Lietuvoje dėl muštynių turėjęs reikalų su policija. Ir ne tik Lietuvoje. Teismas sužinojo, kad jis buvo patekęs ir į Londono policijos akiratį, nes namuose, kur Didysis Tomas tuo metu gyveno, buvo užpultas ir sužalotas vyriškis. Sumuštasis kreipėsi į policiją, Didysis Tomas buvo areštuotas ir atpažintas kaip vienas iš užpuolikų, bet tąsyk išsigynė teigdamas, kad tuo metu, kai įvyko incidentas, jis viešėjęs Lietuvoje. Kaltinimai niekam nebuvo pateikti, užpuolikas išsisuko. Kitą kartą pareigūnai su Didžiuoju Tomu susidūrė, kai buvo iškviesti į aludę, kurioje šis girtas spjaudėsi ant grindų, o aludės savininkui pabandžius jį sudrausminti, ėmė mosuoti kumščiais. Policininkai paragino Didįjį Tomą apleisti aludę, tačiau vyrukas nebuvo nusiteikęs klausyti niekieno nurodymų ir ėmė *fakinti* pareigūnus. Nugabentas į nuovadą irgi elgėsi agresyviai, buvo uždarytas į areštinę, bet kitą dieną atsiprašė, pasiteisino, kad buvo girtas, nieko neatsimena, ir buvo išleistas namo.

Buvo keista girdėti, kad ne vieną kartą dėl agresyvaus elgesio policijos akiratin patekęs vyrukas taip lengvai išsisukdavo. Kita vertus, policija čia švelni, pabara ir paleidžia, nes jeigu dėl kiekvieno kumščiais pamosavusio imigranto pradėtų bylą, turbūt šviesios dienos nebematytų. O gal policininkai, čia meiliai vadinami „bobiais", iš prigimties yra supratingi ir geraširdžiai? Arba gal tiesiog lūkuriuoja, kol problema, kurios jie nežino kaip spręsti, išsispręs savaime?

Žmogžudyste pasibaigę šeštadienio įvykiai klostėsi taip. Teisiamasis po darbo grįžęs namo užkando, nusimaudė ir kartu su nužudytojo kambario draugu Arnoldu susiruošė į pasimatymą su mergina, su kuria Arnoldas susipažino per skelbimus. Susitikę prie metro stoties Londono centre, visi trys patraukė per barus, gėrė alų bei degtinę. Vėliau prie jų prisidėjo dar du vaikinai iš to paties namo – vienas iš jų, Didysis Tomas, atvažiavo jau išgėręs. Dabar jau penkiese tęsė kelionę per barus. Buvo draugiškai nusiteikę, vieni kitus vaišino. Jokios įtampos ar neapykantos nekilo, vėlai vakare visi grįžo namo. Kartu su jais ir naujoji Arnoldo draugė. Pakeliui nusipirko tekilos, o vėlyvą naktį iš kažkur atsirado dar du bičiuliai. Kompanija susimetė miegamuoju paverstoje svetainėje, nes ten buvo erdviau, tilpo staliukas ir foteliai. Gėrė, kalbėjosi, klausėsi muzikos. Vėliau kaltinamasis nuėjo į tualetą ir rado apšlapintą klozeto sėdynę. Grįžęs į kambarį pasakė, kad tai šlykštu ir kad jeigu nebepastovi ant kojų, tegu šlapinasi sėdėdamas. Kam tie žodžiai buvo skirti? Teisiamasis išsigynė, kad niekam asmeniškai – visiems, kas tuo metu sėdėjo kambaryje, ir pasakė jų vardus. Arnoldo ir jo draugės kambaryje nebuvę, teisiamasis jiems užleido savo viengulę lovą, kad jie kartu praleistų naktį. Ta patalynė, kurią policininkai rado teisiamojo kambaryje, iš tiesų priklausė Arnoldui.

– O kur jūsų?

– Nusinešiau ją į Didžiojo Tomo kambarį.

Teisiamasis aiškino norėjęs padėti draugui, kad šis galėtų praleisti naktį su mergina, ir dėl to ryžosi miegoti viename kambaryje su Didžiuoju Tomu, nepaisydamas, jog visą laiką jo bijojo.

Nuo pastabos apie apšlapintą tualeto dangtį, regis, ir prasidėjo vis aštrėjantys girtaujančios kompanijos nesutarimai. Ypač tarp teisiamojo ir Didžiojo Tomo. Šis ėmė spardytis tarsi treniruotėse ir liepė teisiamajam gaudyti jo koją. Kiti įsikišo reikalaudami nusiraminti. Paskui teisiamasis su vienu sugėrovu išėjo į virtuvę parūkyti. Jie aptarinėjo netvarką tualete, piktinosi tuo, kuris taip elgiasi. Jiems kalbantis į virtuvę įbėgo Didysis Tomas ir, sugriebęs teisiamojo pašnekovą už atlapų, riktelėjo: „Apie ką kalbi, pacuke?" Ką darė teisiamasis?

– Pasiūliau nesinervinti ir eiti į kambarį. Tada jis man sako – o ko tu nori? Ir smogė į galvą.

Nuo smūgio teisiamasis atsitrenkė į šaldytuvą, pargriuvo, bet griūdamas ant grindų parvertė ir Didįjį Tomą. Teisiamasis greitai pašoko ir išėjo į vidinį kiemelį parūkyti. Didysis Tomas atsikėlęs irgi išėjo, tik į kiemelį kitoje namo pusėje, ir ėmė mankštintis lyg treniruotėje. Teisiamasis, nusprendęs, kad laikas miegoti, grįžo į virtuvę. Kaip tik tuo metu į ją didžiuliu greičiu įsiveržė jo priešininkas ir pastūmė jaunuolį taip stipriai, kad šis nugara vėl vožėsi į šaldytuvą. Tada jis ir pagriebęs peilį, kad apsigintų nuo užpuoliko. Virtuvėje buvęs draugas šoko jų skirti ir susižalojo ranką. Teisiamasis aiškino, kad su sužeistuoju jis išvažiavo į ligoninę, o Didysis Tomas liko gulėti parkritęs ant grindų. Iš ligoninės teisiamasis namo neužsuko nei pinigų, nei dokumentų ir prikalbino vieną iš kartu girtavusių draugų nuvežti jį į Škotiją. Jis baisiausiai bijojęs Didžiojo Tomo ir Londone likti nenorėjęs.

Škotijoje jis teigė prabuvęs vos savaitę, po to grįžęs į Londoną ir išvykęs į Prancūziją. Kad Didysis Tomas mirė nuo dūrio į širdį, sakė perskaitęs lietuviškuose interneto puslapiuose. Kad yra ieškomas, sužinojęs tik tada, kai jau gyveno Prancūzijoje ir kai jo nuotrauka su pažadėtu atlygiu buvo parodyta per televiziją.

Kaltintojas teisiamojo gynybos versiją apvertė aukštyn kojom. Jis reikalavo atsakyti, kur dingo peilis, kuriuo buvo nudurtas Didysis Tomas. Nes peilio, palikusio mirtinas žaizdas krūtinėje, policija nerado. Ir išvis teisiamasis į mašiną įlipęs nebuvo ir į ligoninę nevažiavo, jis liko namuose ir kitiems išvykus nudūrė Didįjį Tomą. Peilį jis buvo pasiruošęs iš anksto, įsikišo jį į švarko rankovę, o ne gindamasis atsitiktinai pagriebė virtuvėje. Nudūręs Didįjį Tomą jis pabėgo į Škotiją, kur gyveno ne savaitę, o beveik du mėnesius, nes, paskelbus paiešką, policija gavo nemažai pranešimų apie jo buvimo vietas. Žinodamas, kad jo ieško, teisiamasis iš Škotijos trumpam užsuko į Londoną, čia įsigijo padirbtą pasą ir išvyko į Prancūziją. Be to, liudytojų teigimu, teisiamasis su nužudytuoju yra nesyk kartu girtavę, o kilus nesutarimams apsidaužydavo kumščiais. Vienas vakaras tapo lemtingas. Sugėrovui buvo durta tris kartus specialiai taikant į širdį. Tyčinė žmogžudystė. Bausmė – kalėjimas iki gyvos galvos. Tiesa, atsėdėjęs ne mažiau kaip keturiolika metų, nuteistasis galės prašyti peržiūrėti nuosprendį. Dvi aukos – vienas po velėna, kitas kalėjime. Nužudytasis, nors buvo patekęs į policijos akiratį, galėjo gyventi dar ilgai ir laimingai. Žudikas iki to lemtingo vakaro gyveno kaip padorus pilietis. Dirbo, mokėjo mokesčius, galbūt taupė ateičiai, gal ką uždirbęs ir pragerdavo, bet didelių problemų šiai visuomenei nekėlė. Gal ir toliau kiekvienas būtų ėjęs savo keliais, jei tarp jų būtų buvęs išlaikytas tas šimto kilometrų atstumas, skiriantis Vilnių ir Kauną. Bet emigrantų lemtis juos suvedė viename Londono name ir abiejų gyvenimai virto tragedija.

Beje, šis atvejis tik vienas iš gausybės. Didžioji dalis nusikaltimų, kuriuose minimos tautiečių pavardės, yra būtent tokie – sėdėjo, gėrė, susipyko, smogė ar dūrė peiliu, paplūdusį kraujais išmetė į gatvę. Svetimi, vieniši, praradę žmoniškesnio gyvenimo viltį, nekenčiantys savęs bei aplinkinių. Ir visi susigrūdę viename name.

Tie vadinamieji terasiniai, tarpusavyje sulipę ir ilgiausiomis eilėmis nusidriekę pigūs, bet gana patogūs namukai buvo pastatyti tikintis, kad ten laimingai įsikurs darbininkų šeimos. Pastaruoju metu jie pakeitė funkciją ir tapo bešeimių, pusiaušeimių, keliašeimių ar tiesiog iš visur suvažiavusių svetimųjų prieglobsčiu – tikra emigrantiškos rizikos zona.

APIE TAI, KAIP LONDONAS MUS SUGADINO

Kad galima užimti negyvenamą namą ir jame „skvotauti", sužinojau iš anglų literatūros. Bet ne iš klasikinės, o iš tos, kuri į sovietines mokymo programas nebuvo įtraukta, greičiausiai dėl to, kad nepasiekė sovietų nustatytų geros literatūros standartų. Tai buvo vietinės reikšmės XIX amžiaus rašytojo Thomo Hardy romanas „Tesė iš d'Erbervilių giminės", jį aptikau vienos moteriškės, kurios senutę motiną kurį laiką prižiūrėjau, bibliotekoje. Nuo šeštos valandos vakaro prasidėdavo mano laisvalaikis, su reiklia ir valdinga motina sėdėdavo jos dukra, bet išeiti iš namų negalėjau, nes pasitaikydavo, kad senąją ledi kartkartėmis apimdavo nevaldomo įsiūčio priepuoliai, tad turėdavau būti po ranka, jei prireiktų pagalbos. Ir kol dukra su motina prie televizoriaus gurkšnodavo vyną – rytais rasdavau du, o kai kada net tris tuščius butelius, sėdėdavau biblioteka vadinamame kambaryje ir kamšydavau savo išsilavinimo spragas.

Romane pasakojama apie gražią neturtingą kaimo merginą, kuri įsimyli simpatišką irgi neturtingą vaikinuką, tačiau ja susižavi turtingas ponas ir priverčia kartu gyventi, bet Tesė jį nužudo, kad galėtų būti su mylimuoju. Vaikinukas, sužinojęs, kas įvyko, padeda Tesei slapstytis nuo policijos, pakeliui jie aptinka apleistą namą, kur kelioms dienoms apsistoja. Mergina, kurios policija ieško dėl žmogžudystės, būgštauja, kad jie elgiasi neteisėtai, bet daugiau pasaulio matęs jos mylimasis paaiškina, jog įstatymai nedraudžia apsigyventi apleistame name.

„Skvotauti" Anglijoje nelegalu, tačiau nėra neteisėta – taip painiai čia apibrėžiamas šitas reikalas. Negalima įsilaužti į namą, bet jeigu tvarkingai į jį įeini – jokių problemų, jos kyla tik šeimininkui, jei toks atsiranda. Nes šeimininkas privalo teisme įrodyti, kad namas priklauso jam.

Šioji tradicija gyva ne vieną šimtmetį. Ne tik gyva, ji tampa vis patrauklesnė, apauga sakmėmis bei legendomis. Pasakojama, kad vienas Londono varguolis, kuris savo patalą dvylika metų kas vakarą pasitiesdavo porą milijonų kainuojančio, bet apleisto, šeimininko neturinčio namo prieangyje, buvo pripažintas vieninteliu to namo gyventoju ir teisėtu savininku. Kažkas panašaus nutikę ir Kente – šeima įsikraustė į apleistą namą, jį sutvarkė, pradėjo mokėti mokesčius, o praėjus dešimčiai metų ir neatsiradus šeimininkui, įgijo namo savininko teises.

Stebuklinių pasakų skambesys visuomet pasiekia stebuklo išsiilgusiųjų ausis, o žmonių, kurių vargingus, aplinkybių ar jų pačių sumaitotus gyvenimus pakeisti gali tik stebuklas – marios. Kažkoks stebuklatikių pasaulis, kurio gyventojų klausa jautri vieninteliam signalui – stebukliniam pokyčiui. Bet nesitikėjau, kad tas pasakas būtų girdėję ir jomis susigundę lietuviai. Maniau – mes atsparesni. Pasirodo, apsirikau. Ir apstulbusi supratau, kad lietuviai nieko angliškai nesupranta, kai susiduria su teisėtvarka, tačiau stebuklinių pasakų siužetus perpranta net nemokėdami kalbos. Tikėjimas stebukliniais pokyčiais, ko gero, sklinda kitais, ne kalbiniais kanalais.

Kartą paskambino vienas iš mano londoniškių bičiulių ir papasakojo sutikęs tokį Virgį, kuris jau ketveri metai „skvotauja" apleistame name. „Skvotavimas" yra viena iš tų pusiau romantiškų, pusiau kriminalinių temų, ant kurių kimba rašytojai ir žurnalistai. Išsiklausinėjusi, kur tas namas yra, vieną šeštadienio rytą išsiruošiau į Vakarų Londoną pasidairyti ir, jeigu pasiseks, gal ir tą „skvotaujantį" lietuvį sutikti.

Bičiulio minėto „skvotininkų" namo nežinant nebūtų pavykę rasti – nuo gatvės jį užstojo dvi išvešėjusios tujos bei pavasarine žaluma tirštai apsipylęs svyruoklinis gluosnis. Be to, kaip įprasta vidurinės klasės gyvenamuosiuose rajonuose, namo kiemą nuo gatvės skyrė bemaž metro storumo tankiai suaugusi gyvatvorė. Seniai nekarpoma ir neprižiūrima, ji išsklido į visas puses ir aklinai gožė į kiemą vedančius vartelius. Bet iš abiejų pusių apzulintos krūmų šakos rodė, kad pro juos vaikščiojama. Pastūmus atidaryti nepavyko, nes iš vidinės pusės jie buvo užšauti sklende, nesunkiai pasiekiama per vartelių viršų. Atkabinau ir įėjau kieman, kurio viduryje stūksojo nemažas XIX amžiaus dvarą primenantis dviaukštis pastatas su keturiomis kadaise baltomis, bet jau gerokai patamsėjusiomis priebučio stogelį laikančiomis kolonomis. Statytas, ko gero, tada, kai į vakarus už prabangiojo Kensingtono nusidriekę rajonai dar nebuvo tankiai apgyventi. Kitaip nei daugelis statinių aplinkui, jis nebuvo sublokuotas – toji mada atsirado prasidėjus kvartalinėms statyboms, kai kuo daugiau gyvenamojo ploto reikėjo sugrūsti į kuo mažesnį žemės plotą. Nesuspaustas gretimų pastatų, jis stūksojo erdvaus apleisto sklypo viduryje, kupinas praeities laikų didybės ir lyg atsižadėjęs bet kokios bendrystės su sumaištinga dabartimi.

Apėjau jį ratu – vidinis kiemas buvo dar labiau apėjęs medžių ir krūmų atvašynu nei kiemelis priešais namą. Išlakios pušies šakomis bėgiojo voverės – beveik kaip miške, man susikūrė įspūdis, tarsi tai būtų vasarvietė su fanera užkaltais langais, nes vasarotojai vėluoja sugrįžti. Vieta man patiko, net būčiau norėjusi tokiame name gyventi. Bet jis jau buvo užimtas, ir nereikėjo daug dairytis, kad tai pastebėčiau. Tarp sulapojusių krūmynų (turbūt kad nepritrauktų nereikalingų žvilgsnių) įstumtas dviratis toli gražu nepriminė metalo laužo – rėmas nesurūdijęs, o grandinė gausiai ištepta tepalu, net blizga, akivaizdu, kad daiktas dažnai naudojamas ir gerai prižiūrimas. Namo pasienyje – giliau į šešėlį pastumta (matyt, kad negadintų kiemo vaizdo) plastikinė dėžė, pritutinta saulėje mirguliuojančių, regis, tik vakar ištuštintų alaus skardinių. Tarp prieangio ir gatvę aklinai atitveriančios gyvatvorės – erdvus ūksmingas kiemas su poilsio kampeliu, įrengtu po gluosniu. Ant dviejų taburečių uždėtas platus medinis stalviršis, ant jo palikta tuščia taurė laiba kojele, galustalėje stovi du kadaise prabangūs, bet dabar gerokai aptrinti odiniai foteliai, o šone pastatyta balta kėdė raižytu atlošu. Pasijutau lyg būčiau patekusi į Andrejaus Tarkovskio filmą, pilną nostalgijos griūvančiai ir dylančiai praeičiai, bet neleidau sau pernelyg įsijausti į poetines ūkanas ir persijungiau į kitą – žurnalistinio tyrimo programą.

Buvo šeštadienio rytas. Mano apskaičiavimais, jei čia iš tikro gyvenama, po penktadienio vakarotuvių kas nors namuose turėjo būti gyvas. Pabeldžiau – tylu. Kelis kartus šūktelėjau –

niekas neatsiliepė. Patuksenau geležiniu belstuku – nieko, padaužiau kumščiu nuo drėgmės įjuodusias medines duris – nė balso. Paklebenau rankeną, ir durys atsidarė. Atsidūriau erdvioje apytamsėje patalpoje.

Buvo akivaizdu, kad kadaise šitas namas priklausė pasiturinčiai šeimai – vidus nė iš tolo nepriminė tų ankštų darbo liaudžiai skirtų būstų su rankovės siaurumo koridoriumi, keliais žingsniais išmatuojamu *sitingu* ir dar mažesne virtuve. Čia gyventa erdviai – durys iš lauko atsivėrė tiesiai į didžiulį saloną su židiniu dešinėje ir plačiais pusračiu riestais laiptais kairėje, vedančiais į antrą aukštą, kurio dailia medine baliustrada atitvertą aikštelę su visa eile į miegamuosius vedančių baltų durų buvo galima apžvelgti vos įžengus pro duris.

Apatiniame aukšte pro arkinį praėjimą po laiptais buvo galima patekti į virtuvę, o pro arką greta židinio – į valgomąjį. Sprendžiant pagal namo vaizdą iš išorės, kairėje turėjo būti dar vienas kambarys, bet durų į jį neradau. Betgi ir ieškoti neturėjau kada – pajutusi, kad pakliuvau į tikrų tikriausią „skvotą", išsitraukiau fotoaparatą ir skubiai padariau keletą nuotraukų. Tai dariau įtempusi ausis ir išplėtusi akis, delno dydžio fotoaparatą – neprofesionalų, bet kai kuriais atvejais nepamainomą – gniauždama saujoje.

Salonas atrodė neįtikėtinai tvarkingas ir švarus, akivaizdu, kad gyvenamas. Ant pianino stovėjo dvi apvarvėjusios žvakės, ant žemo staliuko mėtėsi keletas žurnalų, vienas jų lenkiškas, ant sukiužusio senovinio bufeto – knygų krūvelė. Bet nespėjau jų apžiūrėti, nes lauko durys atsidarė ir vidun įžengė maždaug keturiasdešimties metų vyras.

– Kaip čia patekai? – pasiteiravo angliškai, bet neatrodė labai nustebęs.

Paaiškinau, kad durys buvo nerakintos.

– Ko reikia?

Jo balsas skambėjo gana nedraugiškai. Fotoaparatą užbrukau už nugaros paskubomis lemendama, kad ieškau vieno lietuvio, nes man kažkas sakė, jog jis čia gyvena.

– Lietuvio? – paklausė ir pasiūlė kalbėti rusiškai. Iš karto sutikau.

– Ar tave atsiuntė giminės? – kamantinėjo vyras, varstydamas mane dygiu žvilgsniu. Bijojau net krustelėti.

– Giminės, giminės, – skubėjau patvirtinti jo pasiūlytą versiją, skubiai regzdama planą, kaip kuo greičiau išsprūsti į kiemą, nes nežinia, kas tie giminės ir kokie čia gyvenančiųjų santykiai su savo giminėmis. Gal vien to, kad atsiuntė giminės, ir užtenka gauti į galvą. Buvau taip išsigandusi, kad net neatsimenu savo balso, turbūt sucypiau it į spąstus pakliuvusi pelė, kai ištariau ieškomojo vardą – Virgis.

Vyras iš karto atlyžo, atrodė, kad šis vardas suveikė kaip burtažodis.

– Virgis dabar darbe, – paaiškino jis. – Gali jam paskambinti, jei nori.

– O koks numeris? – pasiteiravau.

Atidaręs duris į kiemą, kad būtų šviesiau, ir įsmeigęs akis į savo mobiliojo ekraną, jis ėmė ieškoti Virgio telefono numerio. Pasinaudojau proga nemačiomis į krepšį įbrukti už nugaros per visą pokalbį spaustą fotoaparatą ir išsprūdau kieman. Kol į savo telefoną rašiau Virgio numerį, vyrukas – nepaisant valkatiško gyvenimo būdo, gana išvaizdus – suraitė mano adresu porą komplimentų ir filosofiškai pasvarstė, esą nesvarbu, kaip klostytųsi gyvenimas, jis vis viena yra vyras, o aš, va, moteris, siųsdamas nesunkiai įžvelgiamą užuominą, kad tarp mūsų galėtų kas nors įvykti. Kol svarsčiau, kaip saugiai atmesti šį pasiūlymą ir drauge žvilgsniu matavau atstumą iki vartelių, šie prasivėrė vidun įleisdami dar tris vidutinio amžiaus vyrus. Trijulė buvo linksmai ir draugiškai nusiteikusi. Jie, regis, net apsidžiaugė išvydę viešnią – gal pamanė, kad ketinu papildyti namo gyventojų gretas ir ta proga tikriausiai bus rengiamas vakarėlis. Visi iš eilės pasisveikino paspausdami man ranką ir prisistatydami vardais, iš kurių supratau, kad tai lenkai arba ukrainiečiai. Apsikeitėme malonybėmis, pažadėjau pasimatyti vėliau, pamojavau nuo vartelių ir su maloniu pojūčiu, kad į šitą kompaniją būčiau mielai priimta, tačiau džiaugdamasi, kad be didelio vargo pavyko ištrūkti, spėriai nužingsniavau gatve.

Virgis nenustebo, kai jam paskambinau ir pasakiau, kad norėčiau pasikalbėti apie gyvenimą „skvote". Paminėjau ką tik lankiusis tame name, kur jis „skvotauja", o telefoną man davė kažkoks Andriejus.

– Andžej, – pataisė jis. – Jis lenkas, neblogas vyrukas, tik kartais jam ant smegenų užeina, pasidaro nevaldomas.

Su Virgiu susitikti sutarėme kitą dieną. Bet ne „skvote", man jau užteko įspūdžių, o prekybos centro kavinėje.

Mažesnio nei vidutinio ūgio, penkias dešimtis perkopęs vyriškis sekmadienio rytą dėvėjo paglamžytą, bet tvarkingą ir švarų šiaudų spalvos kostiumą ir tokios pačios spalvos liemenę, vilkėjo baltais marškiniais ir ryšėjo geltonų bei mėlynų dryžių kaklaraištį. Nors buvo nesunku atspėti, kad šis garderobas surinktas ne iš kur kitur, o iš labdaros maišelių, tačiau švariai nuskusti skruostai ir tvarkingai sušukuoti plaukai nesunkiai sudarė kiek senamadiško, bet respektabilaus vidurinės klasės anglo įspūdį.

Pagyriau jo aprangą. Jis paaiškino kostiumą apsivilkęs todėl, kad ėjo į bažnyčią pasiklausyti vargonų.

– Pasėdžiu, pasimeldžiu, pabūnu, vargonai man gražu, o kai pradeda angliškai mišias laikyti, tada išeinu, – paaiškino Virgis.

Pavaišinęs mane kava iš aparato ir viso pokalbio metu pabrėžtinai rodęs vyrišką paslaugumą, jis be didelių įkalbinėjimų sutiko papasakoti, kaip gyvena „skvote".

– Man bijoti nebeliko ko, – paklaustas, ar nebaisu taip gyventi, ištarė vyras.

Pradėjome nuo paprastų dalykų. Virgis mane patikino, kad name yra šaltas vanduo, tualetas, vonia, žodžiu – viskas, ko reikia. Tačiau namas nešildomas, o prieš metus dėl skolų buvo išjungta ir elektra.

– Kaip verčiatės be elektros? – nusistebėjau.

– O kaip žmonės kadaise pilyse gyveno? Su žvakėmis pasišviesdavo arba fakelus degindavo, – išdidžiai paaiškino Virgis ir patvirtino, kad žvakėms pinigų jam užtenka.

Virgis turėjo jau ketverių metų „skvotavimo" bei gyvenimo parkuose stažą. Į Londoną jis atvyko 2003-iaisiais ieškodamas darbo. Lietuvoje statybose dirbusiam vyrui tuo metu panašų darbą Londone rasti nebuvo sunku. Įsidarbino statybinėje airių kompanijoje, tačiau brigadininkas buvo lietuvis, ir ilgainiui Virgis ėmė su juo nesutarti.

– Jis labiausiai norėjo pasirodyti, kad va, viršininkas, didesnis už mane, ėmė mane siuntinėti reikia nereikia: užlip, atnešk, paskui – nereikia, viską nunešk atgal... Nors aš mūrininkas, man duodavo tik pagalbinius darbus, kad galėtų varinėti. Yra tarp mūsų tokių lietuvių, mėgstančių pasirodyti... Ot nemėgstu, ne toks aš. Man turi būti žmogiškai, jei ne, ir aš – ne, manęs *nepadurninsi*.

Po vieno ginčo, kurio metu ir buvo aiškinamasi, kas ką „durnina", Virgis neteko darbo. Žinoma, ir pajamų. Išmestas iš nuomojamo kambario jis išėjo gyventi į artimiausią parką. Ten netruko sutikti panašaus likimo brolių iš Lenkijos, Ukrainos, Baltarusijos. Buvo vasara, šilta, tikras kurortas. Parke tuo metu gyveno penketas vyrų, tik vienas iš jų ilgesnį laiką nedirbo, kitiems pavykdavo susirasti trumpalaikius darbelius, tad pinigų maistui ar degtinei jiems užtekdavo. Virgis nebuvo tinginys ir tuoj prisidėjo prie uždarbiaujančių vyrų. Darbų patiems ieškoti nereikėdavo – kiekvieną rytą į parką atvažiuodavo nedidelis vanas, visus surinkdavo, nuveždavo į statybos aikštelę, o vakare vėl pargabendavo į parką. Atsiskaitydavo grynais, užmokestis nebuvo didelis, bet parke gyvendamas Virgis nieko geresnio susirasti ir nebūtų galėjęs. Vienas darbdavys, pastebėjęs, kad Virgis ne tik gerai mūrija, bet sugeba atlikti ir kitus statybinius darbus, pasiūlė jam pastovų darbą ir gyvenamąjį plotą. Virgis pasiūlymą priėmė ir persikraustė į nedidelį, bet patogų butą. Tačiau parke sutiktų likimo brolių nepamiršo, po vieną pasikviesdavo pas save nusimaudyti, šiltai permiegoti, pasikeisti drabužių. Tai pastebėjęs šeimininkas nebuvo patenkintas, o vėliau, sužinojęs, kad Virgis dirba ne tik jam, o gauna dar ir kitų užsakymų, pakėlė nuomos kainą. Bet Virgis užsispyrė daugiau nemokėsiąs, ir viskas baigėsi tuo, kad jis vėl atsidūrė parke.

– Gerai tame parke buvo, dabar jį užrakina nakčiai, o tada ne. Įsikūriau, atėjo toks lenkutis ir sako: tu parke negyvensi. Man patinka, sakau, va medžiai kokie, čia mano stalas, parodžiau kelmą, čia pagalvė, parodžiau kuprinę. Bet jis nusivedė mane į „skvotą", kur kažkada buvo klubas. Gražaus būta klubo, vonios didelės, kambariai erdvūs, bet jie viską apdergė per savaitę. Atvažiavo šeimininkas, sako, buvom sutarę, kad prižiūrėsit, o ką jūs padarėt? Kiaulidę? Ir išvarė.

Tai buvo jo pirmoji gyvenimo „skvote" patirtis. Jis piktinosi „skvotininkais", kurie užima būstą, pagyvena, nuniokoja ir eina ieškoti kitos vietos. Jam, statybininkui, būdavo gaila įdėto triūso ir sunaudotų medžiagų – jeigu kas pastatyta, turi būti palaikoma ir tvarkoma. Tokia buvo jo statytojiška filosofija. Jis pats jos laikėsi ir kitus mokė.

Išgrūsti iš nuniokoto klubo „skvotininkai" išsiskirstė kas sau. Vieni grįžo į parką, kiti prisiglaudė pas kitose vietose būstą susiradusius draugus, nes vienas per kitą jie netrunka susižinoti, kas kur įsikūrę, ar žino tinkamą vietą gyventi.

Vienas iš Virgio draugų pažinojo ukrainietį, nusižiūrėjusį tuščią namą, tačiau nesiryžusį į jį įeiti.

– Sakau – kokios problemos? Jie man parodė tą namą – aš gražiai laužtuviuką už spynos užkišau, kilstelėjau, spyna trekšt, ir viskas, įėjom. Apsižiūrim viduj, vienas lenkutis sako – boileris yra, dvidešimt svarų, pragersim, pakabinamos lubos – dvidešimt svarų, žodžiu, jau skaičiuoja, ką išplėšt ir parduot. Sakau, ne, iš to namo nieko neimat. Geras namas, reikia sutvarkyti, išvalyti, ir galim gyventi. Man kiti ir sako – tai tu būsi generolas, palaikyk tvarką. Jau ketveri metai ten gyvenam.

Tada supratau, kodėl Virgio vardas tą šeštadienio rytmetį suveikė kaip burtažodis – būdamas gerokai smulkesnio sudėjimo negu kiti namo gyventojai, jis sugebėjo išsikovoti generolo autoritetą su visa priderama pagarba ir pavaldinių klusnumu.

Virgis nesigyrė, bet iš to, kiek jis žinojo apie „skvotų" vietas ir gyvenimo būdą, supratau, kad jis išties yra ne tik mano lankyto „skvoto" generolas, bet pas jį suplaukia informacija apie „skvotavimui" tinkamas vietas ir jis kažkaip dalyvauja tokių plotų dalybose.

– Čia aplinkui daug tuščių namų, vieni užimti, kiti ne. Neblogi namukai, rimtam žmogui įsikurti galima.

Jis net pažįsta žmogų, kuris tuo verčiasi: suranda tuščią namą, atrakina ir už tam tikrą mokestį įleidžia „skvoterius".

– O paskui jau gyvenk ir tvarkykis kaip išeina.

Tada ir galvon nedingtelėjo, tik vėliau supratau, kad, ko gero, tokio gyvenimo laime jis bandė sudominti mane, nes apie tuščius namus papasakojęs išsyk pasiteiravo, kur gyvenu ir ar esu patenkinta.

Tačiau įsitvirtinti name, kuriame dabar Virgis jaučiasi kaip šeimininkas, nebuvo paprasta – atsirado ir kitų, panūdusių čia apsigyventi.

– Iš pradžių ne kartą lindo pro langus... Buvo juodukų, buvo čigonų, lenkų, apsigynėm... Dabar jau nebelenda, susitaikė, kad namas užimtas, bet neseniai pasirodė jauni lenkiukai. Pradėjo landžioti, tačiau jiems buvo pasakyta, kad manęs neliestų, tai aprimo.

– Betgi tai nuolatinė rizika, stipresni visada gali ateiti ir išvaryti, – baisėjausi.

– Tai normalus gyvenimas, Londone tai normalu, – filosofiškai tarstelėjo Virgis.

Su mano sutiktu Andriejumi apleistą namą Virgis dalijasi nuo pat įsikraustymo, kiti atėjo vėliau. Kai kurie trumpai pabuvę arba patys išėjo, arba buvo išvaryti. Beje, namą suradęs ukrainietis išvyko atgal į tėvynę.

– Jis labai gėrė, jį ištikdavo epilepsijos priepuoliai. Kai pirmą kartą taip atsitiko, niekas nežinojo, ką daryti, o aš sakau –

reikia degtinės po truputį į burną lašinti. Vienas mūsų sėdėjo greta ir, kai tik prasidėdavo traukuliai, su šiaudeliu po kelis lašiukus lašindavo degtinės, atsargiai, kad nepaspringtų... Po poros dienų ir atsigavo. Tada jam pieną, sultis nešėm, rūpinomės kaip šeima.

Jie įsikūrė tikrai šeimyniškai. Sutartinai iškuopė šiukšles, reikalingus baldus – stalus, fotelius, kėdes, lovas – susirankiojo radę išmestus gatvėje. Net pianiną atsitempė, nes Virgis kadaise mokėsi skambinti ir kartais dar pamuzikuoja, nesvarbu, kad ne visi klavišai veikia.

Kaip kiekvienoje šeimoje, čia turėjo būti tvarką palaikanti galva.

– Žiūriu, kad nemėtytų nuorūkų... Numetei – pakelk... Pirmą kartą nepaklūsti tvarkai – bus pasikalbėta su keiksmažodžiais.

Ta galva buvo Virgis. Jis jautėsi atsakingas už kartu gyvenančius žmones, tačiau sunkiai rado, kaip juos pavadinti.

– Jie man ne priešai, bet ir ne draugai. Kolegos? Irgi ne. Na, tokie bendrabutiniai, – išvedė jis.

Lietuvoje šeimą turėjęs vyras vienišas liko tada, kai mirė žmona. Į Londoną atvykti jį prikalbino vaikai, jau anksčiau čia įsikūrę. Jie turi šeimas, darbus ir su tėvu palaiko ryšius, bet gyvena atskirai.

– Sakiau, neplauksiu į tą krantą, nors medžiai ten žali, neplauksiu į tą krantą, ten žmonės svetimi, – eilėmis prabyla lietuvis ir prisipažįsta, kad trūksta artimos sielos, būtų neblogai susirasti draugę.

Per skelbimus ieškoti nenorįs, pasikliauja likimu ir tiki, kad skirtoji pati atsiras jo kelyje. Virgis atsiduso. Gal tai buvo ženklas man? Kol svarsčiau, matyt, praleidau progą, ir Virgis, dar kartą giliai atsidusęs, kalbėjo toliau:

– Bet kokie mes, tokios ir moterys aplinkui... Vieno mano pažįstamo sugyventinė buvo čia kurį laiką prisiglaudusi, paskui kažkur išėjo, po kiek laiko vėl grįžo, prašėsi kartu gyventi... Sakau, mano tabletės baigėsi, nebeturiu – ji gėrė raminamuosius, tai kiek turėjau atsivežęs iš Lietuvos, visas ir suvartojo... Moterų trūksta, užtat mielai lankosi lapės. Į sielos drauges jos netaiko, bet vis pramoga. Virgiui šios būtybės kelia pagarbą, būtent jos yra tikrosios senbuvės, nes gyveno ten dar iki jam įsikraustant į namą. Virgis lapių skriausti neleidžia, tad kiti gyventojai irgi priversti taikstytis su jomis ir nepaisyti dėl jų patiriamų nuostolių.

– Nakčiai duris iš kiemelio pusės paliekame atidarytas, nes langai užkalti, nėra vėdinimo, o nevėdinamas namas pradeda pūti. Vieną naktį miegu savo kambary viršuj, o kai miegu, visiems prisakyta manęs netrukdyti. Turėjau nusipirkęs „Paukščių pieno" dėžutę, pasidėjau prie lovos. Paryčiais girdžiu – kažkas dunkstelėjo, svarstau, koks velnias čia mane trukdo. Pramerkiu akis, ogi lapė tupi ir ėda mano saldainius... Sakau – skiš skiš, o ji nebėga, perlipo per mano lovą, atsitūpė kitoj pusėj ir žiūri. Girdžiu, apačioj Stanislovas rėkia: „K...va, kas mano batus sugraužė?" Iš kitos pusės Andriejus šaukia: „Sakiau, kad reikia duris laikyti uždarytas." O paskui staiga kad sušuks per visą namą: „O jomajo! Mano batai..." Jis neseniai buvo nusipirkęs odinius sandalus, o jų abu dirželiai nukąsti...

Lapių išdaigos Virgį pralinksmina, jam patinka šios gudrios, nenuspėjamos naktinės lankytojos, ir liūdesio dėl moterų stygiaus pėdsakai iš jo balso išgaruoja. Jis džiaugiasi prisipratinęs, kad lapės pašauktos atbėgtų, joms ir vardus sugalvojęs, o dabar jau ir jauniklės pasirodė, gražuolės.

Užsuka ne vien lapės, žiurkių draugija Virgiui irgi ne naujiena, nors šiems gyviams tokių šiltų jausmų jis nepuoselėja. Tiesa, maisto joms irgi padeda, bet ne iš meilės, o iš apskaičiavimo, nes pašertos žiurkės niekur nelandžioja, o alkanos sugrauš viską, ką radusios. Žiurkių elgesys jam kažkodėl primena lenkus, jis pasigiria, kad mėgsta juos paerzinti, sakydamas, kad ir jie kaip žiurkės pasklido po visą pasaulį.

– Ar į kailį už tai negauni? – smalsauju.

Virgis nutyli, bet vėliau papasakoja, kad be muštynių neapsieinama.

Vienais metais prieš Kalėdas name gyveno trylika žmonių.

– Tai smagios turėjo būti Kalėdos, – sakau.

– Aha, smagios? Tai buvo pačios blogiausios Kalėdos. Vienas paprašė trumpam prisiglausti, o liko pusei metų, paskui draugę atsivedė, priėjo pažįstamų, pradėjo vagiliauti... Tokius tenka išprašyti.

Kaip tas išprašymas vyksta, Virgis neaiškino, matyt, įsivaizduodamas, kad tie būdai visiems puikiai žinomi ir suprantami.

– Va ir šiandien vienas kraujuose guli. Nebuvo nei muštynių, nieko. Girdėjau, kad naktį kažkas bumbtelėjo. Kaip visada, atsikėliau septintą valandą, man ir sako Steponas: „Virgi, užeik, pažiūrėk, kažkas nutiko." Pažiūriu, kraujuose vienas guli, iškvietėm greitąją, policija atvažiavo... Visko yra buvę... Vienas korėsi, kitas venas persipjovė. Prieš gerą mėnesį ir mane iš antro aukšto per turėklus išmetė. Iškvietė greitąją, nes nukritau ant nugaros ir negalėjau atsikelti. Sakiau, nereikia greitosios, iki ryto iškentėsiu, pats nueisiu į ligoninę. Bet chebra išsigando, iškvietė greitąją, o jei kvieti greitąją dėl sužalojimų, iš karto važiuoja ir policija. Jie užregistravo įvykį, ir tiek, jiems nerūpi, kaip ir kodėl čia mes gyvenam.

– Kaip supratau, jūs pageriate, pasimušate, vėl pageriate, pasimušate... Taip ir eina gyvenimas.

Virgis nusivylęs žvilgtelėjo į mane – jis taip stengėsi paaiškinti visą „skvotavimo" grožį, o aš nieko nesupratau. Vėliau, gal bandydamas pataisyti pašlijusią reputaciją, pridūrė, kad jis mėgsta skaityti, turi atsivežęs knygų, tačiau dabar, atjungus elektrą, skaityti nebegali. Tai kartais drauge su įnamiais traukia dainas, pritardami pianinu ar gitara. Dažniausiai dainuoja „Katiušą", nes tai vienintelė daina, kurią visi moka.

– O kokia kalba jūs bendraujate?

– Aš lenkiškai ir ukrainietiškai neišmokau, rusiškai pamiršau, angliškai vos graibausi... Ta esperanto kalba, kuria mes bendraujam, dar neužrašyta, bet susišnekam...

Virgis gan filosofiškas žmogus, visa jo povyza rodo, kad save jis laiko kitokiu nei tie, su kuriais jį gyvenimas sumetė į tą apleistą namą. Jis laikosi principų, stebi kitus ir daro išvadas, jam artima savistaba, kartais jo žodžiuose blykstelėdavo net saviironija. Kažko jis šiame gyvenime siekė, yra įsitikinęs, kad kažką nuveikė, kelis kartus kaip mantrą pakartojo, kad padarė visa, kas vyrui prisakyta – medį pasodinęs, vaikus užauginęs ir namą pastatęs. Tos gyvenimo užduotys buvo įvykdytos Lietuvoje, o tai, kaip jo gyvenimas klostosi Anglijoje, yra tarsi priedas, kurį jis gali naudoti vien sau. Aišku, laikantis tam tikrų rėmų, nenusiritant į dugną. Nes jie ne valkatos, visi turi darbą. Jis pats darbuojasi kažkokioje ligoninėje, atlieka smulkų remontą.

– Tai pinigų maistui užsidirbate?

Juk nuomos mokėti nereikia, komunalinių paslaugų mokesčiai kišenės irgi nevargina, į operos teatrą jie, spėjau, nevaikšto, baldų ir drabužių pasirenka iš to, ką kiti išmeta. Tad kam tada pinigai? Nebent maistui. Bet Virgiui šis klausimas nuskamba įžeidžiai.

– Pinigų maistui? Parodyti, kur maisto gauti?

Patyliukais sumečiau, kad žinoti, kur už dyką galima pasimaitinti, nė vienam ne pro šalį. Kaip sakoma – tiurmos, terbos ir labdarinių valgyklų neišsižadėk. Bet, pasirodo, ne labdaros įstaigos yra nemokamo maisto rojus. Tas rojus driekiasi prekybos centrų užnugaryje, prie rampos, kur vyksta krovos darbai.

– Maisto tiek, kad dvi Lietuvas galėčiau išmaitinti, – karališkai mosteli Virgis ir ima vardyti: – Ilinge, Aktone, Šeperdbuše, ten prie didelių prekybos centrų išmeta viską, net keptus viščiukus. Dar šiltus. Maišais į konteinerius sukrauna... Jei elgiesi kultūringai, atidarai maišą, pasiimi ir vėl uždarai, padedi kur buvo, tai nieko nesako. Bet dabar tokių žmonių priviso, viską išmėto, išdrabsto, prišiukšlina, tai kai kur jau pradėjo rakinti... Einu kartą namo, matau – vienas mūsiškių prisikrovęs stumiasi pilną vežimėlį. Maistą išsiėmė, o vežimėlį švystelėjo į krūmus. Sakau, nagi greitai, vežimėlį grąžink atgal prie prekybos centro, pakėliau ragą...

Virgis laikydavosi tvarkos net gyvendamas parke. Jo filosofija tokia – kur gyveni, ten nešiukšlink, jei randi ką, paimk ir pasinaudok, bet kitiems problemų nesukelk, jeigu gali, su kitais dalykis, bet ant galvos sau lipti neleisk.

– Namas mano... Na, kaip ir ne mano, bet mano, nes aš jame gyvenu ir turiu už viską jame atsakyti...

Svajonėse Virgis šitą namą jau matė kaip nuosavą. Buvo nugirdęs, kad galima kažkaip susitvarkyti, tik reikia mokėti mokesčius. Prieš porą metų jis buvo pradėjęs mokėti savivaldos mokestį, tiesa, išgalvotu vardu.

– Kartą atėjo žmonės iš savivaldybės, kieme išvalė šiukšles ir atnešė sąskaitą. Klausia, kieno vardu išrašyti? Manęs tada nebuvo, tai vienas įnamis ir sako – Virgis Marčiutis mokės mokesčius. Paskui klausiau, ar jis nežinojo mano pavardės? Sako – ne. O iš kur tą Marčiutį ištraukei? Sako, prisiminiau, kad krepšininkas buvo Marčiulionis, tai ir pasakiau panašią.

Keletą mėnesių Virgis mokėjo tuos Marčiučio mokesčius, bet paskui numojo ranka. Už elektrą irgi buvo pradėjęs mokėti, bet pritrūko pinigų, o kiti gyventojai nenorėjo prisidėti. Tai dabar visi gyvena be elektros ir su trijų tūkstančių svarų skola už paslaugas. Virgis viliasi surasti sąžiningą žmogų, kuris jam padėtų susitvarkyti mokesčius. Šeimininkams neatsišaukus, jis galėtų pretenduoti į savavališkai užimtą namą. Kažką panašaus jis buvo girdėjęs, tik nežinojo, kaip tai padaryti, su kuo pasitarti. Angliškai jis nemoka, o su lietuviais susidėti bijo.

– Reikėtų, kad anglai būtų... Vienam lietuviui papasakojau, tai iš karto akys sužibo, supratau, jeigu jam parodysiu, tai viską susitvarkys savo vardu... Va, kad kas padėtų išsiaiškinti... Mokesčius moki ir gyvenk sau puikiausiai... Net remonto daug nereikia, tik langus susidėk!

Galbūt turėjau būti ta trokštama grandis jo svajonių grandinėje – mokanti angliškai, suvokianti ir galinti sutvarkyti reikalus, saviškė, bet ne iš tų, kuriems akys sužiba godumu nugirdus apie svetimus turtus. Viena bėda – neįtikėtinai atspari stebuklinių pasakų gundymams.

Išgėrę kavos išėjome į kiemą. Virgis nuoširdžiai užsidegė parodyti, kur yra nemokama valgykla. Maistas ten neblogas, ir pavalgyti ateina ne vien benamiai. Keliaujant tos valgyklos link, Virgio akys bėgiojo pažeme, mačiau, kad jis pastebi kiekvieną be naudos besivoliojančią smulkmeną. Akimirkai jis atsiliko nuo manęs, ir štai – saujoje net trys riebios nuorūkos po daugiau nei pusę cigaretės. Virgis patenkintas. Ne todėl, kad būtų stokojęs rūkalų – kai paskutinį kartą išsitraukė cigaretę, pakelis buvo puspilnis. Jis aiškiai didžiuodamasis demonstravo man savo įgūdžius tarsi teigdamas, kad su juo neprapulčiau.

Po susitikimo Virgis dar keletą kartų man paskambino, o paskui dingo kaip į vandenį. Net nežinau, kas nutiko. Paskambinus įsijungdavo atsakiklis: asmuo, kuriam skambinate, negali atsiliepti. Į paliktas žinutes irgi nė karto nebeatsakė. Gal jis surado trūkstamą savo svajonių grandį, o gal jo stebuklinis kortų namelis ėmė ir subyrėjo, gal kas kitas paveržė jo generolišką statusą.

Vienas iš paskutinių „skvotiško" gyvenimo filosofinių perliukų, kuriuos išgirdau iš Virgio, buvo apibendrinimas, kaip Londonas sugadina žmones.

– Atvažiuoji, randi kur gyventi už dyką, pavalgyti tris kartus per dieną gali už dyką, po pusę cigaretės numesta, pasirenki parūkyti... Vieno tik už dyką čia negausi – degtinės. Tai tenka padirbėti...

MEDŽIOKLĖS LAUKAI
IR VYRIŠKOJI ĮVAIROVĖ

Vakarėliai, renginiai ar kiti suėjimai, ypač tie, į kuriuos kviečiant nurodomas aprangos kodas, yra nepakeičiama proga pasipuikuoti ne tik priaugintomis blakstienomis, permanentiniu makiažu ar hialurono rūgšties pripūstomis lūpomis, bet ir pasirodyti su savo pusėmis – antrosiomis, trečiosiomis ar kelintosiomis, kaip jau Dievas davė.

Šios partnerio, draugo, sugyventinio, vyro ar kaip kitaip įvardijamo ramsčio bei užnugario paieškos čia akylai stebimos ir aptariamos. Užtenka net menkiausių aprangos, šukuosenos ar kūno apimčių pokyčių, ir nuo klausiamų žvilgsnių išsisukti nepavyks. Nemėgstu būti nužiūrinėjama, tad į akis krintančių išorinių permainų vengiu. Be to, mano gyvenime viskas krypo taip, kad labiau rūpėjo pasikeitimai, kurie vyksta žmogaus viduje ir kuriuos ne kiekvieno akiai pavyksta užgriebti. Ir nors žinau, kad žmoguje viskas turi būti gražu, iš prekybos centrų trauktos pagražos su tuo, kas gražu žmoguje, mano akimis žiūrint, ne visada sutampa. Bet Londono parduotuvių pasiūlai net man nepavyko atsispirti, tad kartą apsirūpinau puošmenomis, kurias, jeigu įsigyji, privalu ir kitiems parodyti.

Lietuviškame pobūvyje nelikau nepastebėta. Man pačiai buvo nuostabu, kaip tos pirštinaitės, rankinukai, raukinukai, skrybėlaitės, segės ar dirbtinės rožės traukia tiek vyrų, tiek moterų akį. Tad saldžių pagyrų ir klausimų apie asmeninį gyvenimą neišvengiau.

– Gal turi draugą, kad tokia atsigavusi? – pasiteiravo viena iš mano pripuolamų pažįstamų.

Kiek atsigavimo prideda draugas, nežinau, neturiu prietaiso tokiems matavimams atlikti, tačiau artimas žmogus mano gyvenime buvo atsiradęs ir nemaniau to slėpti.

– Ar jis lietuvis? – buvau skubiai paklausta.

– Ne, – pasakiau ir pridūriau, kad iš Lietuvos išvykus būtų keista ieškoti lietuvio, norisi ir į kitokią vyriją pasižvalgyti.

– Tai kas jis? – atskriejo dar skubesnis klausimas.

– Anglas, jei apie tautybę...

Tamsiose, priaugintomis blakstienomis įrėmintose akyse staiga sublyksėjo konkurencinis įniršis – buvau už ją gerokai vyresnė ir turėjau būti išmesta iš vyriškų interesų zonos.

– Matai... – nutęsė kreivai šypsodama, bet staiga moters intonacija iš pašaipios pasikeitė į perdėtai džiugią: – Oi, kaip *faina*!

Bet tam tikra nenuspėjama priegaidė balse išdavė, kad kažkas čia negerai. Su manimi, su tuo mano draugu ar apskritai su Anglijos vyrais. Ir nors medžioklės laukas, jeigu taip įvardysime šį reiškinį, čia daug platesnis, o vyriškoji įvairovė gerokai margesnė, iš Lietuvos emigravusių moterų tarpusavio konkurencija ne mažiau arši nei tėvynėje, kur vyriškosios giminės atstovų stygius visur, išskyrus kariuomenę, kalėjimus ir Seimą, tiesiog bado akis. Tik Lietuvoje susirungiama ar kartais net fiziškai susigrumiama dėl konkretaus vyriškio, o čia konkuruojama dėl to, kas geriau „prasisuks" – pačiups tą, kuriuo galės pasigirti ir pasipuikuoti. Tautybė šiuo atveju labai svarbi, todėl nenustebau, kad pirmasis klausimas apie mano draugą ir buvo su tuo susijęs.

Jeigu lietuvis, nelabai kas gero, nebent jis būtų iš tų retų Sičio vyrukų, dirbančių bankuose ar užsiimančių naftos perpardavimu. Bet tie vyrukai, kaip ir priklauso tikriems grynuoliams, laisvalaikiu sukiojasi teniso ar golfo klubuose arba buriuoja tolimų vandenynų pakrantėse, tad paprastesnei publikai jie nepasiekiami. Kita lietuviškos vyrijos dalis Londone masiškai nusėdo statybų sektoriuje ir jų galimybės tapti išsvajotais princais nėra didelės. Dvi mano buvusios kolegės, prieš gerą dešimtį metų atvykusios į Londoną su savo vaikinais (vėliau viena su savuoju susituokė, kita – išsiskyrė), smagiai pasijuokia prisiminusios populiarų tais laikais pajuokavimą – tu vis dar su „leiboriumi" miegi ar jau su staliumi. Nes iš pagalbinio darbininko būti paaukštintam į stalius daugeliui vyriškos giminės tautiečių Anglijoje tėra vienintelė įmanoma karjeros galimybė.

Dar blogiau, jeigu tavo gyvenimo palydovas yra rusas, baltarusis, ukrainietis ar atvykęs iš kurios kitos ne Europos Sąjungos šalies, nes neaišku, kas jam svarbiau – mylima moteris ar leidimas gyventi Jungtinėje Karalystėje. Tačiau žinau vieną atvejį, kai troškimo gauti vizą paskatinti santykiai išsirutuliojo jei ne į tikrą meilę, tai bent jau į gana ilgai trunkantį ir kol kas patvarų santuokinį ryšį.

Vienas Rusijos pilietis, regis, vardu Igoris, Londone gyveno ir dirbo su fiktyvaus koledžo išduota studento viza. Jis neva studijavo anglų kalbą, tačiau jam ne kalba buvo svarbi, o tai, kad studento viza suteikia teisę dirbti – ta teise jis ir naudojosi.

Bet vieną dieną Anglijos valdžia pasidomėjo, kuo gi iš tikrųjų užsiima apleistose, labiau garažui ar sandėliui nei mokymo tikslams tinkančiose patalpose įsikūrę „koledžai", ir ėmė juos uždarinėti. Igorio koledžas atsidūrė tarp uždarytųjų, ir vaikinas, kaip daugelis tokių „studentų", skubiai metėsi į fiktyvių santuokų organizatorių glėbį. Tuo metu statybų aikštelėje jis dirbo su pora lietuvių, jų ir paklausė, gal žino, kas už pinigus galėtų surasti nuotaką. Lietuviukai, suuodę jei ne uždarbį, tai bent smagų nuotykį, galintį paįvairinti pabodusius tinkavimo, dažymo ar plytelių klojimo darbus, pasiūlė supažindinti jį su vieniša tautiete. Už Igorio lėšas buvo suruoštas vakarėlis, pasikviesta daug svečių, tarp jų ir žadėtoji mergina. Viskas klostėsi pagal planą – Igoris merginai patiko ir jie netruko apsigyventi kartu. Ji – nes įsimylėjo, jis – kad imigracinėms tarnyboms nekiltų įtarimų dėl santuokos, kurią pradėjo planuoti vos susipažinęs. Po kiek laiko Igoris pasipiršo. Vitalija, toks merginos vardas, buvo laiminga ir apie tai, kad viskas tik dėl vizos, nė nenumanė. Jai buvo per trisdešimt, ji norėjo šeimos. Susituokė. Bet anksčiau nei Igoris gavo leidimą gyventi Anglijoje, pora susilaukė vaikelio. Galiausiai atkeliavo ir taip trokštama viza. Ir nors ją gavęs Igoris planavo išsiskirti, jie vis dar kartu. Vitalija iki šiol nežino, kad Igorio žmona tapo tik dėl leidimo gyventi Jungtinėje Karalystėje, o jis irgi nebežino, ar ji jo žmona tik dėl to.

Gal tos abipusės meilės ne taip labai ir reikia, gal užtenka, kad vienas mylėtų, o kitas turėtų priežastį būti kartu? Ypač šiais laikais, kai du žmones suartinančių dalykų tiek maža, o išskiriančių pernelyg daug.

Bet tokie atvejai nedažni, greičiau išimtiniai. Atvykėlių iš trečiųjų šalių ir neturinčių teisės gyventi Jungtinėje Karalystėje lietuvės moterys sau tinkama pora nelaiko. Tačiau fiktyvioms santuokoms jie kaip tik – sumoka pinigus, o gyventi kartu nespaudžia. Tad verslas buvo įsisukęs neblogai. Dažniausiai fiktyvių santuokų aukos medžiojamos Lietuvoje. Gyvenančios Anglijoje mažiau paklausios, nes čia jau apsipratusios, turi pažįstamų, lengvai ant piršto jų neapvyniosi. O atvežtinės kaip tik – nori gražiai gyventi, viskuo tiki ir visiškai priklauso nuo santuokos organizatorių. Jos būdavo atsivežamos į Angliją, apgyvendinamos pas indus ar pakistaniečius, sutuokiamos ir išsiunčiamos atgal į Lietuvą pažadėjus, kad skyrybų dokumentai bus sutvarkyti po metų. Kadangi susituokus pavardės keisti nebūtina ir į pasą jokia žyma nededama, tad apie Anglijoje įvykusį santuokinį nuotykį kaimynai ir draugai Lietuvoje gali ir nesužinoti.

Kebliau pasidarė, kai Britanijos valdžia ėmėsi priemonių nelegaliai imigracijai stabdyti ir akylai tikrinti įtarimą keliančias poras, net fiktyvias santuokas tvirtinančius kunigus į kalėjimus sodinti. Be to, per santuoką teisę Anglijoje gyventi įgijęs sutuoktinis po skyrybų vis dažniau būna deportuojamas.

Tokia grėsmė iškilo mano pažįstamai indei. Su savo būsimu, dabar jau buvusiu, nors jie formaliai tebėra susituokę, vyru, gerokai už ją vyresniu anglu, ji susipažino Indijoje ir sakė nė nemaniusi kada nors važiuoti į Angliją, jeigu ne vyras, kuris pasibaigus darbo sutarčiai nusprendė grįžti į Londoną. Ji atvyko kartu, bet Londone sutuoktinių keliai išsiskyrė – ji čia sutiko kitą žmogų ir norėtų teisiškai įteisinti skyrybas, bet bijo, kad po jų bus išsiųsta iš šalies, o tai reiškia, kad praras neblogai apmokamą darbą, gali būti, kad ir draugą, prie kurio labai prisirišo. Ji sakė suprantanti priežastis, kodėl dabar į kiekvieną santuoką su ne Europos Sąjungos piliečiais Anglijoje žiūrima įtariai, bet pati jaučiasi to įtarumo auka.

– Mano tėvynės vyrai prie to daug prisidėjo, – šyptelėjo ji, nes itin daug fiktyvių santuokų jaunikių yra iš Indijos ir Pakistano.

– Mano tėvynės moterys irgi, – pridūriau, nes pasiruošusių tuoktis už pinigus vienu metu buvo susidaręs toks ilgas sąrašas, kad net netikros nuotakos iš Rytų Europos kaina nuo keturių tūkstančių svarų buvo numušta perpus.

Fiktyvių santuokų versliukas, atlikęs savo juodą darbą, kitaip sakant – dar sykį pagadinęs ir taip nekokį Rytų europiečių įvaizdį, Anglijoje atslūgo. Kalbama, kad jis niekur nedingo, tik persikėlė į Lietuvą, kur dėl santuokos tikrumo niekas nesuka galvos.

Tie nelegalūs reikalai, kai preke tampa žmonių santykiai, nemažai yra prisidėję prie tų santykių gadinimo. Anais laikais, kai Lietuva nebuvo Europos Sąjungos narė, įtarinėjimai, kad į Angliją gyventi atvykusios lietuvės prie vietinių vyrukų limpa vien dėl to, kad galėtų su jais susituokti ir taip legalizuotis, buvo labai paplitę. Girdėjau ne vieną liūdną pasakojimą, kaip po kelerių draugystės metų iširdavo lietuvės ir anglo pora, nes vyrai niekaip negalėjo atsikratyti įtarimų, kad už juos dažnai gerokai jaunesnės draugės kartu tik dėl to, kad gautų Jungtinės Karalystės pasą. Bet tie laikai, palikę pėdsakų ir nuoskaudų žmonių gyvenimuose, praėjo. Lietuvėms nebereikia tos puselės, suteikiančios teisę čia legaliai gyventi. Tačiau galimybė šiek tiek geriau susitvarkyti gyvenimą ir jaustis labiau sava, kaip bevartytum, atsiranda tada, kai gyvenimo draugu ar juolab teisėtu vyru tampa vietinis. Tad poravimosi galimybė lietuvėms moterims, kurioms lietuviai vyrai dėl įvairių priežasčių nebeįtinka, su britais yra patraukli.

Tie, kas save vadina britais, dažnai jau būna čia gimę arba su šeima į šią šalį atvykę dar vaikystėje ir turi Jungtinės Karalystės pilietybę. Tačiau išgirdus, kad kažkieno draugas ar gyvenimo partneris yra britas, savaime susirezga klausimas, o kokia gi to brito spalva. Teko sutikti bent keletą lietuvių, gyvenančių su britais. Kiekvienu atveju užėjus kalbai apie sutuoktinį ar sugyventinį, jo tautybė ar odos spalva nebūdavo minima. Tai išaiškėdavo atsitiktinai – jei supažindindavo, jei pakviesdavo pavartyti kelionių albumą, o dažniausiai, kai aplink imdavo sukiotis jų bendra atžala.

Kartą turėjau progą pavaikščioti į svečius – buvo sumanytas toks internetinis projektas „Kviečiu vakarienės". Idėja nebuvo šventai originali, bet suteikė galimybę pauostinėti, kaip pasikeitė čia gyvenančių lietuvių maitinimosi įpročiai ir kiek virtuvės puoduose tebėra išlikę lietuvybės. Puodų turinys nebuvo radikaliai pasikeitęs, tačiau prie stalo atsiskleidžia ne vien puodų, bet ir gyvenimo turiniai, juose pokyčių pastebėjau gerokai daugiau.

Viena iš dalyvių gyveno tame Pietų Londono rajone, apie kurį blogai kalbama žiniasklaidoje, kaip sako anglai – „gets a bad publicity". Man patinka anglų gudrybė visas kaltes perkelti žiniasklaidai. Jeigu pasakysi „blogas rajonas", gali būti apkaltintas rajono juodinimu – juodinimu ta prasme, kuri suprantama Lietuvoje ir dar nesiejama su juodaodžiais. O jeigu rajono juodinimą susiesi su juodaodžiais – gresia tiesus kelias į teismą dėl rasizmo. Tad atsarga gėdos nedaro – įpainiodamas žiniasklaidą, kuri blogai rašo, tampi ne vertintoju (kokią turi tam teisę?), o tik komentatoriumi. Tie rajonai, kuriems vertinimai netaikomi, dažniausiai apgyventi imigrantų iš Afrikos bei Karibų šalių. Į juos, kaip ir į kitas imigrantų zonas, persikeliama su visomis bendruomenės spalvomis – ne vien plačiomis šypsenomis, margais apdarais, egzotiškais vaisiais ir būgnų ritmais, bet ir su genčių ar gaujų nesantaika bei kerštu.

Tos blogai rašančios žiniasklaidos buvau gerokai paveikta, nes įsivaizdavau, kad vos išlipusi iš traukinio iškart pakliūsiu į kryžminę gaujų karo ugnį. Bet taip nebuvo. Prie stoties šurmuliavo kokia dešimtis gobtuvus iki nosies užsileidusių paauglių, bet tai tik nekalta mada, o ne pavojaus signalas. Perėjusi sankryžą už nugaros išgirdau garsiai rėkaujant, atsisukau – stambi moteriškė, galvą apsivyniojusi ryškiaspalvės medžiagos atraiža, kažką šaukdama mojo mano pusėn, bet ar jos žodžiai buvo skirti man, nesusigaudžiau. Net nebūčiau pasakiusi, kokia kalba ji rėkauja. Pasijutau kalta, kad nieko nesuprantu, išskyrus grūmojimus kumščiu, skirtus man ar visai mašinų ir žmonių pritvinusiai gatvei. Tas grūmojimas gal buvo komunikacijos paieškos, bet neturėjau jokių galimybių į tai atsiliepti. Nebent panašiai pagrūmoti jai atgal. Apsižvalgiau, gal yra kas jos rėkavimus supranta ir gali padėti, jeigu reikia pagalbos, ar nuraminti, jei ji nervinasi be reikalo, bet niekam ta rėkaujanti moteris nerūpėjo.

Vakarienės šeimininkė Agnė, pas kurią tą vakarą rinkomės, gyveno viename iš neseniai pastatytų daugiabučių su ekonominės klasės, bet neblogos kokybės būstais. Ekonominė klasė reiškia, kad čia nesišvaistoma nei erdve – bendrosios patalpos nebuvo kaip kišenė, bet ir ne per didelės, nei šiluma, kaip būna įsidėjus langus iki grindų ir ne visada tinkamai juos užsandarinus. Tai buvo normalus butas su dviem miegamaisiais antrame aukšte – toks pagal angliškus standartus priklauso vieną vaiką auginančiai šeimai. Daugelis lietuvių šeimų, pajėgiančių išsinuomoti tik „double" (tai reiškia su dvigule lova) miegamąjį, tokio būsto galėtų tik pavydėti.

Šeimininkei pasodinus mus už stalo ir išėjus į virtuvę, suskubome žvalgytis, kaip ji įsikūrusi. Viena iš viešnių, pastebėjusi ant spintelės vaiko nuotrauką, parodė į ją ir susiėmė už burnos:

– Nežinojau, kad už juodžio ištekėjusi. Turbūt nebuvo smagu praeitą kartą klausytis mūsų šnekų.

O tą praeitą kartą jau mokyklą baigusį sūnų ir paauglę dukrą turinti motina prisipažino paniškai bijanti, kad jos vaikai nesusidėtų su juodžiais. Apie tai, kad lietuvės teka už juodaodžių ir kad pusė Lietuvos greitai bus mulatukai, penktą dešimtį įpusėjusi moteris kalbėjo kaip apie baisiausią tragediją.

– Mano vyro pusseserė Panevėžyje dirba civilinės registracijos biure, sakė, siaubas, kiek atveža registruoti maišytų naujagimių. Aš nežinau, ar kas įsivaizduoja, kaip čia žmonės maišosi ir kas iš to bus. Ar tu juodį lietuviškų tradicijų išmokysi? Juk ne. Tai ir vaikas jų neišmoks...

Tą vakarą atrodė, kad tokiai nuomonei pritarėme, nes ginčų nekilo. Bet, pasirodo, viena iš dalyvių kaip tik priklausė toms netikusioms lietuvėms, kurios teka už kitos rasės vyrų. Bet ji neišsidavė, ir mes nė viena net neįtarėme, kol neatsidūrėme pas ją namuose ir nepamatėme sūnaus nuotraukos, kurią greičiausiai ji specialiai pastatė gerai matomoje vietoje.

Beje, dažnai teigiama, kad lietuvės su juodaodžiais, arabais ar bet kurios kitos rasės vyrais susideda dėl to, kad nieko geresnio negali susirasti, nes yra negražios ar turi kokių kitų trūkumų. Už juodaodžių ištekėjusios mano pažįstamos ne gražuolės, bet yra simpatiškos, vienintelis jų trūkumas galbūt tas, kad nebepajėgė ar nebenorėjo taikstytis su lietuviais vyrais, kuriems moteris lygu boba, ožka ar dar kas nors menkiau. Visos jos turi panašią patirtį – su tuo, kad jos ištekėjo už juodaodžio, sunkiausiai susitaikydavo Lietuvoje gyvenantys šeimos nariai ir čionykštė lietuvių bendruomenė.

Agnė prisipažino vengianti lietuviškų sambūrių. Ne dėl savęs, ji bijo, kad neįskaudintų ar neįžeistų jos vyro. Bet itin nelengva jai buvę pripratinti Kaune gyvenančius tėvus (ir dar sunkiau – jų kaimynus) prie minties, kad jų anūko oda bus ne balta.

– Jie baisėjosi juoduko, matyt, įsivaizdavo, kad gims monstras, bet kai nusivežiau parodyti, mama iš karto ištirpo. Kai su vežimėliu išeidavau į kiemą, visos kaimynės prie langų prisiplodavo, kad tik pamatytų, kaip tas vaikas atrodo. Vieną kartą važiavau į parduotuvę, o dvi senės sekė nuo pat namų iki parduotuvės ir vis taikėsi pažiūrėti į vežimėlio vidų. Pamatė ir sako viena kitai – ne toks jis ir juodas.

Čia gyvenantys mišrią šeimą sukūrusios moters artimieji tokią santuoką priima gerokai paprasčiau ir, užuot taršę mišrių porų ydas ar blogybes, ima skaičiuoti pranašumus. Baimė, ką pasakys kaimynai, čia natūraliai išnyksta, nes kaimynai dažniausiai būna ne baltos spalvos, o tautiečių kaimynystės įmanoma išvengti. Mišrias šeimas sukūrusios lietuvės dažniau bendrauja su vyro bendruomene, kuri baltąją moterį priima labai mielai, nei su lietuviškąja, įtariai žiūrinčia į tamsiaodį vyrą.

Bet jei pasitaiko, kad tavo draugas, sutuoktinis ar sugyventinis yra anglas, tokia moteris gali jaustis lyg laimėjusi loterijoje. Kartą Stanstedo oro uoste stebėjau į Lietuvą skrendančią porą. Laukė to paties pigių skrydžių lėktuvo kaip visi, bet patys atrodė nepigiai. Ji vilkėjo mažiausiai tris šimtus svarų kainuojantį kostiumėlį ir avėjo aukštakulniais, kurie blizgėjo taip, lyg už juos būtų dvigubai sumokėta. Šviesūs plaukai siekė juosmenį, buvo daili, aukšta ir žvelgė visiems virš galvų tarsi būtų kiek pakylėta virš nepraustaburnės „Ryanair" liaudies. Maždaug trisdešimtmetė, vyras gal dvigubai vyresnis, bet neblogai išsilaikęs, matyt, iš tų vyriškių, kurie visą gyvenimą tinkamai rūpinasi savo raumenukais. Bendravo jie mažai ir iš šalies labiau priminė atsitiktinius pažįstamus nei artimus žmones. Vyriškis rankoje laikė nediduką žalio popieriaus „Harrods" parduotuvės maišelį, tikriausiai su nepigia smulkmena viduje. Tas visame pasaulyje atpažįstamas prabangios prestižinės Londono parduotuvės maišelis galėjo puikiausiai tilpti apybliūškėje kuprinėje, tačiau privalėjo būti laikomas viešai kaip neginčijamas sėkmės simbolis ir statuso ženklas. Tą dieną į lėktuvą keliavo bent keli „Next" maišeliai, buvo „John Lewis", buvo du „Debenhams", bet „Harrods" – tik tas vienas.

Beje, su anglais vyriškiais draugaujančios moterys irgi ima vengti lietuviškos bendruomenės. Bet dėl kitų priežasčių nei tos, kurių partneriais tapo spalvotieji britai. Su britais gyvenančios bijo paniekos, gyvenančios su anglais – pavydo bei konkurencijos.

Prieš metus į vieną lietuvišką renginuką buvau nusivedusi savo draugą. Paskui gal savaitę jis mane linksmino pasakojimais, kaip jam „kabinti" viena iš mano tautiečių panaudojo didžiulį gundymų ir vilionių arsenalą. Kadangi, dievagojosi, vilionėms jis nepasidavė, tad pasiteiravau, ar ta moteris buvo tokia negraži.

– Graži, – atsakė jis. – Bent jau tokia, kurios laikomos simpatiškomis.

– Tai kas neįtiko? – juokais pasiteiravau.

– Viskas gerai, juk visiems smagu, kai priešingos lyties asmuo rodo dėmesį. Ar tau ne?

– Priklauso nuo to, kas rodo, kaip rodo, kokiose situacijose...

– Aš nesu toks išrankus, – pasišaipė jis, bet iš to, kaip ironiškai vaizdavo tas vilionių gudrybes – ant piršto sukamų plaukų sruogą, mirksėjimą ir akių vartymą, supratau, kad tai jo nepaveikė.

Nesupratau kodėl, bet į lietuviškus renginius jis daugiau nesiveržė. Ir Lietuvą aplankyti neberodė noro, kad ir kiek jį gundžiau Vokiečių gatve marširuojančių ilgakojų lietuvaičių grožybėmis. Vėliau prisipažino, kad iš tikrųjų nėra malonu jaustis taikiniu ar tikslu – kažkuo, ką galima lengvai suvystyti, nes toks santykis esąs abipusiškai žeminantis.

Ačiū Dievui, kad jis toks protingas. O gal protingas dėl to, kad jau nebe jauniklis, kitaip turbūt neturėčiau šansų. Vos susiklosto situacija, kai reikia ką nors nurungti savo moteriškomis duotybėmis, išsyk susimaunu.

Bet turbūt tik man vienai taip nesiseka. Nes, kiek pastebėjau, mano tautietės šioje srityje yra guvios ir sumanios. Jos puikiai nusitaiko ir sugeba griebti jautį už ragų ar kurios kitos mažesnį pavojų keliančios kūno dalies, o ne tupinėja aplinkui, kol nei žvirblio rankoje, nei briedžio girioje nebelieka.

LIETUVIŠKOS PUŠELĖS
IR „DEMOLIŠINO" HEROJAI

Emigracija vyrams yra dvigubai sunkesnė nei moterims. Lietuvoje jie nuo gimimo būna aprūpinti socialiniais ryšiais, tą tinklą mezga ir audžia visa moteriškoji giminės pusė – mamos, močiutės, sesės ir tetos. Atvykus čia, jeigu neatsiveža žmonos ar draugės, žmogiškieji jų ryšiai susiaurėja iki keleto asmenų, dažniausiai vienišų vyriškių, su kuriais dirbama toje pačioje statybų aikštelėje, dalijamasi tuo pačiu būstu ir savaitgaliais kartu girtaujama.

Pirmą kartą su vyriška emigrantiška vienatve susidūriau Čikagoje – tai buvo prieš dvi dešimtis metų ir jau atrodo kaip pelėsinė praeitis. Bet tada viskas buvo šviežia – nepriklausomybė buvo paskelbta vos prieš porą metų, būtent kelionės į Ameriką proga sovietinį pasą pasikeičiau į lietuvišką, jaučiausi taip, lyg aš ir mano tauta būtume nuveikę kažką ypatinga. Su pakilia savijauta bei vakar išskalbtais, bet išdžiūti nespėjusiais drabužėliais lagamine šokau į lėktuvą ir dešimt valandų pasibraižiusi padangėmis nusileidau toje šalyje, iš kurios sklindantį

„Amerikos balsą iš Vašingtono" priglaudęs ausį prie radijo imtuvo kadaise gaudydavo mano tėvas. Jis visą mano vaikystę ir paauglystę laukė žinios, kada amerikonai ateis mūsų išvaduoti, bet jie neatėjo, išsivadavome patys, ir jaučiausi to išsivadavimo atstovė. Pati sau to jausmo dabar pavydžiu.

Tos kelionės metu turėjau progą susipažinti ne tik su pokarine, senąja emigracija, bet ir su visiškai šviežia banga, su tais, kurie suskubo pakelti sparnus iš Lietuvos vos griuvus geležinei uždangai. Tada juk kūrėme Lietuvą, man buvo nesuprantama, kaip kiti iš jos pasitraukia.

Čikagoje viešėjau pakviesta išeivių organizacijos „Santara-Šviesa" ir buvau supažindinta su visais ten egzistavusiais lietuviškumo židiniais, tarp jų ir su vietomis, kur rinkdavosi naujieji atvykėliai. Viena tokių vietų populiariai buvo vadinama „Pas jugoslavą", atrodo, dėl to, kad jos savininko protėviai buvo kilę iš anų kraštų. Savaitgaliais ten gausiai rinkdavosi lietuviai.

Nežinau, kodėl lietuviai pas tą jugoslavą prigijo – gal dėl to, kad aplinkui buvo daug medžio. Erdvi salė medinėmis nedažytomis kaip kaimo gryčios grindimis, mediniai stalai, net sienos man pasirodė iškaltos medinėmis lentutėmis, tik vėliau pradėjau įtarti, kad tai turbūt medžiu apsimetantis plastikas. Žmonių buvo daug, angliškos frazės pynėsi pramaišiui su lietuviškomis.

Sutikau brolius dvynius, kuriuos pažinojau iš tų laikų, kai mokiausi universitete – gyvenome tame pačiame bendrabutyje. Ir vėliau jie sukiojosi akiratyje, nes turėjome bendrų draugų, bet paskui staiga ėmė ir prapuolė. Domėtis, kur jie, neskubėjau – tai buvo metas, kai visų gyvenimai keitėsi, žmonės ėmė judėti, pažįstami atsirasdavo ir dingdavo, vieni kilo karjeros laiptais ir būrėsi į panašios galios grupes, antri turtėjo ir natūraliu būdu sukibdavo į panašaus pinigingumo bendruomenes, treti prasmegdavo kaip į duobę. Tie du prasmegėliai broliai, kurių buvau nemačiusi apie porą metų, gražiausiai sėdėjo prie staliuko „Pas jugoslavą" ir gėrė tamsų alų. Jei nebūtų buvę dvyniai, būčiau pamaniusi, kad apsipažinau, bet tikimybė kitoje Atlanto pusėje sutikti labai panašius dvynius lygi nuliui. Pasisveikinau. Taip, tai buvo tie patys broliai. Pakalbėjome apie vėjus, kurie juos čia atpūtė – pasirodo, pasinaudojo proga tapti paskutiniais pabėgėliais iš griūvančios Sovietų Sąjungos. Jie supažindino mane su savo draugais – lietuviais, tie su kitais draugais, irgi lietuviais, ir pasijutau atsidūrusi tuzino jaunų vyrų apsuptyje. Visi buvo labai paslaugūs, norėjo mane vaišinti ir šokdinti. Tikras rojus vyrų dėmesio neišlepintai moteriai. Iš pradžių nesupratau kodėl. Nejaugi toji stebuklų šalis Amerika turi tokią ypatingą galią – vos savaitės užteko, kad tapčiau įdomia ir patrauklia asmenybe, o ne nykiu posovietiniu gaminiu?

Užgrojo muzika, ir su vienu iš kompanijos vyrukų išėjau šokti. Jis prisispaudė prie manęs ir ėmė drebėti. Tarsi karštinės krečiamas. „Sugriauk visus tiltus, kelius išardyk, tik vieną pušelę, maldauju, palik..." – skambėjo salėje. Kol šokome, mašinų remontu viename iš Čikagos priemiesčių užsiimantis mano partneris ėmė gundyti, kad pasilikčiau Amerikoje. Nelaukęs atsakymo, nepaleisdamas iš glėbio, ėmė rūpintis mano pasilikimo reikalais. Keliais žodžiais persimetęs su greta šokusia pora, jis pranešė, kad jau susitarė dėl darbo senelių namuose, kur visada trūksta darbuotojų. Gyventi būčiau galėjusi jo išnuomotame nedideliame butuke, jis turi mašiną, pavežiotų mane po Ameriką. Atrodė, atsivėrė dangus ir visos emigrantiškos gėrybės ėmė kristi tiesiai man į rankas.

Muzikai nutilus drebulio krečiamas vyrukas manęs nepaleido. Kitos poros irgi stabtelėjo lyg nustebusios, kad daina taip greitai pasibaigė, visi sutartinai ėmė prašyti, kad „Pušelė" būtų pakartota. Prie muziką skleidžiančio aparato įvyko trumpas bruzdesys, ir graudus maldavimas sugriovus tiltus ir išardžius kelius palikti tą vieną pušelę vėl užvaldė salę. Kai tris ar keturis kartus atlingavusi tą „pušelinę" melodiją galiausiai ištrūkau iš virpančio partnerio glėbio ir grįžau prie staliuko, broliams dvyniams papasakojau apie pagundas likti Amerikoje. Jie visa tai paaiškino labai paprastai – moterų čia desperatiškai trūksta. Sužinojau, kad mane šokdinęs vyrukas turėjo draugę. Broliai parodė už baro stovinčią merginą, tą pačią, kuri sukiojo muzikos aparatą nustatydama, kad šis vėl iš naujo užgrotų visų geidžiamą „Pušelę". Ji buvo labai daili, tad nesistebėjau, kad simpatiją rodančių netrūko, ypač tokioje aplinkoje, kur penkiems vyrukams tenka viena panelė. Mano šokėjas galėjo manyti, kad jam pasisekė, draugystė tęsėsi beveik metus, bet paskui mergina krito į akį baro savininkui, o tokios konkurencijos mašinų remontininkui atlaikyti nebepavyko.

– Jis čia ateina ir drasko širdį sau ir jai, nes ji su tuo savininku tik dėl paso susidėjo, nelegaliam jaustis nėra smagu. Ir tik tarp tokių turi suktis, tas tikrai smaugia...

Aš irgi jaučiausi lyg smaugiama – gal nuo cigarečių dūmų, o gal nuo emociškai pritvinkusios atmosferos, prikūpėjusios amerikietiško gyvenimo svajonių ir jau atsiradusio nuovylio, kad visa tai pildosi ne taip greitai kaip tikėtasi, o jeigu ir pildosi, vis viena širdyje palieka nemalonių nuosėdų.

Londone dainos apie pušelę nė viename lietuviškame suėjime nesu girdėjusi nė karto. Mada praėjo, kita vertus, iš Anglijos dėl tų pušelių ir į Lietuvą nesunkiai nukakti galima.

Tačiau panašių emocijų kaip Čikagoje „Pas jugoslavą" teko pajusti ir Londone. Prieš penketą metų, kai vos atvykusi ėmiau tyrinėti lietuviškąjį Londoną, pasitaikė užsukti į vieną tautiečių pamėgtą klubą. Sėdėjau su draugių kompanija, kai prie mūsų nepastebimai prilipo du vyriškiai. Buvau gerai nusiteikusi ir su vienu jų išėjau pašokti. Man šokti patinka, niekada neatsisakau, tik bėda, kad daugelis šokį įsivaizduoja kaip pastovėjimą susikibus nepaisant ritmo ir net nesistengiant užmegzti pokalbio. Kadangi man aiškiai pasitaikė pastovėjimo susikibus variantas, kad laikas šokių aikštelėje nevirstų amžinybe, pokalbį megzti pradėjau pati. Išsiaiškinau, kad šokio partneris jau metai čia gyvena ir dirba „demolišine". Tada dar nesigaudžiau statybinių užsiėmimų subtilybėse. Tik dabar pradedu suvokti, kuo skiriasi „plasteris" nuo to, kuris sugeba dirbti su „plastoboru", neduok Dieve, jei juos supainiosi, ir koks įžeidimas „meitenencą" pavadinti „leiboriumi". Bet tada man tai buvo nesuprantamų žodžių rinkinėlis, kurių iki tolei neturėjau progos nei girdėti, nei vartoti. Pašnekovai, su kuriais bendraujant prireikdavo anglų kalbos, buvo labai siaurų, daugiausia kultūrinių, interesų žmonės. Tad žodis „demolišinas", ypač ištartas grynai lietuvišku būdu, man nieko nesakė.

– Ar moki angliškai? – pasiteiravo vyriškis.

– Na, moku, – atsakiau, nors vos atvažiavus į Londoną savo anglų kalbos gebėjimais man iškart teko suabejoti.

– Tai va, „demoliš", supranti, ką reiškia „demoliš"? – klausinėjo jis ir stabtelėjęs pertraukė šokį, kad rankomis parodytų tuos judesius, kurie reiškė kirsti ir laužti.

Galiausiai supratau – jo darbas buvo griauti senus statinius. Darbas sunkus ir pavojingas, kiauras dienas tenka kvėpuoti dulkėmis, bet Kėdainiuose nė tokio darbo nebuvę, o dukra studijuoja ir sūnus dar paauglys, pinigų reikia. Žmona Lietuvoje, bet ji jau seniai jam nieko nereiškianti. Teiravosi manęs, ar vieniša, ar turiu atskirą kambarį, mat jis gyvena kartu su kitu vyriškiu, tai neišeitų.

– Kas neišeitų? – bandžiau pasiaiškinti.

Bet jis nedetalizavo, matyt, buvo įsitikinęs, kad moteriškoji nuovoka man turėtų pasufleruoti, apie ką kalbama.

Tą klubą buvo pamėgę ne tik lietuviai, bet ir albanai. Ilgai žvalgytis nereikėjo, kad pastebėtum, kaip jie siuva it bitutės ir skina lietuvaites kaip pumpurus. Dėl šios priežasties klubo prieigose keletą kartų kilo muštynės, ilgainiui ši smagi vieta buvo išvis uždaryta.

Tiek daug vienišų vyrų, kiek jų sutikau Londone, man neteko sutikti per visą gyvenimą. Turiu galvoje lietuvius. Lietuvoje, kiek prisimenu, mane persekiojo įspūdis, kad visi jie užimti, o Londone, atvirkščiai, kad visi vieniši. Kai kurie vieniši dėl to, kad palikę šeimas važiuoja į Angliją uždirbti duonos kąsnio. Kiti, nepasirūpinę poros susirasti Lietuvoje, čia atvykę pamato, kad tautietėms jie nebe tokie įdomūs, kokie buvo tėvynėje. Net tie, kurie atsiveža drauges ir žmonas – jie irgi nėra tikri, kad šios prie jų prilipusios laikysis.

Beje, čia gyvenantys vieniši lietuvaičiai pastaruoju metu drauges sau įgudo atsigabenti iš Lietuvos.

Vienoje silkėmis pataluose ir baltomis mišrainėmis gausiai nukrautoje užstalėje – buvo švenčiamos krikštynos – susipažinau su jauna pora. Mergina neseniai atvyko iš Raseinių pas savo draugą, jau treji metai gyvenantį Londone. Susipažino per internetą, ji atvyko pasisvečiuoti ir nusprendė pasilikti. Vaikinas uždirbdavo pinigus, ji mokėsi anglų kalbos ir ieškojo darbo. Abu atrodė labai patenkinti, bet maždaug po metų išgirdau, kad mergina vyruką paliko. Tai atsitiko, kai ji įsidarbino. Ji buvo iš tų, kurios gaudo šansą, ir jautėsi taip, lyg būtų nusipelniusi visko, kas geriausia – jeigu to, kas geriausia, negauna, kaltas tas, kas jai to nesuteikė.

Emigracijoje atsidūrusių vienišų jaunų vyrukų man nuoširdžiai gaila. Jie visiškai nepasiruošę konkuruoti dėl moterų. Ir dar bėda, kad lietuviškas vyriškumas yra labai jautrus dalykas. Užtenka mūsų vyrukams atsidurti bent kiek netipiškų, „nepupytiškų" moterų akivaizdoje, kad pasijustų įžeisti ar įsibauginę. Kai kurie patys supranta, kad yra pernelyg įsikibę į savąją, kaip čia mėgstama sakyti, „komforto zoną", tačiau nesiryžta rizikuoti savo garbe ir orumu.

Kartą per Facebook'ą mane susirado senų laikų pažįstamas. Pasirodo, jis irgi senokai Anglijoje, tik ne Londone, o Niukaslyje, gerokai į šiaurę. Lietuvių ten yra, bet negausiai, be to, jie neįdomūs, tad panoro susitikti. Gerai prisimenu, kad prieš dvidešimt metų, kai abu sukiojomės bendroje aplinkoje, aš jam buvau neįdomi, bet nuoskaudų širdyje nelaikau. Susitikome, pakalbėjome apie šį bei tą, jis pasiguodė, kad Niukaslyje, kur persikėlė po skyrybų ir gavo darbą tenykštėje ligoninėje, jaučiasi labai vienišas, nors yra tokio amžiaus, kai jau turėtų džiaugtis anūkais. Paguodžiau, kad aš irgi panašaus amžiaus, bet ir be anūkų randu kuo džiaugtis. Pasakiau, kad man šitas pasaulis įdomus, kad man patinka jį patirti, stebėti, susidurti ar net susigrumti, kai to prireikia.

– Tu visada buvai ne kaip visos, – pasakė.

Ir tada išgirdau, kad prieš tuos dvidešimt ar daugiau metų, kai man atrodė, kad esu jam neįdomi, iš tikrųjų aš jam patikau, bet jis neišdrįsęs manęs kalbinti. Vis dėlto aš neturėjau noro bristi į kadaise neišsipildžiusių lūkesčių upę, tad patariau jam įdėti skelbimą į pažinčių skyrelį, nes simpatiškų ir vienišų moterų čia pakanka.

Nedrąsūs su moterimis, užtat kelių ereliai – toks galėtų būti glaustas, bet daug bylojantis lietuviškos vyrijos apibrėžimas. Ir nesvarbu, ar jie Kaune, ar Londone. Savo įpročius ir ydas jie vežiojasi kur benukaktų, nors kuolą ant galvos tašyk. Lietuvės moterys lankstesnės, daug greičiau gaudo aplinkos signalus ir Londone į lietuvišką vyriją žvalgosi vis rečiau. Todėl man tų šiltai lietuviškai augintų Lietuvos vyrukų pasidaro baisiai gaila. Tarsi būčiau vyresnė sesė, kuri gali išklausyti, užjausti, bet negali padėti. Tąja vyresne seserim pasijusti teko ne kartą.

Po vieno iš begalės Londone vykstančių lietuviškų krepšinio turnyrų buvau pakviesta į šventę populiariame lietuviškame restorane. Užkandžiai, gėrimai, tai, kas vadinama „gyva" muzika (dainininkė ir klavišiniai) ir šokiai.

Dar kol užkandžiavome, stebėjau prie gretimo stalo sėdinčią kompaniją – dėmesį jie patraukė dėl to, kad vienas iš kompanijos vyrukų, pradėjęs tariamą sakinį tyliai, baigdavo jį gerokai garsiau. O jei jo pasisakymas susidarydavo iš kelių frazių, paskutinę jau galėdavo girdėti visas restoranas. Greta sėdėjęs jo draugas liepdavo nuleisti garą, tada vaikinas kuriam laikui nutildavo. Kūpsojo panarinęs galvą, atkišęs kuprą ir vieną po kito tuštino stipraus gėrimo stikliukus. Buvo švenčiamas kažkurio iš vyrų gimtadienis, butelių ta proga netrūko. Vieni, kurie užsakyti vietoje, išdidžiai puikavosi ant stalo, kiti, matyt, kuklesnės prigimties, buvo traukiami iš krepšių, kažkas iš jų įkliukinama į taureles, o kuklusis buteliukas saugiai nugrūdamas į pastalę. Dvigubu tempu – nuo stalo ir iš pastalės – besivaišinanti kompanija greitai pasiekė tokį laipsnį, kad įsidrąsino šokti. Tada ir išlindo kompanijos nelaimė – savo būryje jie turėjo vieną merginą, ir ta pati buvo vieno iš jų draugė. Tas ir išsivedė ją šokti. Kiti vyrukai pasukiojo sprandus dairydamiesi aplinkui, ir gal nieko tinkamesnio aplink nepamatė, o gal buvau artimiausias taikinys, bet vienas jų nusprendė pašokdinti mane. Jis buvo turbūt dvigubai už mane jaunesnis, bet asistavo man lyg būčiau jo bendraamžė. Pabandžiau jį atšaldyti sakydama, kad mano metai nebe tie, kad taikyčiau jam į paneles, ir pasiteiravau, ar savo amžiaus merginos jam nepavyksta rasti. Sako – man su tavimi patinka šokti. Patinka tai patinka, malonu tai girdėti. Sakau – galime šokti kad ir visą naktį, bet draugystei tau reikia tavo amžiaus merginos. Jis pasiguodė, kad merginos nenori draugauti su lietuviais, jos ieško, kad būtų turtingi, su „krūtom" mašinom. Atrodė viskuo nusivylęs.

Tuo metu mane apėmė tai, ką vadinu vyresniosios seser sindromu, kurį išsiugdžiau, matyt, dėl ypatingo prieraišumo maždaug penkiolika metų už mane jaunesniam broliui. Kaip moteris, ir dargi vyresnė, aš jam kažkada patarinėdavau, kaip narplioti jausmų ir santykių problemas. Tad ir šį kartą manyje sukilo natūralus noras kaip nors padėti vienišam vargšeliui. Pamačiusi prie atokesnio staliuko dvi jaunas merginas, parodžiau jas savo šokio partneriui.

– Matai, gražios, jaunos. Sėdi lietuviškame restorane, vadinasi, nespjautų į pažintį su lietuviais vyrukais, nes, jei nenorėtų, gal eitų į anglišką klubą.

Jis žvilgtelėjo į mane ir, regis, susidomėjo.

– Pamatai, kad panelės vienos prie stalo, prieik, pašnekink, gal ir susipažinsi.

– O jeigu nešnekės?

– Nešnekės tai nešnekės. Gal kurčios, gal nebylės, nesvarbu, bet būsi pabandęs... – drąsinau.

Jo akyse spygtelėjo guvūs žiburiukai.

– Tik nedaryk to dabar, – skubiai pridūriau. – Esi gerai išgėręs, jos gali nenorėti bendrauti su girtu vaikinu.

Tačiau šio švento perspėjimo jis nebeišgirdo. Nelaukęs šokio pabaigos paliko mane vieną aikštelės viduryje – ačiū Dievui, šiuolaikiniai šokiai tokie, kad partneris nebūtinas, tad ir toliau ramiai lingavau pagal muzikos ritmą – ir mano tautos jaunuoliams būdinga pusiau kareiviška, pusiau jūreiviška (priklauso nuo to, kiek išgerta) eigastimi nužingsniavo prie mano parodyto staliuko. Atsisėdo, drįstu lažintis, nepaklausęs, ar galima. Mačiau, kaip sudribo ant kėdės, ir, nors pokalbio negirdėjau, nesuklysiu teigdama, kad geriausiu atveju jis be jokių papildų ir pagražinimų ištarė: „Nu, ką?"

Panelės susižvalgė. Jų akys nesuspindo laime, o išraiškos nerodė nė menkiausio entuziazmo. Vyrukas dar minutę kitą sėdiniavo alkūnėmis įsirėmęs į stalą ir pasilenkęs bandė pagauti vienos iš merginų žvilgsnį. Bet jam nesisekė – tai buvo ne jo vakaras, ne jo vieta ir gal net ne jam skirtas gyvenimas. Gal tai, kas galėjo būti jo gyvenimas, turėjo klostytis kitoje aplinkoje ir tarp kitų žmonių. Čia net saviškiams jis buvo nesavas.

Atsistojo ir tąja pačia eigastimi, kurioje jūreiviškumo jau buvo gerokai daugiau, grįžo į šokių aikštelę.

– Matau, nepasisekė, – tariau. – Juk perspėjau, kad esi per daug girtas.

Jis mostelėjo ranka it įkyrią musę į šalį blokšdamas mano patarimus.

– Čia mergos pasikėlusios, joms piningingų reikia.

Išvada nenauja ir neatremiama. Patylėjau.

– Aš geriau su tavim būsiu, – pridūrė pavojingai linkdamas prie manęs.

Gal tikėjosi, kad man tai patiks?

Šokau su juo dar keletą kartų – tikra gailestingoji samarietė. Ir kiekvieną kartą iš vis augančios svyravimų amplitudės ir iš to, kiek pastangų prireikdavo, kad išlaikyčiau jį šokio orbitoje, supratau, jog vyrukas sparčiai girtėja. Turbūt turėjau spjauti į jį, bet žinodama, kad šokis padeda išgarinti alkoholį arba bent jau sulaiko nuo dažnesnio vartojimo, stengiausi išlaikyti jį šokių aikštelėje kuo ilgiau.

Dalis maniškės kompanijos kaip tik ruošėsi namo, nuėjau atsisveikinti. Mano šokėjas svyrinėjo, bet ant kojų kažkokiu būdu laikėsi. Kai grįžau, jis jau gulėjo ant grindų. Klavišininkas nuo grindų rinko pažirusius klavišus, nes vyrukas krisdamas užkliudė jo instrumentą, tas trenkėsi į grindis, atrodė, kad brangi elektronika nebeatsigaus.

Nugriuvusysis gyvybės ženklų irgi nerodė. Susibūrėme aplink jį ratu vienas kitą ragindami kviesti greitąją. Vienas iš gimtadienininkų kompanijos atsitūpęs ėmė plekšnoti gulinčiajam per žandus. Tekšnojo kaip reikiant, aiškiai tikėdamas teigiamu šios procedūros poveikiu, ir tvirtino, kad greitosios kviesti nereikia.

– Kai prigeria, jis dažnai griūva be sąmonės. Aš žinau, čia mano brolis, ne pirmas kartas, pagulės ir atsikels, – kalbėjo jis.

Tačiau ne visi buvo tokie ramūs, tad greitoji pagalba netrukus pasirodė. Patikrinęs pulsą gydytojas pasakė, kad viskas gerai, vaikinas atsigaus. Bet šis tysojo paslikas ir nerodė atsigavimo ženklų.

– Kelkis, arba vešim į ligoninę, – griežtai tarė vienas iš greitosios pagalbos suteikėjų.

– Kelkis, kelkis, kitaip tave veš į ligoninę, – lietuviškai aiškino brolis. Sulig tais žodžiais vyrukas plačiai atmerkė akis. Spoksojo į visus tokiu žvilgsniu, lyg mes būtume nusileidę iš kosmoso. Paskui brolio prilaikomas lėtai atsistojo, nusvyravo prie staliuko ir sudribo ant kėdės. Greitoji išvažiavo, restorano svečiai vėl grįžo prie nutrauktų šnekų ir neištuštintų taurių. Gimtadienio kompanija, susirinkusi nebaigtus gerti butelius nuo stalo ir iš pastalės, irgi susiruošė namo. Galiausias dalykas, ką nugirdau, buvo aiškinimasis, kas mažiausiai išgėrė ir gali sėsti prie vairo.

Kartą teko įsileisti į nuoširdesnes kalbas su vienu iš Lietuvos neseniai atvykusiu jaunikaičiu. Tas pasitaiko nedažnai, bet vyrukas, baigęs ekonomiką ir Lietuvoje dirbęs banke, jau priklausė tai kartai, kuri šiek tiek atviresnė, kuri į problemas sugeba pažvelgti iš šalies ir asmeninio gyvenimo keblumų nebetraktuoja kaip kraujuojančių žaizdų, kurias reikia laikyti užspaudus. Jis dar nebuvo spėjęs perprasti lietuviško Londono, tad domėjosi viskuo, kas čia dedasi. Aš smalsavau, kaip klostosi jo žingsniai šitame krašte, nes tie laikai, kai atvykusią pigią darbo jėgą čia priimdavo išskėstomis rankomis, seniai praėjo. Nuolatinio darbo jis dar neturėjo, anksčiau įsikūrę pažįstami šį bei tą jam laikinai pamėtėdavo, bet buvęs banko darbuotojas ir finansų žinovas planavo apsižvalgęs čia įsteigti buhalterinę firmą. Jam, kaip daugeliui pastaruoju metu į Angliją atvykstančių lietuvaičių, atrodė, kad įsikurti turint galvą ir mokant kalbą nesudėtinga. Tačiau vienas dalykas jį liūdino – merginos. Jos pasiteirauja, ką jis dirba, kur gyvena, ir pokalbis tuo baigiasi. Lietuvoje jos esą nuoširdesnės.

– Lietuvoje tu dirbai banke ir sakydavai, kad dirbi banke? – paklausiau.

Jis linktelėjo.

– Jei pasakytum, kad dirbi banke, čionykštės merginos irgi būtų nuoširdžios, – pasišaipiau.

– Žinau, – pratarė jis.

Lietuvoje geidžiamas, bet viengungis dėl to, kad turėjo per didelį pasirinkimą, čia jis buvo viengungis dėl to, kad prarado geidžiamumą.

Beje, turtingi vyriškiai čia neapsimetinėja, kad būdami ne jaunikliai ir nepernelyg išvaizdūs jaunas ir dailias moteris traukia vien dėl savo žmogiškųjų savybių. Net toks talentingas žmogus kaip Salmanas Rushdie vieną dieną viešai prisipažino, – tiesa, skyryboms jau įsisiūbavus, – kad jo jaunutė manekenė žmona jį mylėjo už šlovę ir pinigus. Bet iki tolei bent porą metų pagyveno įsivaizduojamame meilės burbule, kaip tikram rašytojui ir priklauso. Kiti tai mato dar aiškiau, net skyrybų neprireikia, kad suprastų, ir perka moteris kaip mašinas ar jachtas – kuo brangesnę įsigyji, tuo aukštesnis statusas visuomenėje.

Tad nenustebau iš savo itin mandagaus ir švelnaus pašnekovo išgirdusi tiradą, kad visos jos tokios, joms tik piniginės storis rūpi, ir jeigu Lietuvoje savo prigimtinį godumą dar laikė užgniaužusios, tai čia jis atlapai atsivėrė.

Kiek supratau, manęs jis į „visų tokių" sąrašą neįtraukė, buvau jo mamos amžiaus ir į moterų balansą, jo žvilgsniu matuojant, nebeįskaičiuojama. Tiesą sakant, visai neblogai būti išmestai iš lytinės priklausomybės lauko, bent atsiranda galimybė normaliai pabendrauti.

– Aplinkai pasikeitus žmogus pasimato, – po trumpos ir gilaus liūdesio kupinos pauzės ištarė mano pašnekovas.

Ką gi, nors jaunas, bet jis teisus. Toje pačioje aplinkoje, kur gimęs ir augęs tūnai, žinai daugybę šiltų užpečkių ir slaptų užkaborių, kur gali prakentėti nepatogumus. Išvykus iš savo aplinkos, saugių slaptaviečių nebelieka. Bet jas greitai pakeičia iliuzijų burbulai, kuriuose irgi gali jaustis apsaugotas nuo nepatogaus pasaulio. Pašnekėjome ir apie tai. Vaikinas viską suprato. Bet kaip buvo, taip ir liko nelaimingas. Ką aš galėjau padaryti? Mano aplinkoje jo amžiaus gailestingųjų seserų nebuvo.

– Nepasiduok, – pasakiau atsisveikindama.

Kam jis turėtų nepasiduoti? Yra vilties, kad pats tai žino.

INTERNETINIŲ PAŽINČIŲ PIEVOS –
UŽIMTOS IR RŪTOS, IR RAMUNĖS

Lietuviški pažinčių skyreliai emigrantams skirtose interneto svetainėse ir laikraščiuose yra labai populiarūs. Kartą juokais įdėjau žinutę, kad esu trisdešimtmetė, gyvenu Londone ir laukiu skambučio. Pasigailėjau. Ne dėl to, kad man ne trisdešimt, pasigailėjau įdėjusi, nes pretendentų su visokio rango pasiūlymais – nuo neįpareigojančių santykių iki kvietimo tapti draugiuže smagiai porelei, atkeliavo arti šimto.

Bet tai tik balos po lietaus, palyginti su anglišku internetinių pažinčių vandenynu. Perspektyvos tame vandenyne susirasti sielos, gyvenimo ar bent jau lovos draugą nėra ypač didelės, bet versliukas verda gerai ir pažinčių portalai atrodo kupini fantastiškų galimybių, kurias privalu išbandyti.

Pasirinkau vieną iš kelių šimtų internetinių pažinčių puslapių ir ėmiau pildyti registracijos etapus atsakinėdama į gausybę klausimų apie ūgį, svorį, akių bei plaukų spalvą ir panašiai. Kadangi visų reikalų komplikavimas yra viena iš mano įgimtų savybių, iš karto užsiverčiau papildomais klausimais. Pavyzdžiui, ar ūgį nurodyti tą, kai matuojiesi basomis kojomis, ar su dešimties centimetrų pakulnėmis?

O svoris – ar tas, kai sveriesi nuoga ir alkana, ar kai šiltai apsitūlojusi ir po sočių pietų?

Su akių spalva dar kebliau. Ar nurodyti tą, kurią suteikia paspalvintos linzės, ar parašyti tą tikrąją, kurią ir nusakyti sunku, nes nei mėlyna, nei pilka?

O ką daryti su plaukų spalva? Nes tada, kai galbūt susiruošiu į pasimatymą, ta spalva bus visai kita nei toji, kuria dabar puikuojuosi.

Buvau labai rimtai nusiteikusi. Tada dar nežinojau, kad visas tas detales galima kada panorus kaitalioti ir, priklausomai nuo nuotaikos ar aplinkybių, visą save susidėlioti iš naujo.

Bet pirmoji rimta kliūtis buvo surasti tinkamą slapyvardį. Išmėginau beveik visus lietuviškus vardus, įskaitant rečiausius, tokius kaip Ilzė ar Urtė, arba kuriuos turi ir žino tik lietuvės – tokius kaip Gintarė, Rasa, Miglė, Milda, Ramunė, Rūta ar Vasara. Tikrąjį irgi buvau įtraukusi. Neįtikėtina, bet visais atvejais lietuvišką vardą įrašiusi gaudavau atsakymą, kad pozicija užimta, ir kompiuteris teikdavo pasiūlymus registruoti nebent *rasa50* arba *rūta204*. Ar tie skaičiai reiškė, kad puslapyje jau egzistuoja penkiasdešimt Rasų ir daugiau kaip du šimtai Rūtų, nežinau, tačiau net žodžio „boba" be skaičiukų į pažinčių loteriją įmesti nepavyko. Tai buvo angliškas, ne lietuviškas ar rusiškas pažinčių puslapis. Išvada peršasi pati – lietuvės moterys gausiais būriais išplaukė į tarptautinius pažinčių vandenis. Galiausiai tapau „tokia ir tokia numeris kažkelintas" ir ėmiausi savęs pristatymo procedūrų.

Pažinčių puslapiai man patinka tuo, kad čia gali save pagerinti, o aistrą tam turiu nenugalimą. Tad nuo kaktos su *fotošopo* programa nesunkiai nubraukiau rūpesčių raukšles bei pasidailinau kitus nelygumus. Beje, po kiek laiko apie tokius puslapius ir jų savitumus kalbėjau su fotografe. Ji pasakojo gaunanti nemažai užsakymų padaryti nuotraukas pažinčių puslapiams ir pridūrė, kad yra sukurta sistema, padedanti apskaičiuoti, kur, kaip ir ką paretušuoti, kad veidukas ar figūra priešingos lyties asmeniui taptų saldžiai patraukli. Bet saviškę mėgėjiškai patobulintą nuotrauką jau buvau atidavusi interneto lankytojų teismui.

Savęs aprašymas ėjosi kiek kebliau. Prisistatymo problemų turiu nuo pirmos klasės, kai mokytojos pagirta už tai, kad gražiai padeklamavau eilėraštį, parodžiau jai liežuvį. Tik neseniai išmokau už komplimentus, nesvarbu, nuoširdūs jie ar ne, padėkoti, o ne knaisiotis po juos gilinantis ne tik į žodžius, kūno kalbą, bet ir balso intonacijas, bandant suprasti, kas gi glūdi už gražių žodžių. Mat būdama tikra lietuvė galiu tiesmukai išdrožti, ką galvoju, bet sunkiai pavyksta tiesiai ir atvirai priimti tai, ką sako kitas. Juk jeigu kitas žmogus pasivargino pameluoti sakydamas man ką nors gero, tai irgi pastanga, už kurią verta padėkoti. Regis, buvau pernelyg susirūpinusi išvesti griežtą ribą tarp tiesos ir melo, tarp to, kas išgalvota ir kas tikra, o Londonas su visokio plauko neaiškybių gausa išslavė man iš galvos tas perdėtas ir nereikalingas grynuolių paieškas.

Internetinis pažinčių puslapis prie to gerai prisidėjo. Čia gali nuo savęs atsitolinti, sukurti save kitokią, nusibodus perkurti iš naujo – tai toks pats kompiuterinis žaidimas, tik to žaidimo gale, įveikus kliūtis ir sunaikinus ar bent laikinai į šalį nustūmus nematomus konkurentus, laukia ne laimėti virtualūs taškai ar aukso puodai, o realus susitikimas su realiu asmeniu. Užbėgdama už akių pasakysiu, kad tie realūs asmenys, palyginti su virtualiais dariniais, yra tikra katastrofa, todėl dalyvaujant internetinių pažinčių žaidime į realybės dimensiją pereiti nepatartina. Bet tokia protinga tapau vėliau, o tuo metu kuo nuoširdžiausiai stengiausi sukurti realybę atitinkantį savo paveikslą ir vėlgi įsivėliau į komplikacijas. Gerokai pasikamavusi sumečiau, kad galiu pasinaudoti kitų išmintimi – peržvelgusi keletą gražiai sudėliotų „portretų“, man patikusius sakinius nukopijavau, sujungiau juos originaliais jungtukais „ir“, „bei“, „tačiau“ ir sukurpiau savitą dėlionę. Išėjo mielas ir simpatiškas vidutinio amžiaus vidutinybės portretas, kuri mėgsta „in“, bet mėgsta ir „out“, kuriai patinka tylūs vakarai su knyga rankoje, bet ji smagiai jaučiasi ir triukšmingoje draugijoje, kuriai laimės teikia ir naktis kempinge, ir prabangiame viešbutyje, kuri trokšte trokšta kurti jaukią namų aplinką, bet kartu yra ir nuotykius mėgstanti keliauninkė.

Paaiškėjo, kad sudėliojau neprastai. Vos tik trisdešimt svarų nukeliavo į pažinčių puslapio sąskaitą, o mano specialusis paketas „tokia ir tokia numeris kažkelintas“ tapo prieinamas apžiūrėti visiems šimtams tūkstančių šio puslapio interesantų, mano kompiuterio ekrane ėmė blyksėti visokiausio pobūdžio dėmesio ženklai. Pavyzdžiui, mirktelėjimas, nes kažkas esą pamerkė akį. Ką tas virtualus mirksėjimas reiškia, nesupratau – gal tą „tokią ir tokią“ kažkas pastebėjo, bet nedrįsta kreiptis. Kiti, kurie kreiptis drįsta, bet nežino, kaip tą kreipinį sudėlioti, atsiųsdavo kokią nors jau gatavą žinutę – pastebėjau, kad tokių paruošų yra keliolika, gali pasirinkti patinkančią. Šis paketas vadinasi „ledų pralaužėjas“. Tiems, kas pamirksėdavo, tokį patį mirksnį pasiųsdavau atgal. Bet kaip reaguoti į „ledus laužančias“ žinutes?

* * *

Kadangi išplaukti į internetinių pažinčių vandenis mane paragino viena pažįstama, nusprendžiau su ja aptarti iškilusius keblumus. Jai keturiasdešimt, į lietuvius vyrus ji spjovė tą pačią dieną, kai išvyko iš Lietuvos, o Londono darbovietėje beveik vienos moterys, gatvėje ar kitose viešose vietose jos niekas nekalbina, į klubus eiti jaučiasi per sena.

Ji jau turėjo trejų metų „kabėjimo" internete patirtį, man atrodė, kad išsiugdė ir tam tikrą priklausomybę. Vakarais nekantraudavo prišokti prie kompiuterio ir pasitikrinti gautas žinutes, o jeigu pasitaikydavo, kad jos puslapio lankymas sumažėdavo iki dešimties interesantų per savaitę, sunerimdavo, kad kažkas negerai, ir tuoj atnaujindavo savo profilį, įdėdama simpatiškesnę nuotrauką ar pagerindama ir taip tobulą savęs aprašymą.

Ji man paaiškino, kaip klostosi internetinių pasimatymų eiga. Apsikeitimai žinutėmis specialiame puslapyje, paskui susirašinėjimas elektroniniu paštu, dažniausiai jeigu norima pasiūlyti didesnį kiekį nuotraukų nei buvo įdėta internete, po to pokalbis telefonu, tada arba tikras pasimatymas, jei antrasis dėmuo gyvena kur nors netoliese, arba pasimatymas per skaipą, jeigu tas dėmuo yra labiau nutolęs.

Kai praėjau pradinius etapus ir pasiekiau pokalbio telefonu fazę, nutirpo visos galūnės, ne tik rankos, kojos, bet ir liežuvis. Pirmasis skambutis baigėsi tuo, kad nei supratau, kas man sakoma, nei pati ką nors pasakiau. Pavydžiu moterims, kurios tokiose situacijose puikiausiai valdosi, nes aš pasijuntu, lyg būčiau atsidūrusi ant dviejų tektoninių plokščių sandūros. Todėl puikiausiai suprantu tuos, kurių internetinės pažintys nepajuda tolėliau nei pokalbis telefonu.

Bet supanikavau per anksti. Pasirodo, nebuvau tokia beviltiška ir, vos savaitei praėjus nuo užsiregistravimo, iškeliavau į pirmą pasimatymą. Turbūt nė sakyti nereikia, kad nusivyliau. Bet atsilyginau tuo pačiu – tas mane nuvylęs anglas, prisiekiu, manimi nusivylė ne mažiau.

Paskui buvo visa virtinė tokių pilna vyno taure prasidėjusių ir tuščia pasibaigusių susitikimų. Iš pradžių nervinausi, kad man nesiseka, bet greitai supratau, kad turiu neeilinę progą patyrinėti tą meilių ir nemeilių lauką. Surizikavusi prisipažinti, kad esu žurnalistė ir domiuosi internetinių pažinčių reikalais, paklausdavau, ar žmonės sutiktų apie tai pasikalbėti. Tik vienas kitas parodydavo nepasitenkinimą, kad švaistau jų laiką, o daugeliu atvejų ir pinigus, nes pirmo susitikimo metu retas vyriškis priimdavo pasiūlymą pasidalyti išlaidomis.

Pasirodo, jie elgiasi teisingai, nes moterims pirmasis įspūdis labai daug priklauso nuo to, kas moka. Smagu, kad mano sesėms šios internetinių pažinčių išdaigos kainuoja mažiau. Tačiau kita vertus – vyrai turi konkretų orientyrą, kaip sužavėti moterį, o moterys, deja, tokio neturi, joms reikia gaudytis situacijoje, spėriai darbuotis smegenėlėmis bei pasikinkyti moterišką intuiciją.

Koks anglų vyrų požiūris į moteris, sužinojau nemažai. Kai kurie jų savo tautiečių adresu būdavo tiesiog žiaurūs, vadino jas „viragomis" – šito žodžio reikšmės nesuprantu iki šiolei, nors vienas pašnekovas ir bandė aiškinti. Tik suvokiau, kad tai kažkas labai bloga, kažkoks nekaltosios mergelės ir titano mišinys. Mano akimis, anglių, ypač jaunesnės kartos, elgsenoje titaniškų bruožų apstu, bet nėra nieko, kas galėtų būti siejama su nekaltybe, tad tas „viraga" pavadintas darinys, matyt, yra dar viena moterų baimės išraiška. Beje, įtariu, kad toje politiškai korektiškoje kultūroje, kur visuotinai nepriimtina žodžiui „feministė" suteikti negatyvų atspalvį, „viraga" ir reiškia feministė. Gal net dar blogiau. Bet nesigilinsiu, nes kalbėti apie vyrų baimes jau darosi nuobodu.

Gal ir keistai nuskambės, bet su lietuviais vyrais nėra tekę atvirai kalbėtis apie vyrų ir moterų santykius. Lietuviško bendravimo erdvėje tai uždrausta zona. Moterys aptarinėja vyrus moteriškose kompanijose, vyrai apie moteris pasikalba susėdę prie butelio. Bet kad savo pastebėjimais ar pasvarstymais pasidalytų vyras su moterimi – jokių galimybių. Tarsi bijotų išsiduoti ar atskleisti savo silpnybes, savo žaidimų užkulisius ar kažką kita, ko priešinga lytis neturėtų žinoti.

Apie savo seses išgirdau nemažai. Bet iš to, ką pasakoja apie seses, kai ką sužinai ir apie brolius.

Daug kartų Lietuvoje manęs klausė, kokie tie anglų vyrai, ar tikrai jie kitokie ir smarkiai už lietuvius geresni. Taip, jie kitokie, bet kad geresni... Tačiau nelįsiu į apibendrinimus, nes gal man vienai taip nutinka, kad tie, su kuriais tenka pabendrauti, paprastai nėra tobuliausi vyrijos egzemplioriai.

Buvo tokių, kurie iš karto taikėsi į svečius su buteliu rankoje – jie pažinčių puslapiuose, o ne naktiniuose klubuose ieškodavo vienos nakties nuotykių. Kai kurie patys nežinojo, ko nori, nes gyvena atskirai nuo žmonų, tačiau nenori ar negali palikti šeimos, prislėgti įsipareigojimų, nežinantys, ką daryti, bet greičiausiai jiems tiesiog patiko tas susikurtas ir toliau kurstomas santykių pragaras.

Pasitaikė ir vyriškių su rimtais ketinimais. Net pernelyg rimtais. Vienas vos pasisveikinęs pasakė, kad ieško į žmonas tinkamos moters, ir aš, manydama, kad juokauju, o iš tikrųjų darydama pačią didžiausią santykiuose su vyrais klaidą, ištariau – pasiūlymas priimtas. Dėl tos klaidos truputį gaila, nes jis man patiko. Aš jam turbūt irgi patikau, nes buvome susitikę bent kelis kartus ir po to dar ilgokai susirašinėjome, kol jis visgi galiausiai nustatė, kad žmonos statusui niekaip netinku.

Man patiko jo humoras, kurį jis pats vadino sausu. Sausas humoras man tokia pati keistenybė kaip ir sausas vynas, bet prie sauso vyno pripratome, o sauso (lietuviškai turbūt kandaus) humoro dalykai sunkiau paaiškinami. Tad tuo sausu humoru, pakaitom su sausu vynu, pirmojo pasimatymo metu jis mane ir vaišino.

Pasakojo daugiausia apie moteris, kurioms buvo paskyręs pasimatymus iki manęs. Jų būta nemažai, iš užuominų supratau, kad aš turbūt esu paskutinė jo kantrybės taurėje. Spėju, kad prieš pereidamas prie tailandiečių, kurioms kiekvienas vyro krustelėjimas yra įsakymas, jis trumpam stabtelėjo patikrinti Rytų Europos kontingentą. Beje, prisipažino, kad jo sąraše buvau vienintelė iš Rytų Europos. Jau vien tai, kad iš šio regiono atstovių jis išsirinko mane, rodė, jog santykių su moterimis srityje jis yra tikras nelaimėlis ir jo vertos antrosios pusės šiame gyvenime jam sutikti nelemta. Būna tokių porūšių, turbūt ir pati jam priklausau. Tačiau bendravome mes įdomiai. Jis daug ir noriai pasakojo apie savo ankstesnius pasimatymus, o jo žodiniai portretai buvo gyvi ir taiklūs.

Pirmiausia papasakojo apie tas, kurios į susitikimą ateina su klausimynu rankoje – uždavinėja klausimus ir dedasi paukščiukus. Pasiteiravo, ar aš atsinešiau savo klausimyną, tarsi ragindamas – jeigu turiu, tai galime pradėti. Pasakiau, kad tokio dalyko neturiu ir kad man net sunku jį įsivaizduoti.

– Jeigu ieškai, – jis šyptelėjo, – internete gausu visokių patarimų ir anketų, kurios padeda greitai ir tiksliai nustatyti tinkamą partnerį.

To vyruko vardas buvo Džefris, nesigilinau, tikras ar išgalvotas. Internetinių pažinčių klausimais jis buvo prisirinkęs pernelyg daug informacijos, o per didelis informacijos kiekis retai kam išeina į gera. Toks jau yra informacinės visuomenės paradoksas. Gal būčiau užsigeidusi jam tai paaiškinti, bet netobula mano anglų kalba čia buvo geras stabdys, tad visą savo išmintį, kuri kitiems, ypač į pasimatymą susiruošusiam angliui, tikrai buvo nereikalinga, pasilikau sau.

Tai, kas vadinama kalbos barjeru, viena vertus, sudaro problemų, kita vertus, tai labai pravartus dalykas. Jis apsaugo nuo nereikalingų atsivėrimų ir skatina tai, ką pavadinčiau savęs apribojimu – šis dalykas šiuolaikinėje savęs nevaržančioje visuomenėje, deja, atsidūrė ties išnykimo riba. Vienas iš tų savęs apribojimų yra sugebėjimas prikąsti liežuvį. Ar daug liko tokių prikandusių liežuvį? Įsivyravo tie, kurie mala, kas ant seilės užeina. Svetima kalba nuo to gražiai atpratina – kol renki žodžius, kaip pasakyti vieną ar kitą dalyką, aplanko supratimas, kad gal to ir nereikia sakyti.

Anglijos nacionalinės rinktinės treneris, italas, viename interviu pareiškė, kad bendrauti su rinktinės futbolininkais jam užtenka šimto angliškų žodžių. Na, šimto gal gana bendraujant su futbolininkais, su kita liaudimi, manau, prireiktų šiek tiek daugiau, bet aštuoni šimtai žodžių yra ta riba, kurios svetimos kalbos mokantis peržengti geriau nereikia, nes įvaldęs tūkstantuką žodžių jau imi pretenduoti, kad kažką supranti ir sugebi paaiškinti, o tai yra didžiulė saviapgaulė.

Pirmojo pasimatymo metu simpatiškoje ir ne pačioje pigiausioje vyninėje netoli Šventojo Pauliaus katedros mūsų pokalbis taip ir vyko – Džefris liežuvio už dantų nelaikė, o aš laikiau. Ne dėl to, kad nebūčiau turėjusi ką pasakyti, to gero visada ir su kaupu, bet dėl išraiškos priemonių stygiaus. Tad Džefris kalbėjo, dominavo, ir mačiau, kad jam tai patinka. Man irgi patiko, kad jam patinka, juk moteris esu. Jis pasakojo, kaip į vieną pasimatymą pakviesta moteris vėlavo maždaug valandą. Ji važiavo traukiniu iš kažkokio miestelio netoli Londono. Vis skambindavo jam telefonu, kad tuoj bus, bet po kiek laiko kitu skambučiu pranešdavo, kad traukinys vėluoja. Vėl skambutis, kad traukinys pajudėjo, ir čia pat žinutė, kad transportas vėl sulaikytas. Bet Džefris užsispyrė laukti, nes iš nuotraukos ji atrodžiusi labai miela ir graži. Po valandos prie jo priėjo stambaus sudėjimo, šiurkščių veido bruožų maždaug šešiasdešimtmetė moteris. Penkias dešimtis vos perkopusiam vyriškiui beveik dešimtį metų vyresnė moteris yra tikras įžeidimas. Be to, ji atvyko jau įkaušusi ir iš karto užsisakė dvigubą viskio porciją. Išmaukusi ir užsisakiusi dar vieną dvigubą, ji prisipažino, kad viską melavo. Melavo apie metus, svorį, ūgį, plaukų spalvą, net nuotrauką į puslapį įdėjo ne savo, o kaimynės.

– Ką ji norėjo laimėti? – teiravosi manęs Džefris, tuoj pat paminėjęs, kad aš tikrovėje atrodau geriau nei nuotraukoje.

Komplimentą priėmiau, bet į klausimą, ką toji visus savo duomenis pakeitusi moteris norėjo laimėti, nežinojau, ką atsakyti. Šiek tiek dėmesio, nes visgi jos laukta visą valandą? Yra moterų, kurios vien dėl to, kad būtų laukiamos, kažin ką galėtų padaryti. Be to, Džefris sakė, kad ji ištuštino bemaž pusę butelio viskio ir, kaip supratau, jis apmokėjo sąskaitą. Tai irgi neblogai. Plius pramoga, kuri vadinasi pasimatymas ir kurių, jeigu Džefris viską nupiešė teisingai, tos moters gyvenime būta nedaug.

Bet tai ne pats baisiausias pažinties internetu variantas. Kitas kiek vėliau sutiktas buvęs Oksfordo auklėtinis pasakojo kartą užkibęs ant transseksualo kabliuko. Vyras sėdėjo sutartoje kavinėje prie staliuko, kai prie jo ėmė artintis į persirengėlių karalienę panaši būtybė. Nuojauta, kad tai ir yra jo internetinė dama, jo neapgavo, ir kai moteriškai vilkinti būtybė sodriu vyrišku balsu pasisveikino, jis apsimetė esąs ne tas žmogus. Vyru gimusi, bet moterimi tapusi būtybė mandagiai atsiprašė ir nepaėjusi net poros žingsnių į šoną paskambino mobiliuoju. Kai susitikimo laukiančio vyro švarko kišenėje ėmė birbti telefonas, beliko apsimesti, kad skambučio jis negirdi. Transseksualas pasilenkė, ištraukė telefoną iš jo kišenės ir padėjo ant staliuko tiesiai po nosimi. Vyras padėkojo, atsiliepė ir tarė: „O, labas, smagu tave girdėti, sėdžiu bare, turėjau susitikti su draugu, bet prie manęs kabinasi tokia moteris, nežinau, ko ji nori, bet vienišam vyriškiui sėdėti bare šiais laikais darosi pavojinga." Tęsdamas šią tiradą jis mostelėjo padavėjui, kad atneštų sąskaitą, sumokėjo už gėrimą ir be perstojo kalbėdamas išėjo į gatvę. Bet ir ten jam prireikė daugybės manevrų, kol atsikratė transseksualo.

Įkyruolių man irgi teko sutikti. Pasitaikė vyriškis, kuris per dieną man atsiųsdavo po tuziną elektroninių laiškų ir žinučių – jei į visas būčiau atsakinėjusi, nebūčiau turėjusi kada dirbti. Beje, jo sąraše nebuvau vienintelė lietuvė – jis jau buvo užmezgęs virtualų romaną su moterimi iš Lietuvos. Lietuvės jam patiko, nes darbščios ir tvarkingos – taip sprendė matydamas jo namus tvarkiusią valytoją. Pasigyrė, kad jo internetinis profilis tarp lietuvaičių buvęs populiarus, viena vilnietė net primygtinai siūlėsi pas jį atvažiuoti. Parodė elektroniniu paštu atsiųstą jos nuotrauką – gal kartais man teko sutikti?

Pažiūrėjau – simpatiška vidutinio amžiaus moteris, bet sutikti neteko. Tada sužinojau, kad jos sūnus, kurio nuotrauką ji irgi buvo atsiuntusi, yra televizijos laidos, kur poros susitinka aklam pasimatymui, vedėjas.

– Aha, – pasakiau, – yra tokia laida.

Parodė to vyruko nuotrauką – tikrai tas pats vaikinas. Patikinau, kad viskas, ką sako jo virtuali pažįstama iš Vilniaus, yra tiesa. Atrodo, jis liko patenkintas. Ar pasikvietė to laidos vedėjo mamą į svečius, nežinau, nes vėlesnėms pagundoms pasėdėti jo namuose prie židinio su vyno taure nepasidaviau. Jis kažkodėl labai greitai nusprendė, kad į žmonas jam tikčiau. Aš šios perspektyvos iš karto išsigandau. Pasiūliau likti draugais, bet tai jo nedomino.

Po kelių mėnesių supratau, kad turbūt pats geriausias kažkur skaitytas patarimas, kaip užmegzti pažintis, yra šis – atsisėsti aludėje prie staliuko, kuris yra netoli vyrų tualeto. Po keletą pintų išsiurbę vyrai į tą pusę ima traukti vis dažniau, o eilutei susidarius tenka ir pamindžikuoti prie tualeto durų. Kadangi dauguma palei tą kambarėlį mindami jaučiasi nesmagiai, tai leidžiasi į bet kokį pašnekesį, nesvarbu su kuo ir apie ką. Užtenka merginai krustelėti antakį, ir pradžia padaryta, o toliau belieka kliautis alaus ir likimo dovanomis.

Aludžių nemėgstu. Pažintims prie vyrų tualeto durų man trukdytų pernelyg jautri uoslė. Bet, pavyzdžiui, pažintis gatvėse priimu visiškai natūraliai. Įdomumo dėlei bandau suskaičiuoti, kiek kartų buvau užkalbinta gatvėje, metro ar parduotuvėje – mažiausiai dvidešimt kartų. Ir ne dėl to, kad vyrai paklaustų kelio. Ir tai malonu. Dvigubai malonu, nes Lietuvoje penkiasdešimtmetė moteris yra išbraukiama iš bet kokios viešosios erdvės – ne tik iš darbo rinkos, ypač jei tai prestižiniai darbai, bet ir iš klubų, kavinių, televizijos pokalbių laidų. Penkiasdešimtmetė turi neegzistuoti, o jei išdrįsta tai padaryti, jai tenka susidurti su didžiuliu pasipriešinimu. Ir ne vien vyrų – moterys ne mažiau aršios. Save nuslopinusios jos mano, kad tas pats modelis privalomas visoms tam tikro amžiaus moterims. Tokio primestinio požiūrio mano tautiečiams nepavyksta atsikratyti net Anglijoje.

Sykį sėdėjau kompanijoje su garbingais lietuvių bendruomenės asmenimis. Kalba pasisuko apie tai, kad čia gyvenantys lietuviai beveik neturi ir negali turėti jokio sąlyčio su vietiniais, tai atskiri pasauliai, ir būdo, kaip jiems suartėti, nėra. Vienintelė kontakto galimybė – tai pažintis gatvėje. Tai buvo protingos moters protingi žodžiai, tačiau paskutinė frazė apie pažintis gatvėje buvo ištarta su tokiu nepadorumo atspalviu ir tokia panieka, kad aš supykau.

– Man patinka susipažinti gatvėje, – paprieštaravau, su piktdžiuga pajusdama, kaip jos gerai sustyguotoje vertybių skalėje mano reputacija sparčiai čiuožia žemyn.

Patylėjau laukdama kokios nors aiškesnės reakcijos, – juk būna akimirkų, kai tiesiog norisi pasiginčyti, – bet nieko nesulaukiau. Mano reputacija tarsi įsmuko į juodąją skylę, be žybsnio ar garso, be jokio ženklo, iš ko būtų galima spręsti, jog ji kada nors egzistavo.

O norėjau visai nedaug, tik papasakoti apie vieną keistą pažintį.

Tai atsitiko Russelo aikštės rajone, kur viename iš gausybės ten įsikūrusių viešbučių vyko tinklinės rinkodaros, esą būdo nesunkiai ir greitai užsidirbti, itin išpopuliarėjusio tarp lietuvių bei juodaodžių, seminaras. Buvo ankstyvas pavasaris ar ankstyvas ruduo, nebepamenu, žvarbu ir vėjuota. Žvalgiausi į visas puses ir vyniojausi šaliką. Prie sankryžos užkalbinęs vyriškis pasiteiravo kelio. Pasakiau, kad pati ieškau, kaip nueiti iki man reikalingos vietos, ir vargu ar būsiu jam naudinga. Jis nesutriko ir pasišovė man parodyti kelią. Parodė teisingai, paskui pažadėjo palaukti, kol baigsis mano renginys, nes jautėsi vienišas ir ieškojo kompanijos pasėdėti aludėje.

Jeigu kam mano kompanija maloni, prašom, nesu prieš. Kol sėdėjome, sužinojau, kad jis yra kažkokio baltagvardiečio, pabėgusio iš porevoliucinės Rusijos, palikuonis. Rusiškai jis mokėjo du ar tris žodžius, bet prisiminė, kad jo močiutė ta kalba kartais bendraudavo su savo giminėmis. Jis ilgesingai kalbėjo apie Rusiją – niekada ten nebuvęs, gal reikėtų apsilankyti. Teiravosi manęs, kokia ta šalis. Pasakiau, kad graži, bet tas jo nepaguodė. Nesupratau, kodėl ketvirtos kartos išeivių iš Rusijos palikuoniui taip parūpo jo protėvių gimtinė. Sėdėjau su tuo liūdesio apimtu kažkokios firmos juristu ilgai, vos spėjau į paskutinį metro traukinį, bet jo širdį užplūdusio ilgesio Rusijai išsklaidyti nepavyko. Vieną akimirką sugavau save sentimentaliai svarstant – o jei po šimto metų kas nors iš lietuvių emigrantų palikuonių puikia anglų kalba kieno nors teirausis, kokia ta Lietuva? Tačiau greitai nusiraminau – po šimto metų ir Lietuvos turbūt nebebus, o ir liūdesys kažin ar egzistuos – visos varginamos savijautos bus diagnozuotos kaip liga ir gydomos medikamentais.

Į susipažinimus gatvėje nespjaunu, kaip į bet kuriuos kitus susipažinimus, bet pati užkalbinti nesiryžtu. Tebesu senamadiška pasyvioji pusė, seksualinis objektas ar kaip kitaip įvardytume tą ydų rinkinėlį, bet jau nebeketinu plėtoti moteriškosios laisvės ribų. Duok Dieve, kad su tąja laisve, kiek jos turiu, sugebėčiau tinkamai dorotis.

Toliau nei pažintis reikalai nepasislinkdavo. Gal iš mano pusės pristigdavo, pavadinkim, moteriško šturmo? Bet kai žmogus nepatinka, šturmuoti neturiu motyvo, o kai patinka – neturiu drąsos.

Kažkas manyje tikrai yra sutrikę. Gal čia tik mano vienos bėda, tačiau vis dažniau peršasi mintis, kad kažkas yra atsitikę žmonių tarpusavio ryšiams ir santykiams. Gal tie pašliję ryšiai yra natūrali mūsų pasaulio raidos kryptis. Gal emigracija, kai atitrūkstama nuo įprastos aplinkos, o prisirišimas prie vietos ar žmogaus imamas traktuoti kaip liga, yra tik to paties reiškinio dalis. Gal tai tiesiog ženklas, kad bet kokio pobūdžio prieraišumai – draugystė, giminystė, partnerystė, meilė – irgi tampa laikinais, atsitiktiniais, net nebūtinais dalykais.

GYVENK IR LEISK KITAM GYVENTI

Keisti tie anglai. Jie patys sau smagiai gyvena ir kitiems kaip patinka gyventi nedraudžia. Lietuviai – kitaip. Dažnas pats savo gyvenimo ir rūpesčių naštą sunkiai pavelka, bet savo artimą stengiasi pamokyti, paprotinti ar kitaip kontroliuoti.

Anglai mėgsta neįpareigojantį bendravimą, lietuviai – gilius, kibius susisaistymus, kuriuos vadina draugyste.

Neseniai pasisvečiavusi Lietuvoje į Londoną grįžo gera mano bičiulė – tai vienas iš tų nedažnų atvejų, kai susidraugaujama sutikus Londone. Nes draugavimui šiame mieste tiesiog neužtenka laiko, o ir vietos, tai yra namų, kur galėtum pasikviesti draugus. Aludės skirtos bendravimui, bet draugystėms nepritaikytos – tai tiesiog pasisėdėjimo, garsaus juoko ir tirštų pokalbių apie nieką vieta. Širdies čia neatversi, o be širdingų atsivėrimų susidraugauti, bent moterims, nelabai išeina.

Tad Velykų metą Vilniuje praleidusi mano bičiulė tarė:

– Smagu, kai nuvažiuoji... Visus gali sutikti gatvėje, visi mieli, visi turi laiko pabendrauti ir visi pasiilgę...

Šešerius metus gyvenanti Londone, sukūrusi šeimą su anglu, materialiai nieko nestokojanti moteris pripažįsta, kad jos socialinė aplinka tebėra Vilniuje ir kad tokį artimumą ir susisaistymą su aplinkiniais, kokį ji jautė ir tebejaučia Lietuvoje, čia pasiekti vargu ar pavyks.

Trikdė tik vienas dalykas – Londone įpratusi išeiti į gatvę nepasidažiusi, Vilniuje ji iš karto pajuto, kad negali nepaisyti savo išvaizdos, privalo gerai atrodyti. Nes Vilniaus gatvės yra tarsi scena ar podiumas – žengi pro duris, ir tave ima atakuoti vertinantys žvilgsniai.

Mudvi kalbėjomės vos kelios dienos po to, kai buvo paskelbti gyventojų surašymo rezultatai ir visus pribloškė žinia, kad Lietuvoje liko tik trys milijonai. Turėdama tai omenyje pajuokavau, kad tie, kas liko Lietuvoje, matyt, jau supranta tampantys išskirtine retenybe, o juk į retenybę visada atidžiau pasižiūrima. Kitos priežasties, kodėl vieniems kitus reikia taip stebėti ir tyrinėti, man rasti nepavyksta. Psichologinių žmonijos paslapčių žinovai teigia, kad tai tam tikras būdas kontroliuoti savo artimą. Kiek prisimenu tuos nužiūrinėjimus, mane kiekvieną kartą apimdavo noras prasmegti skradžiai žemę. Gal to ir būdavo siekiama.

Londone atvirkščiai – esi ne tik nenužiūrinėjamas, esi bemaž nepastebimas. Net čia ilgėliau pasitrynę lietuviai pamažėle praranda tą įgimtą savybę. Ir tai atsitinka savaime, be kieno nors raginimų keisti santykį su aplinka ar mentalitetą. Priežastis viena – žmonių tiek daug, kad visų nenužiūrėsi. Ir tai atpalaiduoja. Vos atvykusi į Londoną kurį laiką aš itin mėgavausi jausdamasi esanti tik maža nenutrūkstamo srauto dalelė. Bet tajai srautinei euforijai praėjus norisi ir kokį nors ryšį su aplinka užmegzti. Turiu galvoje ryšį su pastovesne vietine, tai yra angliška, kad ir kiek nedaug jos būtų likę, aplinka, o ne su srautine migrantine, kurios dalimi čia atvykus tampama automatiškai. Tie dalykai einasi ne taip lengvai, o dažnu atveju net visiškai nepavyksta.

Susipažinti su anglais nėra sunku, artimiausiu draugu gali pasijusti per vieną vakarą, bet išsiskiri – ir su tuo žmogumi gali daugiau niekada nebesusitikti.

Dėl darbo pobūdžio man tenka blaškytis ir sutikti daug įvairių žmonių, toje įvairovėje ir anglų ne taip mažai yra pasitaikę. Pirmasis anglas, kuriam laikui tapęs mano neaiškaus pobūdžio bičiuliu – lyg draugu, lyg ir pretendentu į kažką daugiau, atsirado vieno kviestinio renginio ambasadoje metu. Jo vardas Džonas, jis kažką veikė libdemų partijoje. Tuo metu libdemai palaikė valdžioje buvusius leiboristus, bet pastariesiems palaikymo nereikėjo, nes jie parlamente turėjo daugumą, tad libdemų, kad ir kokią poziciją jie būtų užėmę, niekas nei pastebėjo, nei paisė. Ir tik pakviesti į nedidelių, politinio svorio neturinčių šalių, tokių kaip Lietuva, ambasadų priėmimus jie galėdavo pasijusti bent kiek reikšmingesni, nes stambios žuvys – nei partinės, nei juo labiau vyriausybinės – čia neužsuka.

Nuo to susitikimo praėjo maždaug ketveri metai, bet iki šiolei nepavyko išsiaiškinti, ar Džonas man rodė asmeninį prielankumą, ar stengėsi įtraukti į savo politinės veiklos orbitą, siekdamas, kad padėčiau paskatinti lietuvius dalyvauti vietos rinkimuose ir balsuoti už libdemus. Susitikę daugiausia kalbėdavome apie politiką ir partinės sistemos veiklą, o tai man buvo visai įdomu. Kartą jis pasakojo, kaip Ilforde eidamas nuo durų prie durų aptikęs vien lietuvių apgyventą gatvę. Aš tuo nepatikėjau, ir jis man pasiūlė kitą kartą, kai su rinkimų agitacija išsiruoš į rytinius rajonus, pasikviesti ir mane.

Politinės agitacijos būdai čia kitokie nei įprasta Lietuvoje, kur užtenka į nešildomų kultūros namų salę susikviesti rinkėjus, parodyti jiems kokią dainuojančią pupą uogą ir po to pažadėti šviesų rytojų. Čia kitaip, čia politikai vaikšto gatvėmis ir beldžia į duris kaip kokie prašytojai, nes tokie ir yra – jie prašo balsų. Ir ant visuomenės, kad ji nepakankamai subrendusi, čia nepavarysi – toks politikas iš karto sulauktų atkirčio, o gal ir būtų patrauktas teisman už savo tėvynainių niekinimą. Be to, tikrai užsidirbtų moralizatoriaus ar iš aukšto į kitus žiūrinčio patrono vardą.

Tad vieną šeštadienio popietę su Džonu išsiruošėm į Ilfordą. Londonas, ypač atokesni jo rajonai, tada man buvo gana nepažįstami ir vis dar stebino lietuvių gausa. Mano gimtoji kalba girdėjosi visur – traukinių stotyje, parduotuvėse, turguje. Johnas man paaiškino, kad tankiai vienos bendruomenės apgyventuose rajonuose galima į vietinę valdžią išsirinkti saviškį, kaip tai yra padarę atvykėliai iš Indijos, Pakistano ar Bangladešo. Jis pasakojo, kaip viename pietiniame rajone tirštai gyvenantiems portugalams jis padėjęs į vietinę tarybą išsirinkti saviškį – dabar jie esą labai patenkinti, nes turi žmogų, puikiai atstovaujantį jų interesams.

Su Džonu apkeliavau nemenką Ilfordo kvartalą. Sistema tokia: pabeldi į duris, jei kas nors atsiliepia ir jas atidaro, stovėdamas prie slenksčio – į vidų veržtis negalima – paaiškini savo reikalą, į rankas įbruki pluoštą dalijamosios medžiagos ir keliauji prie kitų durų. Jei durų niekas neatidaro, pluoštą popierių įbruki pro durų angą, skirtą paštui. Iš šono mus nesunkiai būtų buvę galima palaikyti labdaros maišelių ar lapelių mėtytojais.

Jei duris atidarydavo angliškai nelabai suprantantis asmuo, Johnas klausdavo, iš kur, gal atvažiavęs iš Lietuvos, ir jei atsakymas būdavo teigiamas, tada estafetę perimdavau aš, siūlydama kalbėtis lietuviškai.

Garbės žodis, tokią ištįsusių veidų ir pražiotų burnų galeriją mačiau pirmą kartą gyvenime. Apie vietos rinkimus jie nieko nebuvo girdėję ir nenorėjo girdėti. Jie netgi nenorėjo išsiduoti esą lietuviai – nesupratau, kodėl, bet buvo aiškiai matyti, kad esu traktuojama kaip įsibrovėlė, kuri, apsimetusi angle, bando kažką sužinoti apie čia atvykusius lietuvius ir greičiausiai jiems pakenkti. Po pasivaikščiojimo po Ilfordą labai greitai numalšinau Džono entuziazmą paskatinti lietuvius dalyvauti vietiniuose rinkimuose.

– Ne iš teorijos, iš savo patirties žinau, kad lietuvis gali ilgai su viskuo taikstytis ir ilgai kęsti. Lietuviai kol kas ir laikosi įstrigę toje kentimo stadijoje. Kęs kęs, o kai nebeapsikęs, tada eis ir ką nors darys.

Ką darys, Džonas neklausė, o aš toliau nebetęsiau, nes būčiau jo akyse visiškai sukompromitavusi savo tautiečių vardą. Libdemų atstovas, regis, suprato, kad su lietuviais reikia turėti daugiau kantrybės nei su portugalais ar indais.

Savo kantrybę jis išmėgino dar kartą prieš rinkimus į Europos Parlamentą. Paprotinęs mane, kad lietuviai turi teisę balsuoti už tos vietovės, kur jie gyvena, iškeltus kandidatus, pakvietė į vakarėlį susipažinti su libdemų kandidatais. Tikriausiai tikėjosi, kad apie juos parašysiu straipsnį ir sugundysiu balsuoti savo tautiečius. Straipsnio nė nemaniau rašyti, gerai suvokiau, kad libdemų politikai lietuvišką spaudą Anglijoje skaitančios liaudies nedomina. Tačiau pobūvyje apsilankiau.

Savo namų sodelyje pobūvį surengusi libdemų atstovė gyveno tame Londono rajone, kurio pašto kodas kiekvienam byloja, kad čia gyventi gera. Šiek tiek paklaidžiojusi tarp įspūdingai atrodančių privačių namų ir iš fasadų spėjusi pajusti, kokiu gėriu čia viskas spinduliuoja, pasibeldžiau į Johno atsiųstame adrese nurodyto numerio duris. Jas atidarė nediduke juodaplaukė siaurų akių ir plačių skruostikaulių moteris – tailandietė, filipinietė ar malaizietė. Per erdvų vestibiulį, kurio pasieniais rikiavosi antikvariniai staliukai ir veidrodžiai su paauksuotais rėmais, ji man parodė kelią ten link, kur vyko pobūvis. Sodelis pasirodė besąs didžiulis – iš gatvės pusės nė nebūtum pamanęs, kad už tų rikiuotėmis stovinčių namų atsiveria erdvės, pilnos medžių ir žydinčių krūmų su tvarkingai nugruzinta veja viduryje. Kampe pavėsinė, čia buvo padengtas stalas su užkandžiais, greta kepsninė, nuo kurios sklido apskrudusių krevečių ir gruzdinamos avienos kvapai. Prie kepsninės triūsė dviese – vėlgi tolimosios Azijos atstovai, o su gėrimų padėklu zujo aukšta liekna mergina iš Rytų Europos, spėjau, kad lenkė.

Atėjau gerokai, galima sakyti – karališkai, vėluodama ir pataikiau į tokį metą, kai visi jau ragavo gėrimus ir užkandžiavo, tad nesmagumo atsidūrus aplinkoje, kur nieko nepažįsti, pajusti neteko. Be to, per ilgą laiką išmokau susidoroti su nelabai smagia situacija: jei per penkiolika minučių nepavyksta įsitaisyti kompaniono ar jei kas nors neatlimpamai prilimpa, šiaušiu į tualetą ir ten keletą minučių pasiklausau savo širdies balso. Jei balsas sako – negaišk laiko, pasirenku duris į lauką, jei pašnibžda, kad dar ne viskas išbandyta – grįžtu į susirinkusiųjų būrį. Kartais tą širdies balso pasiklausymo tualete procedūrą tekdavo atlikti keletą kartų, kol išmokau net būryje žmonių nebijoti likti viena ir jaustis taip, lyg būčiau vidury nakties išėjusi į parką pasižiūrėti mėnesienos.

Tačiau simpatiškos libdemės su septinto nėštumo mėnesio pilvu sodelyje minėtų gudrybių griebtis neprireikė, nes Džonas mindžikavo prieigose ir vos atėjusią mane iš karto paėmė savo globon. Tuoj buvau pristatyta jaunų libdemiškų pažiūrų politikų būreliui. Kokį vaidmenį turėjau vaidinti libdemų pobūvyje, taip ir nesupratau. Bet pastebėjau, kad savo vaidmens nežinančių buvo daugiau – tai kažkokiame mažučiame spaudos leidinyje dirbęs lenkų žurnalistas ir rumunė iš Rumunų kultūros instituto.

Viskas būtų buvę smagu, jei ne tas bemaž bet kurią temą ar diskusiją negyvai užgniaužiantis angliškas mandagumas. Kad ir apie ką būtų pradėtas pokalbis, išskyrus orą, jo plėtoti neįmanoma, nes neišvengiamai pažeistum vieną iš gausybės politinio korektiškumo taisyklių. Tos mandagios kankynės ilgai ištverti nepavyko – truputį užkandau (vieno kąsnio kepsneliai buvo gardūs), truputį gurkštelėjau (vynas, kiek supratau, rūšinis, nors nesu žinovė) ir, palikusi Džoną toliau rūpintis libdemų partijos populiarumu, iškeliavau namo. Suvokiau, kad turbūt atėjo laikas iš naujo paskaitinėti Dickensą ir Thackeray'ų, o gal net ryžtis atsiversti iki šiolei man negirdėto, tik čia gyvenant atrasto devyniolikto amžiaus anglų visuomenės portretisto Anthony Trollope'o romanus. Taip ryšys su Džonu ir nutrūko, net nebandžiau suprasti, kuris iš mūsų neparodė pakankamai dėmesio ir kuris turėjo daugiau stengtis.

Įsigyti bičiulį ar draugą, kuris būtų vietinis anglas, yra bemaž garbės reikalas, kam pavyksta, tas džiaugiasi ir didžiuojasi. Bet, jau minėjau, tie kontaktai atsiranda ir plėtojasi labai nelengvai. Lietuvėms moterims tą garbę kartais pavyksta įgyti ištekant ar tampant ilgalaikėmis gyvenimo partnerėmis. Ir tokių ne taip jau mažai – vien tarp savo pažįstamų suskaičiuočiau apie dešimt. Vyrai į artimesnius kontaktus su anglais sueina arba darbovietėje, arba vietiniame *pabe*. Aludėje sutikti bendraminčių ir nelengva, ir rizikinga. Nelengva, nes jie, ypač jei mosteli gėrimo už dyką, jau būna apstoti keliais bendraminčių ratais, rizikinga, nes nuo *pabinio* bendramintiškumo gana nesunku peršokti į visiškai priešingą santykį, ir nelabai atspėsi, sulig kuriuo alaus bokalu tai gali nutikti. Kas kita – darbo santykių laukas. Čia, nors girgždėdami ir trūkinėdami, nors pamažėle ir lėtu žingsniu, tie draugiški ryšiai visgi mezgasi ir rutuliojasi.

Nekalbu apie atvykusius studijuoti, jų gyvenimo ir santykių su aplinka dinamika kitokia. Kiek pastebėjau, visi studentai – ar studijuotų gimtajame mieste, ar būtų nusidanginę į tolimą pasaulio pakraštį, studijų laiku yra gerokai atšliję nuo savo praeities ir nuo savo šaknų, nuo visko, kas kartino jų maištingą paauglystę ir asocijavosi su priklausomybe nuo nekenčiamų suaugusiųjų. Studentai visi be vietos, ir tai juos vienija. Skirstymasis į čionykščius ir atvykėlius, sluoksniavimasis į aukštesniąją, vidurinę ir žemesniąją klases išlenda tada, kai prireikia įsitvirtinti – užsitikrinti tinkamą sutuoktinį ar įsikibti į gerą karjerą ir pinigus žadančias pozicijas. Pinigai čia reiškia daug, todėl skurdžiui susidraugauti su turtuoliu yra ne didesnė tikimybė nei pastarajam išlindus pro biblinės adatos skylutę patekti į dangų. Tačiau tai tikrai lemia ne mąstymo skirtumai ar kiti su mentalitetu ar kultūrinėmis vertybėmis susiję dalykai.

Tiek čia, Anglijoje, kur visuomenės dėsniai buvo grūdinami šimtmečiais, tiek ten, šiuo atveju – Lietuvoje, kur tie dėsniai dar tik pradeda įsitvirtinti, pinigų galia yra vienodai neatremiama. Galima šiek tiek prisimerkus ir taip susiaurinus savo regą išdidžiai rėžti – man pinigai nerūpi. Būna, kuriems nerūpi, aš pati priklausau tai nykstančiai kastai, bet jei nerūpi, dar nereiškia, kad nedaro įtakos tavo gyvenimui. Ir dar kaip. Pradedant savirealizacijos galimybėmis ir baigiant tuo, kiek laiko ar resursų gali skirti santykiams su kitais žmonėmis puoselėti. Nieko nepadarysi, mažos dovanėlės stiprina ryšius, tarp jų ir draugystę. Tas išskirtinai mafijai taikytas dėsnis dabar jau gali būti taikomas visur. Draugiškus santykius kaip reikiant sucementuoja bendras kapitalas ir bendras verslas, ypač jei jis ima neblogai sektis. Beje, panašią cementavimo galią turi ir bendra nusikalstama praeitis. Turint ūpo čia galima rasti tam tikrą paralelę, tačiau neieškosiu. Visi kiti ryšiai tai atsiranda, tai išnyksta, situacijai susiklosčius kartais susiformuoja į ryškesnę bangą, bet greitai išsiderina ir dingsta gožiami stambesnių bangų.

Kai Londone įsikūrė Lietuvių komercijos rūmai – tokia verslu užsiimančius lietuvius burianti organizacija, jie ėmė organizuoti golfo turnyrus. Tai vienas iš tų retesnių lietuviškų renginių, kuriuose lietuviai ir britai turi galimybę sukiotis drauge. Keliuose iš jų ir aš dalyvavau. Ne kaip žaidėja, nes tokiomis keistenybėmis – obuolio dydžio kamuoliuką varinėti po kelių dešimčių hektarų plotus stengiantis jį įridenti į ne platesnę kaip kurmio urvas skylutę – gyvenime užsiimti neteko. Tiesa, to pirmojo lietuvių ir britų turnyro metu turėjau progą išbandyti kamuoliuko varinėjimo subtilybes, bet sugebėjau prašauti pro šalį net tada, kai jis buvo atsidūręs vos per penkiolika centimetrų nuo duobutės krašto. Tuo mano pastangos susižavėti golfu sėkmingai pasibaigė. Tačiau visą smūgio grožį – ypač jei smūgiuoja simpatiškas vyriškis su iš užpakalinės kelnių kišenės kyšančia balta pirštine, o tokių pirmajame lietuvių ir britų golfo mėgėjų turnyre nestigo – ir laukų didybę su duburiais, ežeriukais bei išpuoselėtomis vejomis pastebėjau, nužiūrėjau ir aprašiau Anglijos lietuviams skirtame laikraštyje.

Golfo turnyrai visada baigiasi nepigia vakariene, tada savo turnyrinius drabužius tenka pasikeisti į vakarienei tinkamą aprangą. Tokiems pokyčiams pasiruošusi nebuvau, tad turnyrininkams nuėjus vakarieniauti likau sėdėti klubo kavinėje. Tą dieną kaip tik vyko regbio čempionato finalinės rungtynės, dėl titulo rungėsi Anglijos ir Prancūzijos komandos, tad klubą užpildė vietiniai sirgaliai. Jie stalus nustatė alaus bokalais bei vyno taurėmis, išsitraukė palaikomos komandos regalijas, ir aš drauge su kitais prie to paties staliuko buvau užklota „Union Jack" vėliava ir įtraukta į nacionalinę regbio sirgalių armiją. Nors apie regbį nieko neišmaniau ir dar nebuvau pripratusi prie anglų ir Anglijos, o mano širdį labiau virpino prancūziškasis, o ne angliškasis kalbos skambesys, bet įvertinusi situaciją ir paprotinta sveikos nuovokos pasirinkau sirgti už anglus. Visi buvome apdalyti popieriaus lapais su komandą palaikančių dainų ir šūkių tekstais. Net kartu su visais sugiedojau himną „Dieve, saugok Karalienę" ir pamojavau aukštyn iškelta vėliava. Kažkas nuo kažkurio stalo nužiūrėjęs, kad mano vyno taurė apytuštė, paslaptingais ženklais taip paveikė barmeną, kad tas prišokęs įpylė man dar to paties. Anglų komandai nesisekė, bet geros sirgalių nuotaikos tai negadino.

– Jeigu mūsiškiai pralaimės, nusiaubsim tavo barą, – per pertraukėlę linksmai šūktelėjo vienas sirgalius kavinės savininkui.

– Siaubkite, aš jums padėsiu, – taip pat linksmai atsiliepė šis. Laukdami antro, gal dėl likimo malonės sėkmingesnio, kėlinio, apsikabinę visi traukėme dainą „Linguok ramiai, laiveli, iš lėto gabenk mane namo". Kur tie mano namai? Bet apie tai negalvojau – kol sirgau už Anglijos rinktinę ir drauge su kompanija staugiau ragindama stambiu planu televizoriaus ekrane šmėžuojantį Wilkinsoną išsiveržti iš priešininkų gniaužtų, jaučiausi tos visumos dalis.

Toje atsitiktinai, trumpam ir vienai konkrečiai užduočiai, šiuo atveju – parėkauti už komandą, susiformavusioje visumoje esi priimamas tiesiog dėl to, kad atsidūrei tam tikru laiku tam tikroje vietoje. Čia ne tu svarbus, čia svarbi vieta, būtent ji tau suteikia vertę. Pavyzdžiui, golfo klubas yra uždara erdvė ir čia patekti gali tik klubo nariai arba jų svečiai. Jeigu jau patekai, reikia manyti, esi to socialinio ir ekonominio tinklo, kuris vadinasi „golfas", grandis. Kol esi čia, esi saviškis. Kai uždarai duris, tampi globalios darbo rinkos mikroskopine dalelyte, kuri verta tik tiek, už kiek sugebi parsiduoti kaip darbo jėga. Taip jau yra, jeigu pasikliauji Marksu, o Dievu netiki. Jei tiki, gali pasiguosti tuo, kad bent jau Dievo akyse esi neįkainojama vertybė. Vien dėl to pravartu tikėti. Tačiau net ši sermėgiaus paguoda šiais laikais irgi tapo prabanga, nes nei įgyti, nei tuo labiau išlaikyti tikėjimą tapo beveik neįmanoma. O ir religinės bendruomenės, kadaise turėjusios būdą ir priežastį padėti žmogui pasijusti tam tikros visumos ar kolektyvo dalimi, irgi jau tampa atsitiktiniais sambūriais. Jos surenka išsiblaškiusius žmones tam tikroms vienkartinėms užduotims – paprastai Kalėdoms bei Velykoms, ir kol visi drauge murma „Tėve mūsų", ypač kai linki vieni kitiems ramybės, tą trumpą akimirką pasijunti esąs sąsajoje. Po to vėl įsilieji į pavienių dalelyčių srautą.

* * *

Galėčiau save priskirti prie tų laimingųjų, kuriems pavyko užmegzti šiokių tokių sąsajų su vietiniais, nes du tūkstančiai vienuoliktųjų metų Velykas jau švenčiau nebe lietuviškoje aplinkoje. Kiaušinius vašku išrašiau ir svogūnų lukštuose nudažiau savo draugo virtuvėje. Jam teko pavargti, kol dujinę viryklę pritaikė tokiam kaimiškam užsiėmimui, o ir kiaušinių marginimo įgūdžius buvau praradusi, tad tos vašku išrašytos saulutės ir pusmėnuliai išėjo ne itin dailūs. Daug ruošos, daug išankstinio pasirengimo renkant svogūnų lukštus, ieškant bičių vaško bei žvalgantis, iš ko būtų galima sumeistrauti marginimui tinkančią lazdelę. Prireikė nemažai pastangų, tačiau lietuviška kaimiška tradicija buvo atgaivinta ir vašku marginti kiaušiniai atsidūrė ant to paties stalo su anglams įprastais šokoladiniais.

Kad anglai dažytų ar kaip nors kitaip į Velykų šventę įtrauktų paprastus vištų kiaušinius, neteko girdėti, tad sužinojusi, kad vietinė aludė kviečia į margučių ridenimą, panūdau tai pamatyti savo akimis. Buvo šilta ir saulėta, prie nuošalioje gatvelėje įsikūrusios aludės susibūrė apie pusšimtis žmonių. Dauguma jų buvo pažįstami, dešimtmečiais gyvenę šiuose kadaise buvusių arklidžių kvartaluose, sujungtuose siauromis gatvelėmis, kur žmonės vieni kitus vis dar pažįsta ir žino kaimynų gyvenimo istorijas. Ši vieta dar nėra nusiaubta viską pamatyti geidžiančių turistų srautų, kurie išsišakoja ties Velingtono arka: vieni Naitbridžo ir Bromtono gatvėmis link „Harrodso", kiti Parkleino gatve link „Primarko", treti per Grynparką link Bakingamo rūmų, saugioje nuošalėje palikdami nedidelį ir neįspūdingą siaurų pravažiavimų, mažų kiemų bei akligatvių kvartaliuką. Šaligatviai čia nėra aklinai užgrūsti naujausių „astonų", „bentlių" ar „poršų", nes į buvusių arklidžių rajoną kol kas dar neatplūdo milijonierių skonį atitinkanti stiklo ir plieno prabanga. Bet ji čia pat – nuo „Arklio galvos" aludės vos dešimt minučių pėsčiomis iki garsiųjų milijonus kainuojančių Haid Parko apartamentų.

Velykų sekmadienio popietę šis nedidelis Londono centro kvartaliukas priminė kaimą. Net vietinės parduotuvėlės savininkas indas, vos porą kartų man ten užsukus, su manimi ėmė sveikintis kaip su vietine. Tokios visuotinio maišymosi dar nepaliestos bendruomenės, ypač didmiestyje, tapo ypatinga retenybe, turbūt jau verta rezervato statuso.

Laukdami, kol ateis kiaušinių ridenimo valanda, gurkšnojome kas vyną, kas alų, dauguma nebe jaunuoliai, kai kurie su šeimomis ir vaikais. Galiausiai iš aludės išlindo savininkas, apsisiautęs raudonu švarku ir užsidėjęs geltonais galionais apvedžiotą kepurę – jo kostiumas priminė lyg karalienės apsaugos tarnybų, lyg turtuolių liokajaus drabužį. Su juo pasirodė skrybėlėtas vaikinukas, nešinas iš vytelių pintu krepšiu – tokie Lietuvoje naudojami per bulviakasį. Krepšys buvo pilnas raudonų, mėlynų, rožinių, morkinės ir kitokių spalvų kiaušinių. Pamarginti jie buvo spalvotais popieriniais lipdukais. Toji mada jau pasiekė ir Lietuvos kaimą, su vašku ir ten niekas nebesiterlioja.

„Arklio galvos" šeimininkas paaiškino žaidimo taisykles. Švelnaus elgesio su kiaušiniais, kai stengiamasi kuo daugiau jų kliudyti, o kliudytuosius susirinkti ir paskui suvalgyti, čia niekas nepripažino – tai buvo tikros kiaušinių žudynės. Vėliau šnektelėjusi su užeigos savininku, kilusiu iš Airijos, išsiaiškinau, kad tas susidorojimo – kitaip nepavadinsi – su kiaušiniais paprotys yra airiškos margučių ridenimo tradicijos, labai panašios į lietuvišką, interpretacija.

Rungtys buvo dvi. Pirmoji – išsirinktą kiaušinį kiekvienas turėjome perridenti skersai gatvę ir pasiekti kitapus jos esančią mūrinę tvorą. Bet ne visi kiaušiniai šitą užduotį suprato. Vieni, gerai pamėtėti, atsitrenkdavo į tvorą ir risdavosi atgal, kiti, gavę nepakankamą postūmį, smukdavo į pirmą pasitaikiusią duobutę, treti, risdamiesi per nelygų asfaltą ir apsidaužę šonus, sukiuždavo pusiaukelėje. O maniškis – išsirinkau stambų, žydros spalvos, apklijuotą geltonais apskritimais – buvo labai gražus, bet tikras kvailiukas. Jis pasirito vos porą žingsnių ir išsieižė, trūko per pusę atverdamas publikai savo netvirtai sukrekėjusį baltymą ir skystą trynį.

Taip jau susiklostė, kad mano vieši pasirodymai publikos susidomėjimo, juolab ovacijų, sulaukdavo retai, dažniausiai jie būdavo nužvelgiami su pašaipa ar net panieka. Šį sykį viskas kartu – garsų kvatojimą permušė plojimai ir palaikymo šūksniai. Keletas atkišo rankas, kad susimuštų su manimi delnais. Tarsi mano nesėkmė būtų prilygusi didžiausiai pergalei. Gal jie iš manęs tyčiojasi, būčiau svarsčiusi Lietuvoje. Bet čia toks mąstymo užkratas manęs nebeveikė, čia net nevykėliškas pasirodymas buvo bendro smagumo dalis.

Kai visi kiaušiniai buvo išbandyti, „Arklio galvos" savininkas suskaičiavo: tik keturi atliko tai, ko buvo laukta – gražiai prigludo prie mūro sienos ir tapo nugalėtojais. Laimėtojus apdovanojęs stipraus gėrimo buteliais, šeimininkas prisiminė ir tą vidury gatvelės išsižiojusį kiaušinį – absoliutų pralaimėjimo ženklą – ir įteikė man paguodai mažiuką butelį vyno.

Kita rungtis vyko išilgai gatvės – kas toliau nuridens savo kiaušinį. Čia kiekvieno kiaušinio individualumas buvo matyti kaip ant delno. Vienas, keletą metrų pašokavęs ir į asfalto gruobles apsidaužęs lukštą, tuoj guldavo ant pamušto šono be jokio noro judėti toliau. Kitas, kaip iš varžančio šarvo išsinėręs iš lukšto, saulėje švytruodamas blizgančiu kietai suvirusiu baltymu, ritosi per duobutes it teniso kamuoliukas. O kai kurie ne tik iš lukšto, bet ir iš baltymo išsilupę leidosi į trynių lenktynes. Visų jų azartas ir pasirengimas žūtbūtinei kovai buvo palydėtas šūksniais ir smagiais komentarais. Lenktynėms pasibaigus asfaltuota gatvelė buvo nusėta margučių lavonais.

Regint ant asfalto ištiškusią kiaušinieną, smilktelėjo mintis, kad tai nėra teisinga nei kiaušinių, nei Afrikoje ar bet kur kitur gyvenančių alkanųjų atžvilgiu. Bet buvo labai smagu. O ispanai juk rengia beveik parą trunkančius pomidorų karus ir ne dešimtis, bet tonas jų paverčia pomidoriena – tai irgi ne tas likimas, kurį šiai daržovei yra skyręs pasaulio kūrėjas. Taip jau nutinka kaimiškoms tradicijoms ir kaimiškiems lūkesčiams, kai jie atsiduria didmiesčių gatvėse.

Prie užeigos sutikau ir kalėdinės vakarienės pažįstamus, tarp jų ir kandųjį anglą džentelmeną su lazdute ir languotu švarku. Jis kažkodėl sumanė mano akyse pataisyti anglų įvaizdį ir išdrožė, kad žmonės pripratę anglus matyti kaip orius ir šaltus, o mes, va, ir kvailystes krėsti mokame.

Tą popietę tikrai niekam nerūpėjo, ar aš atvykėlė, ar ne – tiesiog smagiai bendravome. Bet vargu ar galiu jaustis įsiterpusi į tą gyvenimą. Kol esu vieno iš vietinių draugė, jie mane priima. Kai nebūsiu – nepasiges.

Žodynėlis

A

Aktonas (Acton) – Vakarų Londono rajonas.

andegraundas (underground) – požeminis traukinys arba metro.

art nouveau – XX a. pradžioje populiarus stilius, labiausiai matomas taikomuosiuose menuose bei baldų gamyboje.

Asda – dėl žemesnių nei kitur kainų populiarus maisto ir buities prekių parduotuvių tinklas.

B

babajus – tarp Anglijos lietuvių paplitęs žodis, kuriuo apibūdinami imigrantai iš Pietų Azijos. Indijoje *babaji* – tai šventas žmogus arba asketas. Kita babajaus reikšmė susijusi su vietove – tai Babaji provincija šiaurės Afganistane. Lietuviai Londone babajais vadina visus atvykėlius iš Pakistano, Afganistano, Indijos ir Bangladešo.

Barkingas (Barking) – Rytų Londono rajonas.

BG (British Gas) – Britanijos dujos. Namų ūkius bei įmones aprūpina gamtinėmis dujomis bei elektra.

bedsitas (bedsit) – kambarys, kuris kartu yra ir miegamasis, ir virtuvė.

beisikai (basics) – specialiu ženklu pažymėti maisto produktai, kuriuos kiekvienas parduotuvių tinklas parduoda pigiau nei kitus panašius produktus.

Bektonas (Beckton, Londono lietuvių dar vadinamas Bektonimis ar Bektoniškėmis) – rajonas Rytų Londone, maždaug 13 km į rytus nuo Trafalgaro aikštės. Didžiojo Londono (Greater London) dalimi šis rajonas tapo 1965 m. Prieš šimtą metų ši į šiaurės rytus nuo Londono dokų įsikūrusi vietovė buvo labai industrializuota. Vyravo chemijos pramonė – buvo gaminamos pramoninės dujos, trąšos, dažai ir pan. Šioms pramonės sritims palaipsniui žlungant, viena jų – nuotekų valymas – ne tik išliko, bet ir išaugo. Dabar į čia įrengtus didžiulius rezervuarus suteka viso Londono kanalizacija.

Pramoninę dvasią praradusi vietovė per pastaruosius trisdešimt metų buvo paversta gyvenamuoju rajonu, kurį su centriniu Londonu jungia virš gatvės nutiestas modernus geležinkelis. Praėjusio amžiaus pabaigoje rajonas tapo populiarus tarp imigrantų dėl naujos statybos namų, mažesnių būsto kainų ir gero susisiekimo su centru.

Braitonas (Brighton) – madingas XX a. vidurio kurortas Anglijos pietuose.

Brikleinas (Brick Lane) – gatvė Rytų Londone, Istende (East End), darbininkų ir imigrantų kvartale. XX a. čia atsikėlę Indijos ir Bangladešo gyventojai šiai gatvei ir visam rajonui suteikė savitą atspalvį, o gausiai įsikūrusios Indijos, Bangladešo ir Pakistano šalių virtuvės tapo madinga vieta paragauti egzotiško maisto.

BT (British Telecom) – Britanijos telekomas. Namų ūkiams ir įmonėms teikia laidinio telefono bei interneto paslaugas.

Č

Čelsis (Chelsea) – prestižinis ir labai brangus Vakarų Londono rajonas.

čikininė – greito maisto užkandinė, prekiaujanti keptais viščiukais.

D

demolišinas (demolition) – griovimas, nugriovimas, išardymas, sunaiki-
nimas.

doklandai (Dockland Light Railway, DLR). Taip vadinama susisiekimo
sistema moderniai užstatytame pietrytiniame Londone. *Doklandų*
bėgiai pakylėti virš gatvės, jais važinėja nedideli traukinukai.

E

EastEnders – nuo 1985 m. rodomas populiarus televizijos serialas, pa-
sakojantis kelių Rytų Londone gyvenančių šeimų istorijas. Neseniai
serialo kūrėjams buvo pareikšta priekaištų, kad serialas nebeatspindi
realybės, nes baltųjų ir spalvotųjų rasių proporcija yra gerokai pasi-
keitusi.

essentials – taip vadinasi pigesnių produktų linija, parduodama „Waitro-
se" parduotuvėse.

H

Haknis (Hackney) – Šiaurės rytų Londono vietovė, priskiriama prie skur-
džiausių rajonų. Čia beveik 50 proc. vaikų gyvena mažas pajamas tu-
rinčiose šeimose. Nusikalstamumo požiūriu tai vienas pavojingiausių
rajonų.

Hanslau (Hounslow) – rajonas Londono vakaruose.

Harrods – prabangi parduotuvė prestižiniame Londono kvartale.

Heistingsas (Hastings) – istorinis kurortinis miestelis Pietų Anglijos pa-
krantėje.

I

Ilfordas – Rytų Londono rajonas.

Ilingas (Ealing) – Vakarų Londono rajonas.

„in" ir **„out"** – šie priešdėliai turi aiškiai apibrėžtą reikšmę, kai kalbama apie laisvalaikio praleidimą. „In" reiškia vakarojimą namuose, o „out" – laiko leidimą baruose, klubuose, restoranuose ir pan.

inšurencas (National Insurance Number, NIN) – socialinio draudimo numeris, privalomas kiekvienam legaliai dirbančiam asmeniui. Asmuo, kuriam suteikiamas šis numeris, yra įtraukiamas į mokesčių mokėtojų sąrašą ir įgyja teisę į valstybės skiriamas vaiko, nedarbingumo, būsto, nepakankamų pajamų ir kt. pašalpas.

Ipsvičas (Ipswich) – Rytų Anglijos miestas netoli jūros.

K

karbutseilai (carbootsales) – bagažinių turgūs, vykstantys užmiesčių pievose, kur prekiauja kas nori ir kuo nori.

Karfinas (Carfin) – buvęs angliakasių kaimelis Škotijoje netoli Glazgo. Žlugus anglies kasybos pramonei, prieš pusantro šimto metų ten buvo įkurtas Prancūzijos Lurdo atitikmuo. Šioji „Karfino grota" vadinama koplytėlių, šventųjų statulų bei maldų kalnelių vieta sutraukia gausybę piligrimų.

Keningtaunas (Canning Town) – rajonas Rytų Londone.

koknis (cockney) – Rytų Londono senbuvis, kalbantis specifiniu akcentu ir vartojantis koknišką žargoną.

L

Lanarkšyras (Lanarkshire) – ketvirta pagal dydį grafystė centrinėje Škotijoje tarp Glazgo ir Edinburgo, iki praėjusio amžiaus vidurio garsėjusi išvystyta kalnakasybos pramone.

landlordas (landlord) – nuomojamų pastatų savininkas ar valdytojas, turintis teisę pernuomoti ilgalaikės nuomos teise įsigytas patalpas ar namus.

„leiborius" (labour) – pagalbinis darbininkas statybose.

Leiksaidas (Lakeside) – populiarus prekybos centras į rytus nuo Londono.

Lietuviškos kapinės Leitone (Leyton) – tai nedidelis plotelis Leitone esančių katalikiškų Šv. Patriko kapinių gale. Kad tai lietuviškos kapinės, žymi kryžius su įkomponuotais Gedimino stulpais ir įrašu „Suteik, Viešpatie, amžiną ramybę Lietuvos vaikams".

Lietuvių namai – pastatas Vakarų Londone, 1951 m. lietuvių bendruomenės įsigytas savo reikmėms. Lietuvių namai kelis kartus keitė adresą, vieną pastatą pardavus buvo perkamas kitas, kol galiausiai dėl finansinių sunkumų išlaikyti Lietuvių namų Londone nepavyko.

Lietuvių sodyba – statinių kompleksas parke, apie 100 km į vakarus nuo Londono. Apleistą buvusios privačios mokyklos pastatą 1956 m. įsigijo pokarinės kartos lietuvių emigrantai. Suremontavę ilgai stovėjusį tuščią ir valkatų nuniokotą namą, jie įsirengė sodybą, kuri vėliau buvo paversta iki šiol veikiančiu viešbučiu.

Lituanica – lietuviškų maisto prekių parduotuvių tinklas Londone.

Liverpulio stotis (Liverpool street station) – metro ir geležinkelio stotis Rytų Londone, čia atvyksta Rytų ir Šiaurės rytų Angliją aptarnaujantys traukiniai, tarp jų ir traukinys iš Stanstedo oro uosto, kuriame leidžiasi iš Kauno ir Vilniaus atskridę „Ryanair" oro linijų lėktuvai.

Londonbridžas (London Bridge) – pietrytinę Anglijos pusę aptarnaujančių traukinių stotis.

Londono Sitis (London City) – komercinė ir finansinė Londono dalis, įsikūrusi rytinėje centrinio Londono pusėje.

Londono Taueris (London Tower) – garsi tūkstančio metų senumo tvirtovė, buvę karalių rūmai, vėliau kalėjimas.

M

Margeitas (Margate) – didžiulis paplūdimys Pietų Anglijos pakrantėje. Kitaip nei daugelis kitų paplūdimių, jis nuklotas smėliu, o ne akmenukais. Rami vieta, patraukli šeimoms, susiruošusioms vienos dienos išvykai prie jūros.

meitenencas (maintenance) – nedidelių namų ūkio bei įrangos remontas ir priežiūra.

N

Naitbridžas (Knightsbridge), **Bromtonas** (Bromton), **Parkleinas** (Park Lane) – prestižinės centrinio Londono gatvės.

Next, John Lewis, Debenhams – populiarūs prekybos centrai Londone.

Niukaslis (Newcastle) – Šiaurės rytų Anglijos miestas, įsikūręs ant Taino (Tyne) upės kranto. Istoriniuose šaltiniuose minimas nuo II a.

O

„**oisteris**" (oyster) – elektroninis bilietas, įdiegtas Londone 2003 m. Juo dabar naudojasi 80 proc. Londono viešojo transporto vartotojų. Elektroniniu būdu papildomą bilietą galima naudoti visose Londono viešojo transporto priemonėse, įskaitant ir Londono ribose kursuojančius laivus. Pirminė žodžio „oyster" reikšmė yra austrė, ir, nors šis moliuskas su transportu neturi nieko bendra, šis vardas elektroniniam bilietui gražiai prigijo.

Oldbeilis (Old Bailey) – pastatas rytinėje Londono pusėje, netoli Šv. Pauliaus katedros, kur yra įsikūrę Centriniai teismo rūmai.

Oldstryto stotis (Old Street station) – metro stotis Šiaurės rytų Londone.

ouvegraundas (overgraund) – pažodžiui išvertus reikštų „virš žemės". Taip vadinama Londono priemiesčius jungiančių traukinių sistema, nuo *andegraundo,* arba požeminių traukinių, besiskirianti tuo, kad *ouvegraundo* traukiniai nelenda į požeminius tunelius ir nekerta miesto centro.

P

pašalpiniai, arba *benefitininkai* – Anglija yra laikoma gerovės valstybe, o tai reiškia, kad pragyvenimui nepajėgiantis užsidirbti žmogus turi teisę į įvairiausias pašalpas (benefits), kurios padeda išgyventi nebadaujant ir nebijant atsidurti gatvėje. Nors pašalpų sistema gana komplikuota, per pastaruosius 20 m. Britanijoje atsirado nemažai žmonių, kurie geriau gyvena gaudami pašalpas, negu tie, kurie dirba už minimumą. Iš pašalpų gyvenantys žmonės dažniausiai telkiasi savivaldybėms priklausančių socialinių būstų kvartaluose.

paundinė, arba svarinė – parduotuvių tinklas, kur visos prekės kainuoja ne daugiau kaip 1 svarą.

PG – populiari nearomatizuotos arbatos rūšis vienkartiniuose maišeliuose.

Piteboras (Peterborough) – 160 tūkst. gyventojų turintis miestas į šiaurę nuo Londono.

Pitehedas (Peterhead) – miestelis Škotijos šiaurėje.

„plasteris" (plasterer) – tinkuotojas.

„plastoboras" (plasterboard) – gipskartonio plokštė.

Plastovas (Plaistow) – rajonas Rytų Londone.

pleisteišinas (playstation) – „Sony" firmos sukurta videožaidimų įranga.

Primark – pigių drabužių, aksesuarų ir gaminių iš medvilnės parduotuvių tinklas.

R

rekorderiai (recorders) – vietiniai laikraščiai, pasakojantys vietines naujienas. Savo pavadinime jie būtinai turi žodį „recorder": „Ilford Recorder", „New Ham Recorder", „Romford Recorder" ir t. t.

Romfordas – rytuose esantis Londono priemiestis.

„Ruki vverch" – rusiška populiarios muzikos grupė.

S

Sainsbury's – buities reikmenų ir maisto parduotuvių tinklas.

selfemploidas (selfemployed) – tapti *selfemploidu* reiškia pačiam save įdarbinti ir savo sukurtą produkciją ar paslaugas teikti įvairioms organizacijoms. Tokiu statusu įsidarbinęs asmuo nėra susaistytas nei darbo, nei produkcijos ar paslaugų teikimo sutartimi ir jo užimtumas bei pajamos priklauso nuo jo paslaugų poreikio. Nors žmogus neturi socialinių garantijų, *selfemploido* statusas suteikia teisę į valstybės pašalpas.

signal failure, arba signalizacijos gedimas – pagrindinė požeminių ar antžeminių traukinių vėlavimo priežastis. Sugedimai būna įvairūs: ir kompiuterinės sistemos problemos, ir nepakankama elektros įtampa kabelyje, kartais net pats kabelis būna nupjautas ar pavogtas. Kai kada šiuo terminu dangstomi tragiški įvykiai, kai kas nors patenka po atvykstančiu traukiniu.

sitingas (sitting room) – tai bendro naudojimo kambarys tipinio dviaukščio angliško namo apatiniame aukšte. Lietuviškas atitikmuo būtų svetainė.

Soho – kavinių, barų, teatrų, naktinių klubų ir privačių pasilinksminimo vietų rajonas, garsėjantis naktiniu gyvenimu ir transvestitais, transseksualais bei gėjais. XIX a. šis rajonas buvo prostitucijos ir palaido gyvenimo būdo vieta. Vėliau šį rajoną pamėgo menininkai, čia įsikūrė gausybė užeigų, naktinių klubų ir restoranų. Tačiau ir dabar rajone galima aptikti nuošalių gatvelių su štai tokiu iškalbingu užrašu: „Čia ne viešnamis, prostitučių čia nėra".

Stonhendžas (Stonehenge) – Pietų Anglijos vietovė, žymi savo didžiuliais ratu sustatytais akmenimis, kurių paskirtis iki šiol nėra visiškai aiški. Šio paslaptingo ir įspūdingo statinio atsiradimo data – maždaug 3 tūkst. metų prieš Kristų.

Stratfordas – Rytų Londono rajonas.

„studija" (studio flat) – vieno kambario butas su virtuve ir vonios kambariu. Nuo vieno kambario miegamojo buto (pagal lietuviškus standartus tai atitiktų dviejų kambarių butą) skiriasi tuo, kad čia nėra atskiro miegamojo.

supervaizorė(-ius) – žemiausia vadybinė grandis gamybos ar paslaugų tiekimo sektoriuose, atitinkanti kažkada egzistavusį brigadininko ar prievaizdo statusą. Tai žmogus, organizuojantis nedidelės grupės žmonių darbą, prižiūrintis, kaip vykdomos užduotys, atsakantis už sklandų darbą, tačiau neturintis teisės savarankiškai priimti sprendimus.

Š

Šeperdbušas (Shepherd's Bush) – Vakarų Londono rajonas.

Šventojo Kazimiero bažnyčia – lietuviška bažnyčia Londono rytuose, Bethnal Green rajone. 1896 m. Londono lietuviai kartu su lenkais įsigijo pastatą bažnyčiai ir jį įsirengė. Tačiau netrukus prasidėjo nesutarimai, muštynės, skundai kardinolui ir teismai. 1901 m. lietuviai nuo lenkų nusprendė atsiskirti, ir 1912 m. buvo pastatyta Šv. Kazimiero bažnyčia, kuri veikia iki šiol.

T

take-away – maitinimo įstaigos, kur maistas gaminamas išsinešti ar užsakyti į namus.

Tate Modern – modernaus meno galerija Londono rytuose, įsikūrusi buvusioje elektrinėje ir viliojanti milijonus lankytojų patraukliais meniniais projektais.

Temzės vandenys (Thames Water) – Londoną aptarnaujanti vandens tiekimo ir kanalizacijos įmonė.

terasiniai namai (terraced house) – tai į vieną eilę sujungti vienodo dizaino namai. Šis stilius gimė Britanijoje XVII a., kai buvo pradėta planingai statyti kvartalus. Terasiniai namai stovi ir turtinguose rajonuose, tik čia jie daug didesni ir puošnesni.

Tesco – mažų ir vidutinių pajamų vartotojui skirtas maisto ir buities reikmenų parduotuvių tinklas.

Trafalgaro aikštė (Trafalgar square) – populiari vieta pačiame Londono centre, o Čiaringkroso (Charing Cross) sankryža, esanti keli šimtai metrų į pietus nuo šios aikštės, yra laikoma centriniu tašku, nuo kurio tradiciškai skaičiuojami atstumai iki Londono. Ši sankryža dalija centrinį Londoną į Istendą ir Vestendą.

V

Velingtono arka (Wellington Arch) – triumfo arka pietrytiniame Haid Parko kampe, pastatyta prieš maždaug porą šimtų metų pergalei prieš Napoleoną paminėti. Šiuo metu arka yra atsidūrusi transporto žiedo centre.

Vesthamas (West Ham) – Rytų Londono rajonas.

Vivienne Westwood – drabužių dizainerė, išgarsėjusi 8 deš. pradžioje kurdama *punk* stiliaus drabužius populiariai to meto muzikos grupei „Sex Pistols". 1970 m. ji atidarė *punk* stiliaus drabužių parduotuvę „World's End" („Pasaulio pabaiga"), kuri egzistuoja iki šiol. Šiuo metu ji kuria ne vien *punk* stiliaus, bet ir gana ekscentriškus, netipiškus drabužius. Yra pelniusi maištingos anglų dizainerės vardą.

Waitrose – buities reikmenų ir maisto prekių parduotuvių tinklas pasiturintiems vartotojams.

99 p – parduotuvių tinklas, kur viskas parduodama už 99 pensus.

Turinys

DOVILĖ ZELČIŪTĖ

PO REPETICIJOS

Kelis gyvenimus nugyvena teatro žmonės, ir kuris iš jų jiems yra tikrasis? Kas svarbiausia yra aktoriui ar režisieriui jo kūryboje? Ką reiškia aktoriui jo asmeninis gyvenimas ir kas tai yra? Ko tikisi režisieriai ir aktoriai vieni iš kitų? Ar publika visuomet teisi?

Knygoje susitiksime su šešiolika iškilių šiandieninio lietuvių teatro kūrėjų. Autorė pokalbiuose atskleidžia nematomą teatro žmonių būties pusę, tai, kas lieka nusileidus uždangai, po repeticijos.

SIGITAS PARULSKIS

PRIEŠ MIRTĮ NORISI ŠVELNAUS

Šioje knygoje – trumpi šiuolaikinio lietuvių rašytojo Nacionalinės premijos laureato Sigito Parulskio tekstai, rašyti paskutiniais metais. Kafkiškai sukrečiančios ir absurdiškai komiškos istorijos, magiški nutikimai, trumputės mūsų egzistencijos negailestingi permąstymai. Čia susitinka vyras ir moteris, herojus su savo praeitimi, buitis ir menas, ši diena ir amžinybė.

LIUTAURAS DEGĖSYS

PRISIMINIMŲ PRISIMINIMAI

Rinkinio esė – tai ironiški ir kritiški pamąstymai apie gyvenimą, žmonių santykius, pasaulio paradoksus. Ironiškas autoriaus žvilgsnis į kasdienybę, mūsų pačių susikurtus standartus, verčia nusišypsoti. Kad ir kokie būtume įtikėję savo neklystamomis tiesomis, visada rasime galimybę suabejoti savo įpročiais – nesvarbu, praktiniais ar moraliniais. Liutauras Degėsys stengiasi sutrikdyti jaukią skaitytojo minčių tėkmę ir provokuojamai perspėja: pakeitęs požiūrį į kokią nors nereikšmingą smulkmeną, gali sugriauti visatą arba pasikeisti ir pats. Tavo valia, ar ryšiesi tai pabandyti.

DOVILĖ ZELČIŪTĖ

GASTROLĖS

Romanas „Gastrolės" pasakoja apie sovietmetį, laikotarpį prieš Atgimimą. Veiksmo vieta – Kaunas, dramos teatras. Romano herojė paauglė Akvilė neįsivaizduoja savo gyvenimo be teatro. Ji auga drauge su savo meile, skirta garsiam aktoriui Vanagui. Pasaulis – tik iliuzija, be dėsnių ir tvarkos, o teatras – vieta, kurioje laikomasi bent jau dramaturginių spektaklio taisyklių. Tačiau uždanga nusileidžia, ir herojei tenka gyventi tikrąjį, savą gyvenimą. Ar tai įmanoma?

Čepaitė, Zita

Če-163 Emigrantės dienoraštis: esė / Zita Čepaitė. – Vilnius: Alma littera, 2011. – 304 p.

ISBN 978-609-01-0142-1

Zita Čepaitė – prozininkė, žurnalistė, scenaristė. Yra išleidusi šešias knygas, paskelbusi straipsnių, recenzijų esė. Dirbo televizijoje, leidiniuose „Atgimimas", „Akiračiai" (JAV), „Infozona" (UK). Lietuvoje dirbusi ministro patarėja, rašytoja emigravo į Jungtinę Karalystę ir, kaip daugelis lietuvių, pradėjo gyvenimą nuo juodo darbo paieškų.

Rašytoja knygoje kalba apie emigracijos patirtį Anglijoje. Ji pati išbandė visą kliūčių ruožą, su kuriuo susiduria lietuvių išvykėliai. Autorė geba pasakoti šmaikščias ir įžvalgias istorijas apie savo ir kitų lietuvių kasdienybę svetingoje, bet abejingoje šalyje. Eseistinių apybraižų knyga paremta jos pačios penkerių metų gyvenimo ir darbo patirtimi Londone, ir tai leidžia autorei sukurti apibendrinantį emigrantų kasdienybės paveikslą.

UDK 821.172-4

Zita Čepaitė

EMIGRANTĖS DIENORAŠTIS

Esė

Redaktorė Vaiva Račiūnaitė
Korektorės Marijona Treigienė, Lina Kazlauskaitė
Viršelio dailininkė Edita Gendvilienė
Maketavo Jurga Morkūnienė

Tiražas 2000 egz.
Išleido leidykla „Alma littera", Ulonų g. 2, LT-08245 Vilnius
Interneto svetainė: www.almalittera.lt
Spaudė Standartų spaustuvė,
S. Dariaus ir S. Girėno g. 39, LT-02189 Vilnius